共生の言語学

持続可能な
社会をめざして

村田和代 編

ひつじ書房

はじめに

　21世紀に入り、社会の持続可能性が問われるようになってきました。持続可能な発展とは、「将来世代が自らの必要性を満たす能力を損なうことなく、現代世代の必要性を満たすような発展」(白石 2007: 7)であると定義され、環境・経済・社会の3つの側面をバランスよく高めることが求められます。持続可能な社会をめざして、環境やエネルギー問題、経済活動に関する問題については従来から活発に議論が行われてきました。しかし、このような問題のみならず、人間の社会活動についてもっと広くとりあげ考えるべきではないでしょうか。持続可能な社会に必要不可欠な社会的公正、とりわけ、多様なひとびとの共生については、ことばやコミュニケーションと深く関わっています。言語・コミュニケーション研究は、持続可能な社会の構築にどのように貢献できるのでしょうか。

　本書は、この課題について考えるべく開催されたラウンド・テーブル「ウェルフェア・リングイスティクスを考える：持続可能な地域社会形成にむけて」[1]をきっかけにして生まれました。

　まず、ラウンド・テーブルのタイトルでもある「ウェルフェア・リングイスティクス」について紹介します。これは、日本の社会言語学の牽引役であり、社会言語科学会初代会長でもあった徳川宗賢氏が提唱しました(徳川 1999)。ノーベル経済学者アマルティア・センの「ウェルフェア・エコノミクス」に喚起され、言語学にもあてはめることができるのではないかと考えられたのがきっかけです。ウェルフェア・リングイスティクスという理念は、「言語研究は社会に貢献することも考えるべきではないかと」いう長年の氏の考えを表しています。めざすべきは「人々の幸せにつながる」「社会の役に立つ」「社会の福利に資する」言語・コミュニケーション研究です。

　ラウンド・テーブルでは、ウェルフェア・リングイスティクスにつながる

実践的な言語・コミュニケーション研究を行っている社会言語学研究者たちが集まり、それぞれの研究の報告を通して、持続可能な社会の構築に向けて自分たちにできることについて考えました。ラウンド・テーブルには、オーディエンスとして言語学以外の領域の研究者も多数ご参加いただき、活発な議論が繰り広げられました。多様な領域の研究者が同じテーマをめぐり意見交換を行ったことが、非常に有意義であったという感想を多数の参加者からいただきました。そこで、さらなる対話のきっかけになればと、本書を出版することになりました。

　本書は3部構成で成り立っています。第1部は、ラウンド・テーブルで報告した言語・コミュニケーション研究者が執筆し、医療、福祉、多文化共生、法、政策分野に関連する6編の研究論文が集まりました。渡辺義和氏は、医療における社会言語学の意義について概観し、事例研究として、がん専門相談員と模擬相談者、および実際の相談者との談話の比較分析を行っています。そして、談話分析を通して明らかになった相談員のコミュニケーショントレーニングの課題について考察しています。福祉をめぐっては、バックハウス・ペート氏が、介護者と被介護者の日常的やりとりを分析し、実際の談話を分析することでみられる課題をあぶりだしています。もう1編、福祉をめぐって、菊地浩平氏は、手話を研究対象とし、ろう者と聴者の手話による相互行為に焦点をあて、彼／彼女らの出遭いを文化間のコミュニケーションである接触場面としてとらえ、そこで起こる相互行為を接触場面における調整行動という観点からとらえることを試みています。続いて、多文化共生の観点から、岩田一成氏は、外国人とコミュニケーションをとる際に重要になってくる「やさしい日本語」の概要とその社会的展開を通して、言語学の社会貢献の実践例を紹介しています。森本郁代氏と村田和代の論文は、これまで行政や専門家に任されてきた領域への市民参加を研究テーマとしています。森本郁代氏は、模擬評議のデータの分析を通して、裁判官と裁判員によるコミュニケーションの特徴の一端を明らかにしています。村田和代は、まちづくりをめぐって、立場や価値観を超えたひとびとによる建設的な話し合いを行うための話し合い能力育成プログラムの開発・実施例を

紹介しています。

　第2部では、オーディエンスとしてラウンド・テーブルに参加いただいた方を中心に、言語学以外の領域の研究者に執筆いただきました。執筆にあたっては、それぞれの専門領域でみられるコミュニケーションをめぐる課題や、言語・コミュニケーション研究者に研究を望むテーマやトピックについて書いていただくようお願いし、5編の研究論文が集まりました。高山智子氏は、これまで、渡辺義和氏と共同研究を進めてこられました。本書収録の論文では、医療の中で求められているコミュニケーション研究について概観し、言語・コミュニケーション研究者へ期待することや、医療コミュニケーションの学際的研究の課題や展望をあげています。山田容氏は、ソーシャルワークにおけるコミュニケーションの課題を、「共感」という観点から検討しています。川本充氏は、環境コミュニケーションの実例をあげて、環境政策における言語学的アプローチの可能性について議論しています。松浦さと子氏は、メディアという観点からコミュニケーションをとらえ、人々が地域政策のための発言を伸びやかに行い、議論の活性化を促すコミュニティメディアの活用を提案します。土山希美枝氏は、村田和代と話し合いを共通のテーマとして共同研究を行っています。論文では、所与の「正解」がなく構成員の「選択」によって決まることを前提とする公共政策策定過程における話し合いの仕組みづくりの充実とこれをめぐる研究の重要性を論じています。

　第1部、第2部のそれぞれの論文の前には要約を付しました。どの章から読んでいただいても構いません。ぜひ、興味のもてそうなトピックから読み進めてください。同じテーマを異なる視点からみることで、新たな学びや発見につながるのではないかと思います。

　最後の第3部では、ひつじ書房の松本功氏を司会進行役として、NPO活動やソーシャルビジネスで活躍中の実務家で研究者でもある深尾昌峰氏と、日本語学・日本語教育分野の第一人者でおられる森山卓郎氏、編者の紙上座談会です。どのような議論が展開されるのでしょうか。分野を超えた対話をお楽しみください。

最後に、本書のタイトルについてです。『共生の言語学』というタイトルは、ラウンド・テーブルの報告者の議論から出てきたアイディアです。当初、ラウンド・テーブルのタイトルにもある「ウェルフェア・リングイスティクス」ということばを本のタイトルにしようかと考えていました。しかし、言語学以外の研究者や実務家、あるいは一般読者にも読んでいただきたい。そうすると、英語ではどのような概念かわかりにくいだろうから、日本語にしようということになりました。ウェルフェア・リングイスティクスは「福祉言語学」「厚生言語学」という訳で紹介されることがありますが、難しい感じがするという意見が出ました。一目で私たちがめざそうとしている言語学を表現できることばがないだろうかあれこれ思案して、「共生」ということばにたどりつきました。現代日本社会は、従来の地縁ネットワークが崩壊し、人と人とのつながりが希薄になってきました。さらに、社会が複雑化し、世代や居住地、職業、階層等によって、コンテクストや環境が大きく異なっており、感性や価値観も分化してしまっています。このような社会においては、価値観の多様なひとびとの共生を、あらためて考えるべき必要があるでしょう。言語・コミュニケーションはひとびとの共生を促進する役割を担えるのではないか、編者のこのような思いもタイトルに込められています。なお、「言語学」は、統語論、意味論、音声学、語用論、認知言語学等、さまざまな分野から成り立っていますが、「共生の言語学」が、このようなすべての領域をカバーしているわけではないことを記しておきたいと思います。「共生の言語学」は持続可能な社会の構築をめざした実践的な言語・コミュニケーション研究です。これからどのような展開があるのでしょうか。本書がその第一歩となれば幸甚です。

　本書の出版を実現させていただいたひつじ書房の松本功社長に深くお礼申し上げます。ラウンド・テーブルを企画した時には、まさか一冊の本として発信できるとは思ってもおらず、ご提案をいただいたときにはこの上ない幸せでした。それぞれの執筆者の原稿を細かくチェックいただいた編集の海老澤絵莉さんにも感謝いたします。

　上記ラウンド・テーブルの企画を実現できたのは、龍谷大学地域公共人

材・政策開発リサーチセンター[(2)]の白石克孝氏、石田徹氏、矢作弘氏のおかげです。いつも、政策学的視点からのヒントをいただき、言語学からの新しい（時には「破天荒な」）チャレンジを応援し激励いただいています。ここに記して心より感謝申し上げます。

村田和代

注

（1）龍谷大学地域公共人材・政策開発リサーチセンター主催で、2012年3月22日に開催された。
（2）龍谷大学地域公共人材・政策開発リサーチセンターは、大学と地域社会との連携を通して、持続可能な参加・協働型社会を実現することをめざして開設された。国際的な共同研究体制のもと、研究者・実務家双方で研究プロジェクトを担っている。具体的には、参加型・協働型開発に必要な地域社会システム、及び、地域社会に求められる人材の育成システムを、理論・実践の両面から探求し、研究の成果は積極的に地域の社会活動へと還元されている。http://lorc.ryukoku.ac.jp/about/

参考文献

白石克孝（2007）「第1章 ヨーロッパにおける持続可能な都市づくりの進展」白石克孝・イクレイ日本事務所編『持続可能な都市自治体づくりのためのガイドブック』pp. 6–18. 公人の友社.

徳川宗賢（1999）「ウェルフェア・リングイスティックスの出発」『社会言語科学』2 (1)：pp. 89–100. 社会言語科学会.

目　次

　　はじめに　　　　　　　　　　　　　　　　　　　　　　　　　iii

第1部　言語・コミュニケーション研究者からの報告

医療コミュニケーションと共生
がん専門相談員のコミュニケーショントレーニングとその課題
　　渡辺義和 ··· 3

老人介護施設におけるコミュニケーション
会話分析から見た職員と利用者間のテンポの差
　　バックハウス・ペート ··· 25

手話とコミュニケーション
接触場面としての手話会話
　　菊地浩平 ··· 39

外国人とのコミュニケーション
「やさしい日本語」の展開
　　岩田一成 ··· 53

裁判員裁判の評議コミュニケーションの特徴と課題
模擬評議の分析から
　　森本郁代 ··· 67

地域公共人材に求められる
話し合い能力育成プログラムについて
　　村田和代 ································· 93

第2部　さまざまな分野の研究者からの報告

医療現場におけるコミュニケーションの課題と
コミュニケーション研究者に求めること
　　高山智子 ································ 117

ソーシャルワークにおけるコミュニケーションの課題
共感を中心に
　　山田容 ·································· 131

環境コミュニケーションの言語学的アプローチの可能性
　　川本充 ·································· 145

地域政策を形成する対話の社会的コンテキスト
「関係」と「環境」に言葉が塞がれるとき
　　松浦さと子 ······························ 161

自治体政策過程への市民参加と議論
アリバイ参加をこえるために
　　土山希美枝 ······························ 175

第 3 部　座談会

「共生の言語学」座談会 191

あとがき　　　　　　　　　　　　　　　　　225
索引　　　　　　　　　　　　　　　　　　　229
執筆者紹介　　　　　　　　　　　　　　　　233

第 1 部

言語・コミュニケーション研究者からの報告

医療コミュニケーションと共生
がん専門相談員のコミュニケーショントレーニングとその課題

渡辺義和

要約

　本章では、「現代社会における共生」の意味と、社会の福祉に資する社会言語学、特に医療における社会言語学の意義について概観する。さらに事例研究として、がん専門相談員と模擬相談者、および実際の相談者との談話を比較分析する。その結果、模擬相談では模擬相談者の「教育者」としての談話的特徴が見られ、実際の患者との相談とは質的相違が観察された。前者では、相談者の感情に関する発言の扱いが相談者の中心的懸念事項になっているのに対し、後者では、相談者による正確な医学的情報の確認・収集が中心になっていた。模擬相談と実際の相談の違いをさらに探り、模擬相談の位置づけや意義を再確認することの重要性が感じられた。

1. はじめに

　所属大学において9年間、「現代社会における共生と言語」という授業を担当した。この授業の基本概念は、現代社会において技術の発達や社会的マイノリティの社会進出が進む中、21世紀を生きる我々は、どのようにして「共生」を実現して行けばいいのかという命題に取り組むことであった。この授業のシラバスを作成する段階で、「一体なにをもって共生と言うのだろうか」という問いに何度も自問自答をし、年を重ねるごとに、教材、課題、トピックに手を加え、9年目となる2012年を迎え、学生も教員もある程度、納得のできる授業へ発展したと言える。教材として新たに使用したものの中でも、特にこの授業の根幹に影響を与えたのが、1994年に山口定氏が書いた「共生ということ」というエッセーだ。その中で山口氏は、我々が目指すべき「共生」とは、かつての米ソ関係のような消極的共存を意味するのでは

なく、「異質のものに開かれた社会的結合様式」であるべきだと語っている。また、それは仲のよい内輪同士の共存共栄でもなく、生の形式を異にする人たちが相互の関係を「積極的」に築き上げられるような社会的結合を指すと主張している。この授業では、山口氏の定義を我々が目指すべき「共生」とし、米国での多様性促進の精神に則り、「違いを讃える (celebrate differences)」精神を全面に掲げながら、「現代社会における共生と言語」について学究を進めた。

授業では、言語権と言語政策、ジェンダー、世代間コミュニケーション、医療現場、コミュニケーション障害を主なテーマとして扱い、社会的マイノリティと言われる人々の視点の取得、マイノリティが提供する「違い」の複眼的解釈、その違いを「讃える」意識の重要性ついて、社会言語学や社会心理学の関連研究に軸足を置き、学生とともに共生について学んでいった。社会的マイノリティに対し、「我慢をし、受け入れてあげる」というような傲慢な姿勢で社会に臨むのではなく、違いがあるからこそ、お互いがさらに豊かになれることの気付きへと導く。そして、「違いを祝い、多様性を讃える」「お互いの違いに感謝する」プロセスこそ、豊かな人間性の成長に肥料が与えられる過程であると講義を通して伝えていった。

本章では、現代社会の福祉に資する社会言語学という観点から医療コミュニケーション研究を概観してから、特に、がん相談員という医療サービス提供者のコミュニケーショントレーニング場面の談話をデータとして分析し、その有効性、問題点、ならびに改善の可能性を探る。

2. 現代社会における医療とコミュニケーション

「現代社会における共生と言語」の中でどのようなコンテクストにおいて「医療現場」を紹介するのかという点から、医療と言語と共生について述べていく。

医療現場のコミュニケーションと聞いてすぐに頭に浮かぶのが、患者と医師の診療室におけるコミュニケーションだろう。しかし、医療現場は患者と

医師だけで構成されているわけではないし、患者医師間のコミュニケーションだけが医療現場のコミュニケーションとして問題視されているわけでもない。医療現場のコミュニケーションを考える場合、以下のようなさまざまなコンテクストや参加者が考えられる。医療従事者-医療サービスの受給者間を考えただけでも、医療従事者の中には、医師だけでなく、看護士、言語聴覚士、心理カウンセラー、医療介護士他、多様な職種があり、さらに、受給者に関しても、患者本人だけでなく、患者の家族や介護者の付添いは、医療コミュニケーションに大きな影響を与える。その場合、dyad から triad へとコミュニケーションの形態が変化し、コミュニケーションのダイナミックスにも大きな影響がみられる (石川 2009)。医療従事者の職業によっても、その談話の構成は変わってくるし、病気のタイプや重度によっても、コミュニケーションの質も形態も変化する (Hamilton 2004)。それであれば、そんなに多岐にわたるコミュニケーションのコンテクストを1つにまとめて語ってしまっていいのかという議論もあるだろう。

　医療コミュニケーションという言葉でまとめ、その研究の必要性が謳われる理由はいくつもある。その代表的な要素が、医療という制度的コンテクスト故に生まれる参加者間の非対称性である。それ以外にも、医療現場に特有のコンテクストはさまざまある。例えば、医療知識や治療経験、社会的地位、健康状態における弱者と強者、治療を施す立場と施される立場、診療が行われる場所や環境の優位性 (医師のテリトリーである病院であることや、椅子や机、コンピューターの位置関係) 等の側面において、一般的に考えられる友人同士の会話とは違い、相互行為者の間に非対称性が顕在する。いわゆる「制度的コンテクスト」と言われる教室や法廷と類似する点もあるが、医療に特異の要素も明らかにあることがみえてくる。医療コミュニケーションにおける患者と医師の非対称性を取り上げた研究は数え上げればきりがないほどだ (e.g., Maynard 1991, Heath 1992, Fisher 1993)。患者-医師間の非対称性について述べた研究で代表的なものに、West (1983) がある。談話データに患者と医師の発話タイプにはっきりとした非対称性がみられ、医師による yes/no を聞く質問の多さ、さらに患者による質問の少なさが指摘されて

いる。また、Heath (1992) は、患者が医師による診断結果に対して沈黙することが、患者が医師に診療を続ける権利を与えると同時に、医師の意見と患者の意見に価値の差があるという参加者間の力関係の非対称性がみられると述べている。この場合、患者と医師が「相互行為を通して非対称性を具現化している」という視点で語られている点も注目に値する[1]。

医療コミュニケーションにおける非対称性に関して最も一般的に注目を集めるのは、その非対称性が明らかな患者-医師間の診療場面だが、それ以外にも、実際には医療従事者間においても制度的コンテクストはその影響力を発揮している。例えば、手術室内での医療従事者間において、それぞれの役割やパワーの違いがコミュニケーションを困難にしているという報告もある (Lingard, Garwood and Poenaru 2004)。日本に限らず欧米でも、医療従事者間にはヒエラルキーが顕在しており、そこでの意思伝達の困難さも、医療コミュニケーションを語る上では軽視できない問題である。

また、近年では、医療従事者が医療サービスを提供する側であり、患者は受動的にそのサービスを受ける側であるという考え方に疑問が投げかけられ、医療サービス受給者側の自律性や主体性が重視されるようになってきている。いわゆるプロバイダー・オリエンティッドからコンシューマー・オリエンティッドのアプローチへのパラダイム・シフトが起こっている (山崎 2001)。さらに、セカンドオピニオンやインフォームドコンセント等の概念も重要視されるようになり、患者が自分の意思表示をすることが社会からも期待されるようになったこともあり、患者の医療現場におけるコミュニケーションはさらにその必要性が認識されてきている。

それでは、医療コミュニケーションを改善させることで、具体的にどのような効果が期待できるのだろう[2]。Roter and Hall (2006) は、複数の研究のレビューから、効果的な医療コミュニケーションにより、患者による治療計画等の遵守率向上、診断結果の正確性の向上、患者満足度向上、さらに、医療過誤時の訴訟の減少がみられると指摘している。Rochon ほか (2011) は、医師のコミュニケーションを通して患者のもつ文化的信念やスティグマの概念を変化させることにより、HIV の治療に関する患者遵守度が向上したと

報告している。服薬を含む治療計画の遵守は医師にとって、そしてもちろん患者にとって重大な懸念事項であるため、遵守度を向上させる医療コミュニケーションの重要度については言うに及ばない。

医療コミュニケーションにおいて頻繁に議論されるのが、医師による患者の傾聴、そして患者に対する共感 (empathy) の提供である。これについては、医師による患者の視点取得の観点から別稿 (渡辺 2013) で詳細に述べているのでそちらを参考にされたいが、Frankel and Stein (1999) でも述べられているように、患者の視点の取得と患者に対する共感は、「良い医師」の特徴的行動として特筆されている。Takayama and Watanabe (2007) においても、患者からの評価が高い医師と低い医師による患者との談話を分析し、評価の高い医師は、あたかもテニスのダブルスの試合で患者とチームを組み、病気を共通の敵として試合を進めているような談話の構造になっていたが、評価の低い医師の場合は、患者と医師の間に必ずしもそのような団結が談話に現れなかったと報告されている。渡辺 (2013) でも述べたように、良い医療コミュニケーションを達成するためには、上記の非対称性や環境的制約等を乗り越えた視点取得の能力が必須なのではないだろうか。本章後半では、がんの患者やその家族・友人の相談相手となる「がん専門相談員」に対するコミュニケーショントレーニングについて解説し、その現状を分析する。

3. がん相談員のコミュニケーショントレーニング

3.1 医療コミュニケーショントレーニング

上述のとおり、医療現場におけるコミュニケーションは患者の病いの改善・治癒に影響すると考えられているため、医学生や実践中の医療従事者に対するコミュニケーショントレーニングが実施されるようになってきた。医科大学等では、海外で実施が進んでいる OSCE (Objective Structured Clinical Examination：「オスキー」と発音する) (客観的臨床能力試験) の導入を起爆剤に、医学生のコミュニケーション技能の向上を目指し、コミュニケーションの授業を開講するなど、コミュニケーショントレーニングを行ってい

るところが多い。特に、OSCE の中には、標準模擬患者を相手にした医療面接の試験もあり、受験者は医師役として患者に問診するなど、患者とのコミュニケーション能力が直接試されるため、学生たちの意識高揚にもつながっている。現在日本においては、信頼性の高い客観的評価体制が不十分等の理由で、OSCE の医師国家試験への導入は先送りされている(大西 2011)が、2011 年の段階では、約 1/4 の医科大学において OSCE が卒業認定の条件となっている(文部科学省 2011)。

　この OSCE 対策として、というと聞こえが良くないが、多くの医科大学では「模擬患者」が参加する授業を提供したりしている。「模擬患者」(simulated patient: SP)とは、医師のコミュニケーション力向上のために、練習相手として患者役を演じる一般の人(または役者)のことである。これらの模擬患者は、想像上のある患者の病状、家族関係、仕事、趣味、家系等の「スクリプト」を勉強し、特定の疾病とそれに罹患した人が体験する症状や日常生活について学び、演技に備える。

3.2　がん専門相談員

　平成 18 年に制定された「がん対策推進基本法」には、その施策として、がんの予防、および早期発見や研究の推進が掲げられているが、それと並んで、がん患者の療養生活の質の維持向上やがん医療に関する情報の収集提供体制の整備も重要項目と挙げられている。特に、後者については、がん患者やその家族に対する相談支援の推進が求められている(厚生労働省 2007 <www.mhlw.go.jp/shingi/2007/04/dl/s0405-3a.pdf>)だけでなく、アンケート調査でもがんについて相談できる人を求めている声は強い(松下ら 2010)。この法律の施行を背景に、現在では、がん対策推進支援計画の一環として、「がん専門相談員」が、がん医療に関する相談支援および情報提供を目的に、全国 397 のがん診療支援拠点病院に配置されている。がん相談専門員の役割は、がんに関する相談を通じて、がんに対する正しい理解の促進や、またはがん患者にとって適切ながん治療の選択に関する支援、さらに、がんと共に質の高い人生を送れるようサポートすることにある。

3.3 模擬患者を利用したコミュニケーショントレーニング

　上記の目的達成のために、相談員たちは、国立がん研究センターが中心となって開催される相談員研修を通して、相談支援のプロセス、臨床腫瘍学、精神腫瘍学、社会資源等について学ぶ。また、定期的に全国各地で相談員のためのコミュニケーション研修会も開催される。そこで提示される「相談員が目指すべきサービス提供の10の原則」には、以下が含まれる：クライアントにとってよい治療の保護・促進をする、クライアントの情緒的サポートをする、担当医との関係を改善・強化する、行動に結びつく決定を促す、継続的なアクセスを保障する、クライアントの情報の整理を助ける、等。コミュニケーション研修会では、これらの原則が相談員がコミュニケーション能力を向上する上での指標になっている。また、web上に模擬患者を使った相談員の模擬相談の映像、談話のトランスクリプト、模擬相談に関する座談会のトランスクリプト等が掲載され、相談員が自律的にコミュニケーションについて学べる機会も提供されている（「がん相談員のための学習支援プログラム」）。

　ここで利用されている模擬患者は、前にも述べたように、患者医師間のコミュニケーショントレーニングの一環として、今では広く活用されており、その有効性に関しては多くの研究が発表されている（古村ほか2009, Ladyshewsky 1999, Rethans and van Boven 1987）。利点としては、医学生のコミュニケーションスキルや患者との人間関係構築に関する客観的評価の信頼性（Barrows 1968）や、本当の患者では困難となる、多数回におよぶ模擬診療への参加、学生のニーズに合わせた診療状況の提供（Bokken ほか 2008）、模擬患者と実際の患者の高い類似性（Norman ほか 1982）などが挙げられ、特にOSCEに関する模擬患者の応用については高い評価を得ているようだ。

　しかし、近年になり、模擬患者の有効性について疑問を投じる研究も現れ始めた。特に、de la Croix and Skelton (2009) は、模擬患者-学生間の100の診療場面を録画し、発言と遮りの数を比較したが、模擬患者がその数の過半数を占めているという結果が出た。これは、模擬患者との診療場面が（模擬患者による医学生の）「教育」という目的の「制度的コンテクスト」になっ

ており、実際の患者医師間のコミュニケーションの実態とは違うものとして現れているのではないかと解説している。この点については、後半のデータ分析で検討してみる。

4. 模擬患者-がん専門相談員間談話のデータ分析

　本章では、がん専門相談員と模擬患者間で行われた模擬相談の談話と実際のがんの電話相談のそれを比較し、両者の特徴を考察する。なお、前者のデータは「がん相談員のための学習支援プログラム」に掲載された映像およびトランスクリプトを利用し、20分×6セッション、2名の模擬患者と2名の相談員のデータを分析した。また、後者については、がんに関する電話情報提供サービスセンター(がん電話情報センター)に寄せられた相談の談話を利用し、20分×3セッション、3名の相談者と4名の相談員の音声データを書き起こし分析している。

4.1　がん相談員と模擬患者との相談談話

　以下の(1)から(4)までのデータは、いずれも模擬患者(SP)の喫緊の懸念が相談員(CS: Cancer Specialist)に直接的には取り上げられていない例を示している。下線を引いた部分からは、SPのCSに対する強い訴えが感じ取られる。

(1)
　　1. SP　：私自身が<u>全然</u>聞いていないので。兄が<u>昨日</u>言うものですから。私は先生からも聞いていませんし、お兄さんも<u>ずっと</u>黙っていたみたいで。
　　2. CS　：そうですか。今日は、広島の方からお見えになったという…。

(2)
　　1. SP　：私は4月だったか、兄の方から聞いたときに、<u>腹が立って、す</u>

　　　　　ぐ娘に相談というか。娘がいろいろ調べてくれて、東京にはい
　　　　　い病院が幾つもあるから、すぐこちらにおばちゃんをと言って
　　　　　くれたのですけれど、姉が頑として聞かないのです。
　　2. CS：お姉さまはどんな状態でお過ごしでいらっしゃるのですか？

（3）
　　1. CS：60歳で、自分の病気がもし見つかったとして、治療は何もな
　　　　　かったのでしょうか。それとも、ご本人たちが望まなかったの
　　　　　ですか。
　　2. SP：治療はないと言われたらしいです。
　　3. CS：先生の方から治療はないと？
　　4. SP：はい。要は、もう死ぬしかないということだと思います。
　　5. CS：そうですね。何かほかの医療機関さんに、本当に治療がないの
　　　　　かどうかとか、そういうことを今割と皆さん、ご相談に行く方
　　　　　たちもいるのですけれど、なかなかそういう機会はなかったの
　　　　　でしょうか。

（4）
　　1. SP：その手術で、パソコンの画面を見ながら、がんがここにあるか
　　　　　ら人工肛門でと言うんですよ。
　　2. CS：主治医の先生が説明。
　　3. SP：はい。
　　4. CS：そうだったのですね。説明は、お一人でお聞きになられたので
　　　　　すか。
　　5. SP：いいえ。主人も一緒に。
　　6. CS：ご一緒だったのですね。
　　7. SP：何かよく分からない。急に言われたので。
　　8. CS：そうですか。

上記の抜粋における SP の語彙の選択に注意を払う必要がある。(1)の「全然聞いていない」「昨日言う」「ずっと黙っている」、(2)の「腹が立った」「すぐ娘に相談した」「すぐ」「姉が頑として聞かない」、(3)の「治療はない」「要は、もう死ぬしかない」、(4)の「何かよく分からない」「急に言われた」を見てみると、SP は「昨日」「ずっと」「すぐ」「急に」等、時間の語彙を選択し、事態の喫緊性を伝えると同時に、「腹が立つ」「もう死ぬしかない」「何かよく分からない」という負の感情を直接的に訴える語彙を使用することにより、事態の重大性を伝えている。それに対して CS の返答は、訴えられた喫緊性や重大性に(直接的に)応えるわけではなく、事実確認の作業に徹している。この一連の会話は、ターンテーキングの視点からみると、隣接応答ペア (Schegloff and Sacks 1973) としては、質問-応答、陳述-確認等、形式的には機能しているが、内容のレベルでは、第1ペア部に込められた応答の期待値に第2ペア部の応答がマッチしているとは言いきれない。

この模擬相談についての座談会のトランスクリプトをみてみると、上のミスマッチの背景がみえてくる。

(5)
 1. SP ：田中[3]は別に逃げているわけじゃないのですよね。納得すれば受け入れるのだと思うのですが、なにか、そのモヤモヤをどう解決していいか分からないというところで行ったり来たりしているところはあって。
  どんな感じですか、どんなふうに感じていますか、という質問は後半のほうが多いなと感じました。
 2. CS ：自分も、すべて心地良いで終わらなくてもいいのかなというのは思います。やっぱり必要なこと、この先、こういうことが起こるかもしれないよというところで、ちょっと違和感を感じていらっしゃるかもしれない。でも、その後、自分がいない場面でも、「ああ、あの時、あの相談員さんが言っていたのってこのことかな」というふうに気付いてもらえればいいのかなとも

思います。

　SP は模擬患者として納得のいかない感情を伝えることが優先であったことが分かる。また、いわゆる yes/no 質問ではなく、感情を確認する質問を聞かれることの重要性についても示唆している。それに対して CS は、必ずしも SP の心地の良いまま終わらなくてもいいという見解を表明しており、さらにその場の結果よりも、振り返った際に気付く効果に期待しているとも述べている。

　この座談会データに顕著にみられるのは、模擬患者とがん専門相談員との間での「相談のあるべき姿」に対する見解の相違であろう。前述の de la Croix and Skelton (2009) でも報告されていたように、模擬患者は医師との会話を「医師の教育の場」として捉えることがあり、実際の診療とは違った談話形態を取る場合がある。また、de la Croix et al. (2009) は、模擬患者が前提として準備をしたシナリオに則り、医師との会話の舵取りをし、自分のシナリオに合わせた方向へと会話を進めて行くという主張をしている。同様に、Bokken et al. (2009) では、模擬患者が医師の教育等を目的に、特定の情報を保持したまま開示しないこともあると述べている。すなわち、ここでの SP も既定のシナリオや「教育者」としての役割に影響され、相談員のコミュニケーション能力上の「欠如」を訓練するために、患者の感情的な側面に対して相談員は注意を払うべき、質問は yes/no ではなく内容を語らせるような質問をするべき、模擬患者としてのシナリオに従って相談を進めるべき、という模擬患者の視点からみた医師としての「べき」を強調していた可能性が窺える。

4.2　がん相談員と電話相談者との相談談話

　次に、がんに関する電話情報提供サービスセンターに実際にかかってきた相談の談話をみてみる。相談員（CS）と相談者（CL: caller）の談話データを以下に示す。

(6)
1. CL：慢性白血病の時は出てくるものなのかなあっ□て
2. CS：　　　　　　　　　　　　　　　　　　　［息を吸う］
3. CL：よく急性白血病の場合は□出てくるって聞いたんですけど・(病院で？)
4. CS：　　　　うんそうーですね　そこらへんーの診断ーの部分でのー えっとー申し訳無いですね　そこの(？)で詳しいことはちょっと申し訳ないですね私もよく分からないんですけどねー

(7)
1. CS：あーんま確かにそうですよねーその　あのーー ことをやっぱり　今　先生の方でも調べている段階で いらっしゃるのでー
2. CL：　　　　　　　　　　アメロイド□アメロイド？
3. CS：　　　　　　　　　　　　　　　　うん
4. CL：ってのが炎症反応になるらしいんですけど
5. CS：　　　　　　　　　　　　　　　　はい

(8)
1. CS：特に専門医にかかってくださいという話はないですか？
2. CL：紹介状書くほどではないって□今の段階では？・・
3. CS：あ今の内科の先生はおっしゃるんですか。
4. CL：今9千から1万1千に増えて　2千くらいの差で
5. CS：　　　　　　　　　　　　　　　　　　　ああ
6. CL：あれば□□うん特にこう□□びっくりする□数値ではない□らしいんですね。この 1万1千5百っていう数字の数も
7. CS：　　　　あ　あ　うーん　確かにね？

8. CL：お医者さんもびっくりしてこう□何かを
　　9. CS：　　　　　　　　　　　　うーーん
　10. CL：しようっていう<u>数値</u>　ではない<u>らしいんですよ</u>

（9）
　1. CL：私がまあ心配し過ぎなのかもしれないんですけど
　2. CS：うんうん
　3. CL：どうしても<u>慢性白血病イコール好中球が増えて</u>
　　　　　<u>くっ</u>ていう
　4. CS：　　　　　違います。
　5. CL：あっ違うんですか。
　6. CS：<u>そういうことじゃないんですよ</u>。あの、<u>遺伝子を調べて</u>、その<u>遺伝子の中</u>に、あの<u>慢性白血病特有の遺伝子</u>の…（説明を続ける）

（10）
　1. CS：えーそのー　現在の状況が　差し迫っているのであれば
　2. CL：　　　　　　　　　　　はい　　　　　　　　　　はい
　3. CS：<u>先生は外来でもまず</u>　まず　最初に　あのー　<u>錠剤を出す</u>と思うんですけどね
　4. CL：ええ　ええ
　5. CS：　　　あの　多分　多分ー　<u>数値的</u>には　あのー　えー　その必要そう急ぐ必要はないんだと思うんです。
　6. CL：　　　　　　　　　　　　　　　　　ま<u>白血球５万個ぐら</u>いあるんですよ。
　7. CS：　　　　　　　　　　あ　あのー　<u>５万ぐらいは</u>ー
　8. CS：　　　　　　　　　　　　　　　　　　　　はい
　9. CS：あのーその病気ーですと　あの　ものすごく高いというわけではないんです。

10. CL ：ええ　ええええ
　　11. CS ：それで　あのー　少し昔ですとね 15万 20万っていうので発見
　　　　　　　される人も多かったんですね
　　12. CL ：はい

　前半の抜粋に比べ、(6)から(10)で特徴的なのは、医学的用語や病いに関する医学的情報が相談者からの発話に頻繁にみられること、そして相談員の応答はその医学情報に関するものになっていることである（直線下線部参照）。前半の抜粋では、具体的な医学情報について SP が突き詰めて質問をしてくることはなかったが、電話相談の談話を見ると、抜粋箇所以外でも、数値や医学用語、テスト名、医療手順、入院のオプションなどを頻繁に述べ、専門家の意見を求める傾向が強い。相談者の現実的な側面を考えると、がんを宣告された、または、がんの疑いがある相談者にとっては、その情報は自分の生死に直接関わる問題であり、または家族にとっても一生がかかる問題であるため、そのような相談者は、相談員のところに辿り着くまでに、その病いや健康についてかなりの勉強をしており、医学的な情報の確認が優先順位の上位に置かれることが多いという。さらに、「がん」という生死に直接関係する病いを分析の対象にしていることが、医学情報に関する情報に会話が集中する理由があるかもしれない。

　さらに、CL の発話を見てみると、□で示したように、一文の中に何度も短い間が見られる。間の位置を詳しくみていくと、それは CL が CS からの情報提供や確認、または訂正を期待する間だと解釈される。医学情報の探求や確認が発話の目的の場合、対話者がその医学情報の専門家であるという前提で話をしているとすれば、専門知識における明らかな上下差が生まれる。その結果、知識が欠如している側は、知識が豊富な側に対して、フェイスを脅かさず、また自分のフェイスも脅かされない形で控えめに情報提供や質問を行うというポライトネス（Brown and Levinson 1978/1987）を意識した発話を行っていると言える。このような傾向は模擬患者の談話ではあまり見られなかった。この一連の抜粋の談話をみると、フェイス・マネージメント

の観点からもう1つの特徴が指摘できる。それは、CLが医学情報を提供する時に情報源が自分以外にあること、またはそれが伝聞であることを示す点だ (波線下線部参照)。例えば、(6) の「聞いたんですけど」、(7) の「なるらしいんですけど」、(8) の「ほどではないって　今の段階では」「らしいんですね」「ないらしいんですよ」、(9) の「増えてくっていう」は、全て医学情報に付随して発言されている表現であり、CSのネガティブ・フェイスに対する配慮がみられる。実際に、(6) から (8) までは、CSの方がCLが求める医学情報について効率よく対応できていない印象を受け、CLとCSが相互行為的薄氷の上を歩いている (言い換えれば、医療知識等の権威バランスを上手に取ろうとする) 両者の談話行為が垣間みられる。

5.　まとめと考察

　以上の分析を振り返ると、模擬相談においては、模擬患者のコミュニケーション教育者としての役割意識に基づく談話行動が、相談員の相談談話と衝突しているとも解釈され、相談がなかなか両者の思う形で展開していないようだ。電話相談の談話をみてみると、相談員と相談者は、お互いのフェイスを考慮に入れながらも、相談者の興味の対象である医学情報に対するやり取りが継続的に行われ、情報がない場合は、ないことを明示し ((6) の4行目)、相談者の医学情報が誤っている場合は、それを訂正する ((9) の4行目、(10) の7と9行目) 等、両者の会話のターンが隣接応答ペアの連続体として展開している。

　この分析が示唆することは、医療コミュニケーションのトレーニングを考える上で、会話の目的や手段、そして対象となる参加者、扱う病いや重度、予後の可能性等、会話のコンテキストを細かく調べ、それに応じたトレーニングの手法や手段を考えることの重要性かも知れない。これは、前述のHamilton (2004) が指摘した、病いや患者の個別の状況、症状等、医療コミュニケーションの前提 (渡辺 2013) を考慮した診療を想定し、そのコンテキストに合致したコミュニケーションを目指したトレーニングを開発・提供

する必要性を示している。医療コミュニケーションの教育においても、企業のコミュニケーション研修においても、相互行為という人間の行動の中でも最も複雑で難解でありつつ、誰もが何となく行ってしまっている行動に対して、how to 的なコミュニケーショントレーニングを行っている場合が多くみられる。この状況にはこうする、といった鋳型的なコミュニケーション対応は、表面的な対応には有効な場合はあるが、状況が複雑な医療やビジネスにおいては、むしろ害になるのではないかという懸念を抱いている。医療に参加する医療従事者を含む全ての人の共生を考えた場合、お互いを尊重し合えるコミュニケーション・コンテクストを形成し、発展させていたくためには、やはり「個」(particularity)(Becker 1984)の状況や環境を尊重したコミュニケーションのトレーニングを目指すべきではないだろうか。

　ここまでコミュニケーションに焦点を当てて医療における共生について語ってきたが、医療コンテクストにおける共生を願うのであれば、コミュニケーションだけに期待を託すわけにはいかない。たとえ医療コミュニケーショントレーニングを受けた医療従事者が増えたとしても、医療サービス自体を享受することができない人々が、社会システムの中で無意識のうちに排除されていることも意識する必要がある(藤村 2010)。また、「医療」と「共生」をテーマとする日本の研究を調べてみると、中心になっているのは、外国人住民に対する医療・福祉サービスの提供や保健制度の整備であるが、現在は、社会政策の環境だけでなく、技術的な環境整備も進んでいる。具体的には、医学上の問題を抱えた弱者、例えば、弱視の人々のより積極的な社会参加を可能にするような生活支援機器(弱視者に優しい PC 等)(杉山ら 2009)や、日本語運用能力が低い外国人の診療を支援する、多言語対話インターフェイスの開発(宮部ほか 2009)がある。社会的マイノリティが、さらに医学上の問題を抱えることは、多層的排除の被害を受ける可能性を高めるため、その支援は喫緊の課題である。

　さらに、哲学の分野において、医療サービスをどのような原理や方式に従って提供することが公正なのかについての議論もある(Green 2001)。考えてみれば、個人の社会的地位や社会に貢献する程度、役割を考慮に入れて公

正な医療サービスを定義するのか、それとも社会的立場、職種、収入、社会貢献度等にまったく関係なく、同等に医療サービスが提供されるべきなのかも、医療と共生を考える上では大切な議論である。また、宗教的な立場からも、共生社会における医療サービスのあり方について議論がなされており、特に科学技術が進んだ現代において、提供可能な医療サービスの是非に関して宗教に過度の期待が寄せられているのではないかという懸念の声も聞かれる（空閑 2006）。すべての人の共生を目指すとすれば、医療サービス機関内におけるコミュニケーションだけに焦点を当てるのではなく、そのサービスを一人でも多くの人が利用できる社会の構築を目指すことが今後の課題であり、本来の課題であろう。

6. 本研究の限界

本章は、医療コミュニケーションと共生について語ってきた。特に、がんに関する相談を担当するがん専門相談員のコミュニケーショントレーニングについて、談話データを分析し、その課題と可能性に迫ったが、数々の制約から本研究に関して以下の課題もみえてきた。1) 談話データとして扱ったサンプル数が少ない、2) 模擬相談データは対面形式の相談であったのに対し、実際の相談データは電話を介したものであった、3) 模擬相談は主訴が大腸がんであるのに対して、実際の相談は白血病に関連するものであった。3) については、病いの種類やその深刻度が談話の形に影響するという Hamilton (2004) の指摘を考慮すれば、この違いは談話形式にも影響を与えていた可能性が高い。今後は、以上に挙げた違いを是正したうえで比較研究を行い、その結果を具体的に医療コミュニケーショントレーニングにどのように活かすのかについても、トレーニングプログラムの案を提供するなど、実践的な提案がされることが望まれる。

トランスクリプト記号

空マス	発話中の間
ー	音の引きのばし
?	上昇イントネーション

　なお、発話が行の先頭から始まっていない場合は、すぐ上の行の重なった位置において同時発話がされたことを示している。

謝辞

　本研究の実施にあたり、国立がん研究センターがん対策情報センター部長の高山智子氏より多大なる協力を得た。ここに記して謝意を表したい。ただし、本稿の文責は全て著者にある。

注

（1）「50/50」というタイトルの映画がある (2011)。がんを 27 歳で宣告された若者と彼を取り巻く家族や友人を描いた映画で、がんを宣告されるシーンの描写は、医療コミュニケーション、特に患者と医師のコミュニケーションの問題点をうまく表現している。まず、医師は専門用語を容赦なく使って患者に病状を説明し、助走もないまま患者に「あなたはがんです」と宣告する。すると患者は、突然幽体離脱をするかのごとく、頭は医師との相互行為を離れ、自問自答の世界に入っていく。あまたの非対称性が生んだこの沈黙は、医師の説明の継続を可能にしたと同時に、患者が医療に積極的に参与する上で必要な情報収集を妨げる結果を招いたと言える。

（2）診療場面のコミュニケーションを研究することについての議論は、その研究が始まったころから行われている (Burgoon 1992)。いくら素晴らしいコミュニケーションをしてくれる医師が担当してくれたとしても、その医師に医学的な知識や技術が大きく欠けていたら、患者として納得がいかないだろう。したがって、診療場面でのコミュニケーションについて語る場合は、医学的側面における質が保障されていることが前提になっているのが一般的だ。

（3）SP の「田中」というのは、自分が演じた模擬患者を客観的に描写するための呼び名であり、模擬患者が自分の演技について語る際にはよくみられる方式である。

参考文献

Barrows, Howard S. (1968) Simulated patients in medical teaching. *Canadian Medical Association Journal* 98: pp. 674–676.

Becker, A. L. (1984) The linguistics of particularity: Interpreting superordination in a Javanese text. *Proceedings of the Annual Meeting of the Berkeley Linguistics Society*: pp. 425–436.

Bokken, Lonneke, Jan-Joost Rethans, Albert J. Scherpbier, and Cees P.M. van der Vleuten. (2008) Strengths and weaknesses of simulated and real patients in the teaching of skills to medical students: A review. *Simulation in Healthcare* 3(3): pp. 161–169.

Bokken, Lonneke, Jan-Joost Rethans, L. van Heurn, Robbert Duvivier, Albert Scherpbier, and Cees van der Vleuten. (2009) Students' views on the use of real patients and simulated patients in undergraduate medical education. *Academic Medicine* 84(7): pp. 958–963.

Brown, Penelope, and Stephen C. Levinson. (1978/1987) *Politeness: Some Universals in Language Use*. Cambridge, UK: Cambridge University Press.

Burgoon, Michael. (1992) Strangers in a strange land: The Ph.D. in the land of the medical doctor. *Journal of Language and Social Psychology* 11(1/2): pp. 101–106.

de la Croix, Anne, and John Skelton. (2009) The reality of role-play: interruptions and amount of talk in simulated consultations. *Medical Education* 43(7): pp. 695–703.

Fisher, Sue. (1993) Doctor talk/patient talk: How treatment decisions are negotiated in doctor-patient communication. In A. D. Todd and S. Fisher (eds.), *The Social Organization of Doctor-Patient Communication*, pp. 161–182. Norwood, NJ: Ablex Publishing.

Frankel, Richard M., and Terry Stein. (1999) Getting the most out of the clinical encounter: The four habits model. *The Permanente Journal* 3(3): pp. 79–88.

藤村正之 (2010)「福祉・医療における排除の多層性」藤村正之 (編)『差別と排除の〔いま〕第4巻 福祉・医療における排除の多層性』pp. 7-18. 明石書店.

古村美津代・木室知子・中島洋子 (2009)「老年看護学教育における模擬患者導入の臨地実習への影響」『老年看護学：日本老年看護学会誌』13(2): pp. 80–86.

Green, Ronald M. (2001) Access to healthcare: Going beyond fair equality of opportunity. *The American Journal of Bioethics* 1(2): pp. 22–23.

Hamilton, Heidi E. (2004) Symptoms and signs in particular: The influence of the medial concern on the shape of physician-patient talk. *Communication and Medicine* 1(1): pp. 59–70.

Heath, Christian. (1992) The delivery and reception of diagnosis in the general-practice consultation. In P. Drew and J. Heritage (eds.), *Talk at Work*, pp. 235–267. Cambridge, UK: Cambridge University Press.

石川ひろの (2009)「診療現場における三者間コミュニケーションと付き添いの役割」『滋賀医科大学基礎学研究』14: pp. 7–12.

空閑厚樹 (2006)「「共に生きること」の困難と希望―『聖書』の示す人間観・社会観を手がかりとして (〈特集〉生命・死・医療)」『宗教研究』80(2): pp. 407–430.

Ladyshewsky, Richard. (1999) Simulated patients and assessment. *Medical Teacher* 21(3): pp. 266–269.

Lingard, Lorelei, Stacey Garwood, and Dan Poenaru. (2004) Tensions influencing operating room team function: Does institutional context make a difference?. *Medical Education* 38(7): pp. 691–699.

松下年子・松島英介・野口海・小林未果・松田彩子 (2010)「がん患者の心の支えと相談行為の実際―がん患者およびサバイバーを対象としたインターネット調査より」『総合病院精神医学』22(1): pp. 35–43.

Maynard, Douglas W. (1991) The perspective-display series and the delivery and receipt of diagnostic news. In D. Boden and D. Zimmerman (eds.), *Talk and Social Structure*, pp. 164–192. Berkeley: CA: University of California Press.

宮部真衣・吉野孝・重野亜久里 (2009)「外国人患者のための用例対訳を用いた多言語医療受付支援システムの構築」『電子情報通信学会論文誌』J92-D (6): pp. 708–718.

文部科学省 (2011)「今後の医学部定員等に関する検討会 第7回 平成23年7月7日」参考資料. Retrieved 01082011, from http://www.mext.go.jp/b_menu/shingi/chousa/koutou/043/siryo/__icsFiles/afieldfile/2011/08/10/1308260_3.pdf

Norman, Geoffrey, R., P. Tugwell, and J. W. Feightner. (1982) A comparison of resident performance on real and simulated patients. *Journal of Medical Education* 57(9): pp. 708–715.

大西弘高 (2011)「客観性のある臨床技能評価とは―医師国家試験改革への展望」東京大学医学教育セミナーにおける発表.

Rethans, J. J., and C. P. van Boven. (1987) Simulated patients in general practice: a different look at the consultation. *British Medical Journal* 294.

Rochon, Donna, Michael W. Ross, Carol Looney, Vishnu P. Nepal, Andrea J. Price, and Thomas P. Giordano. (2011) Communication strategies to improve HIV treatment adherence. *Health Communication* 26(5): pp. 461–467.

Roter, Debra L., and Judith A. Hall. (2006) *Doctors Talking with Patients/Patients Talking with Doctors: Improving Communication in Medical Visits* (2nd ed.). Santa Barbara,

CA: Praeger.

Schegloff, Emanuel A., and Harvey Sacks. (1973) Opening up closings. *Semiotica* 7 (3/4): pp. 289–327.

杉山慎二郎・青木恭太・島津典子・新井愛一郎・新井田孝裕・四之宮佑馬 (2009)「弱視者の PC 環境改善のための方策」『ヒューマン情報処理』109 (28): pp. 221–226.

Takayama, Tomoko, and Yoshikazu C. Watanabe. (2007). *How do patient evaluations correspond to doctors' communicative behaviors in Japanese breast cancer consultations?* Paper presented at the IPOS 9th World Congress of Psycho-Oncology.

渡辺義和 (2013)「コミュニケーションにおける視点取得―医療コミュニケーションと言語障害から学べること」片岡邦好・池田佳子 (編)『コミュニケーション能力の諸相―変移・共創・身体化』pp. 129–157. ひつじ書房.

West, Candace. (1983) "Ask me no questions…" An analysis of queries and replies in physician-patient dialogues. In S. Fisher and A. D. Todd (eds.), *The Social Organization of Doctor-Patient Communication*, pp. 75–106. Washington, DC: Center for Applied Linguistics.

山口定 (1994 年 10 月 30 日)「共生ということ」朝日新聞.

山崎喜比古 (2001)「健康と医療の社会学の対象」山崎喜比古 (編)『健康と医療の社会学』pp. 3–18. 東京大学出版.

老人介護施設におけるコミュニケーション
会話分析から見た職員と利用者間のテンポの差

バックハウス・ペート

要約

　本章では、介護者と被介護者の日常的やりとりを分析の対象としている。データは埼玉県にある介護老人保健施設で起床介護中に録音されたものである。そこで現れている特徴は、職員と利用者の行動におけるテンポの差と、それによって発生する摩擦である。その具体例として、職員の発話に頻繁に発生する繰り返しに焦点が当てられる。それらの繰り返しを「ターン内」繰り返しと「ターン外」繰り返しとに分け、各タイプを詳細に分析する。主な結果として、介護職員の高い発話テンポは、必ずしも介護作業を促すことにつながるとは限らないことが指摘される。

1. はじめに

　21世紀においての日本社会は高齢社会である。総務省の最新データによると、65歳以上の人口は、全人口の23%を占める。世界一であるその割合は、今後とも増加傾向にあり、ここ20年で30%以上まで上がると予想されている（総務省2013: 第2章、2-1；グラフ1を参照）。

　人口の高齢化に伴って、介護を必要とする人の数も増え続けてきている。2010年には、要介護（要支援）認定者数の総数は550万人以上にのぼり、その中で施設サービスを受給する人は87.7万人である。施設のタイプに分けると、「介護老人福祉施設」が46.9万人、「介護老人保健施設」が33.8万人、「介護療養型医療施設」が7.4万人となっている（厚生労働省2013）。

　施設介護を要する人口の増加を背景に、近年では介護施設におけるコミュニケーションを対象とした研究が増えつつある。例えば、鈴木（2001）は介護職員のコミュニケーション能力の自己評価に関する大規模な調査を行っ

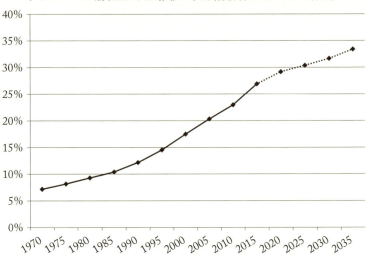

グラフ1　65歳以上の人口推移と予測（総務省2013による作成）

た。小松・黒木・岡山(2005)は、介護職員の発話にみられる音韻的特徴を観察した。さらには、吉川・菅井・阿部(2003)、加藤・阿部・矢吹・阿部・長嶋(2004)、北本(2006)、小野田(2007、2011、2014)、上田・藤澤・青木・細馬・吉村・吉村(2007)、秋谷(2008)、秋谷・川島・山崎(2009)などは、会話分析的見地から介護現場における入居者と介護職員のやりとりを論じている。本章の目標は、それらの研究を背景に、「共生言語学」の観点から介護施設におけるコミュニケーションを探ることである。特に注目したいのは、介護職員と利用者間のやりとりにおけるテンポの差である。

2. データ収集の方法

使用データは埼玉県にある介護老人保健施設で収集された。介護老人保健施設とは、リハビリテーションに重点を置いた短期滞在プログラム（通常3－6ヶ月間）を実施している施設である。こうした施設では大抵、寝たきりの利用者は引き取っておらず、全利用者は日中時間に起きて活動していることが原則である。

本研究では、先行研究を参考にし (Gibb 1990; Grainger 1993; Sachweh 2000; Wadensten 2005)、起床介護の時間帯に焦点を絞る。起床介護として行われる活動は、利用者の起床援助、洗面援助、着替えの援助、トイレへ行くための介助を含む。この施設では、起床介護の大部分は各フロアにおいて夜勤介護職員2名によって、午前4時半から6時半の間に行われる。

　収録は、起床介護時に介護職員にマイクを着けて、小型デジタルレコーダーを持ち歩いてもらう、という方法で行われた。結果、モーニングケア時に利用者と介護職員の間で発生した107の会話サンプルが収録された。ほとんどの場合は職員1人対利用者1人という、割と安定した会話場面である。各会話の平均時間は3－4分である。録画の許可が得られなかったため、音声のみのデータであるが、それをJeffersonの会話記述システム (Atkinson and Heritage 1984: ix–xvi) に沿って書き起こした。

　なお、データ分析の後期段階には、施設が定期的に開催する職員の勉強会にて、分析結果を2回発表した (2010年7月と2012年7月)。発表後には質疑応答の時間が設けられ、職員や施設長よりデータの解釈について現場のフィードバックを得た。

　データ収録に先立って、施設での日常的活動全般を数週間観察したのだが、既にその時点で顕著に感じられたのは、職員と利用者のやりとりにおけるテンポの差と、それによって発生する摩擦である。職員は常に急いで作業を行っているのに対し、利用者はそれに対応しきれず、より遅いペースで動くようにみえた。

　当時はあくまでも主観的な印象であったが、本章では、そのテンポの差はデータの中で具体的にどのように表面化するかを考察したい。そのため、やりとりの中に頻繁に生じる繰り返し発話に焦点を当てることにする。その繰り返しは、特に職員のスピーチに著しく発生するが、それをターン（発話）単位を踏まえて「ターン内」繰り返しと「ターン外」繰り返しとに分け、各タイプを以下3節と4節で順次に紹介し、詳細に分析をする。

3. ターン内繰り返し

　ターン内繰り返しは、1つの発話（ターン）で同じ言葉が1回以上繰り返されて発生することである。発話の内容によって分類化すると、主に2つのタイプが確認できる。1つ目は、職員が利用者の身体に関連するアイテムについて指摘するパターンで、例は次の(1)–(3)である。

（1）　手手手 (#22"21)
（2）　入れ歯入れ歯 (#15"93f)
（3）　靴下靴下 (#64"86)

ターン内で繰り返しになりやすいもう1つの成分は、対象指示語である。それらによって、職員が利用者の細かい動きを調整しようとしている。例は以下(4)–(6)のようなものである。

（4）　こっちこっちこっちこっちつかまって (#34"26)
（5）　そっちそっちそっち、うん (#74"137)
（6）　逆逆 (#74"38)

以下の抜粋例1では、両方のタイプが一緒に発生している。場面は、起床介護の着替え介助におけるやりとりである。

抜粋例1 (#1"26-29)
1　　R：足、(っっ椅子あげてください)
2　　S：°うん°
3　　　　こっちこっちこっちこっち (0.4)
4　　　　手手手こっち

1行目は、（録音では聞き取りにくい部分もあるが）利用者から職員への依頼

であろう。職員がそれを2行目で小声で確認してから、次の2行で自分から利用者への依頼を発する。3行目ではまず、利用者の動きの方向を調整するため、対象指示語「こっち」を同ターンにおいて4回も繰り返す。そして、4行目では、職員が利用者に動かしてほしいものは利用者の「手」だと、3回も繰り返し、最後に「こっち」という追加部分をつけて、もう一度動きの方向を明確にする。

　上記2つのタイプの共通点は、職員が利用者に現在または次に求められている動きとそのタイミングについての指示ということである。いずれの場合においても、職員がいかに言葉を使って起床介護中に利用者のテンポをより早い自分の動くペースに一致させようとしているかが読み取れる。

4.　ターン外繰り返し

　繰り返しが一定のターン内ではなく、ターン単位を超えて生じることもあり、それを「ターン外繰り返し」と呼ぶことにする。実際例をみる前に、まず会話分析の重要概念である「隣接ペア」について説明する必要がある。隣接ペアは、対を成す2ターンで構成される会話の基本単位である。その2ターンは異なる発話者によって産出され、first pair part（第一成分、FPP）とsecond pair part（第二成分、SPP）と称される。通常はやりとりの中で相次ぐということで「隣接」していると定義されている（Liddicoat 2011: Ch.7, Stivers 2013）。

　隣接ペアの代表的な例としては、「挨拶（FPP）―挨拶（SPP）」、「質問（FPP）―答え（SPP）」、「誘い（FPP）―承諾（SPP）」などが挙げられる。例えば、後程詳細に説明する抜粋例3（p. 29を参照）の2行目では、職員の「おはようございます::」というFPPに連続して、利用者が3行目で一瞬の間もあけずに「おはようございます」とここで期待されているSPPを産出する。

4.1　言い遅れたSPP

　しかし、本データにおいてFPPが出されても、その直後にそれに対応す

るSPP的な発話がないことは数多くあり、抜粋例2のようにそれがターン外繰り返しの原因にもなる。

抜粋例2(#17"1-7)
1　　S　：((入室、ベッドのカーテンを開く))
2　　　　高木さ::ん((カーテンを開きながら))(1.3)
3　　　　おはようございます　　　　　　　　　FPP
4　　　　(1.8)
5　　　　おはよう　　　　　　　　　　　　　　FPP'
6　　R　：°おはよ°　　　　　　　　　　　　　　SPP

　ここで、職員は利用者の部屋に入ってから、ベッドのカーテンを開けながらまず利用者の名字(仮名)で呼びかけをする(2行目)。続いて、3行目では「おはようございます」と職員が挨拶し、それを5行目で「おはよう」という短縮された形で繰り返す。それに対して、利用者は6行目で「°おはよ°」と小声で返答する。

　隣接ペアの構成から分析すると、3行目で職員が挨拶交換を開始するFPPを産出するが、1.8秒の間に利用者から返答がないため、5行目で変異のFPP'を通してSPPを催促する。利用者はそれに応じて、求められているSPPを6行目で提供する。隣接ペアの構成は抜粋例2の右側に併記した(以下同様)。

　場合によって、利用者に期待されているSPPがさらに遅れて、職員によって2回以上要求されることもある。抜粋例3はそれを含むものである。この例も、抜粋例2と同様、職員が入室する時点から始まる。部屋に入ってから間もなく、職員は利用者に挨拶をする(1行目)。利用者はそれに対して直ちに挨拶を返すことで(2行目)、通常の隣接ペアが完成する。

抜粋例3(#84"1-12)
1　　S　：((入室、あくび))

2		おはようございます [::	FPP
3	R :	[おはようございます	SPP
4		(1.0)	
5	S :	起きますか？	FPP
6		(1.5)	
7		起きます : ？	FPP'
8		(1.0)	
9		起きる？	FPP''
10		(0.4)	
11	R :	起きる =	SPP
12	S :	= うん	SCT

　ここ (4行目) までは特に問題のないようにみえるやりとりだが、続いて、職員は次の段階である起床介護の作業を始めて良いかどうかを確認する。そのため、利用者に「起きますか？」と尋ねる新たな FPP を発する (5行目)。しかし、1.5秒以内に利用者から返答がないため、7行目では職員が同内容の質問を繰り返して尋ねる。さらに 1.0秒が経っていても、利用者からの反応がないままの状況で、職員が 3回目に質問をする (9行目)。そこでいよいよ利用者が「起きる」と返答して、隣接ペアが完成する。職員がそれを「うん」という発話で認める (12行目)。会話分析では、それを sequence closing third (連鎖閉鎖第3部分、SCT) と呼ぶ。

　抜粋例 3 のやりとりのやや変わった構成は、トランスクリプトの右側に併記した。注目の部分は 5行目における職員の FPP から始まる。職員が適切とする時間以内に利用者に問われている SPP が来なかったら、職員はまず FPP' (7行目) とその後 FPP'' (9行目) を発して、利用者に SPP の産出を催促する。

　ここで特記すべきは、おおむね同内容の 3 発話の微妙な変異である。当初の FPP「起きますか？」に続いて、FPP'「起きます : ？」は疑問の終助詞「か」が抜かれて、代わりに文末の「す」が伸ばされて上昇調となってい

る。FPP"「起きる？」は、FPP'と同様な（統語）形式だが、文体が丁寧体から常体に切り替わる。

このように、トランスクリプトをみて視覚的にも読み取れるように、職員の3発話は少しずつ短縮されていく。それに関連して、各FPPの間の2ポーズの時間も1.5秒（6行目）から1.0秒（8行目）へと短くなり、全体としては、SPP待ちの職員の高まる焦りが伺える。前述の抜粋例2のFPP「おはようございます」（3行目）からFPP'「おはよう」（5行目）への短縮もそのパターンに従う。ここで両話者の異なるテンポと、職員が利用者のテンポを自分のテンポに合わせようとすることが明らかになる。

4.2 聞き逃されたSPP

前節では、利用者のSPPが遅延した関係でやりとりが長引いてしまう2例を分析してきたが、利用者に期待されるSPPが"時間通り"に産出されていてもFPPの繰り返しが生じることがある。抜粋例4はその例の1つである。

抜粋例4（#84"81-90）

1	S :	LNさん電気付［けましょ	FPP
2	R :	［はい	SPP
3		(0.6)	
4	S :	電気付けようか	FPP'
5		(0.8)	
6		電気	FPP"
7		(0.4)	
8		電気付けよう［か	FPP'''
9	R :	［うん、［うん	SPP'
10	S :	［うん	SCT

このやりとりは先に扱った抜粋例3の直後のやりとりであり、ここでは、

職員が起床介護を開始することを利用者に承諾してもらった後で、次に電気を付けることについて尋ねているところである。1行目での職員の発話(FPP)に対して、利用者は2行目ですぐさま返答(SPP)をして、形式的には隣接ペアがここで完成している。

しかし、利用者の返答が直前の発話の一部と重なりすぎたせいか、職員はその返答を確認できていないことが、やりとりの続きで明らかになる。0.6秒のポーズ(3行目)を挟んで、職員が利用者より反応がなかったかのように、電気を付けることについて再び尋ね始める。まず、以前のFPPに類似した発言を「電気付けようか」(4行目)、「電気」(6行目)、「電気付けようか」(8行目)と3回も繰り返す。9行目で、利用者はそれに対して断念したように再び返答を出し、職員のSPP要求行為を終わらせる。これでようやく職員にとっても隣接ペアが完成したことが、10行目のSCT「うん」で明らかになる。

上記の例では、先にみてきた例とは違って、利用者のSPPは求められている時点で事実上発されている。ところが、職員はそれを確認できず、以前の例と同じように利用者に返答を迫る。言い換えれば、抜粋例2と3では、利用者のSPPが言い遅れていることに対して、抜粋例4では利用者のSPPが職員に聞き逃されているだけである。

後者の聞き逃されているSPPは、極めて例外的なものにも思われがちだが、データ全体を量的にみると、そうでもないことがわかる。全107会話中、利用者が比較的期待通りのタイミングで発したSPPが職員の耳に届かず、2回以上催促される例は11回もある。言い換えれば、職員によって聞き逃されたSPPは10会話に1回程度発生する、ごく普通の現象であるように思われる。

5. 考察

上記3節と4節では、ターン内・外の繰り返しを対象として、職員と利用者間のやりとりにおけるテンポの差について考察してきた。分析で明らか

になったように、職員は言葉を通して利用者の「動き」を早めようとすることが多くある。ここでいう「動き」とは、みてきた抜粋例に限って分析すると、ターン内に繰り返しがあった場合は、利用者の物理的な動きを意味する。それに対して、ターン外の繰り返しは、物理的な動きよりも作業を進めるために必要な承諾を要求するものである（バックハウス・鈴木 2010 も参照）。いずれの場合も、利用者の動きが実際に遅いかどうかは別として、職員は繰り返し発話によってそれを遅いと取り扱っている。

　しかし、繰り返し発話がやりとりを実際に速くするとは限らない。4.2 で考察してきたように、利用者によって"時間通り"に出された返答が職員に聞き逃されたことも数少なからずある。それによって、本来なら既に終わったはずのやりとりが、関与者の不注意で必要以上長引き、介護の作業速度を上げる本来の目的とは正反対的な効果を引き起こすこともある。

　起床介護の全体的な流れをみると、介護作業が終了した利用者は順次部屋からホールへ移り、そこでお茶を飲みながら待機させられる。6 時半ごろまでに利用者ほぼ全員がホールに到着しているが、朝食が出るのは 7 時半である。その間の約 1 時間内はテレビを見たり、おしゃべりしたりする人もいるが、ほとんどの利用者は何もしないでただぼんやりとして待っているのが観察で受けた印象である。

　起床介護後にあれだけ時間が余っているのに、なぜ介護中にそこまで急ぐ必要があるのだろうか。その質問を上記のデータを発表した 2010 年 7 月の勉強会の際に、職員に尋ねてきた。いただいた返事では、いくつかの理由が挙げられた。その 1 つは、各フロアで夜勤の職員 2 名が起床介護を分担しているが、1 人が終わらせることができない仕事は、すべてもう 1 人の分に足されるから「悪い」という気持ちである。また、6 時半に「早番」の職員が到着する時点を目安に、起床介護の作業に「区切りをつけたい」という理由も挙げられた。その他の理由は、「朝食直前までに何があるかわからない」という懸念で余裕を持って行動したいことと、職員が限られた人数なので各部屋よりもホールの方が利用者を見守りやすいとのことである。それに加えて、施設長より「バイオリズムを考えて早起きが重要だ」とのコメント

をいただいた。

　上記のように、施設側の観点からは、起床介護をなるべく早く終わらせる事情がいくつかあるが、中には利用者のニーズと一致するものもあれば、そうでもないものもある。いずれにしても、「共生言語学」的な立場から現状の改善を求める前提として、利用者側と施設側の両方の観点を十分配慮する必要がある。

6. 終わりに

　本章では、施設介護におけるコミュニケーションを対象として、職員と利用者の間のやりとりにおけるテンポの差について考察した。当初は主観的な印象の域を出なかったが、職員のスピーチにおける繰り返しを中心とした分析を行うことで、そのテンポの差をデータ上で確認することができた。

　注目すべきなのは、介護職員の高い発話テンポは、必ずしも介護作業を促す結果につながるとは限らないということであろう。急ぎの中で利用者の発話が聞き逃されたことで、却ってやりとりが長引いてしまうこともある。そのような逆効果の危険性も配慮し、「急がば回れ」と言う言葉を借りて、よりゆっくりとしたスピードでより充実したコミュニケーションをはかり、それによってより良い介護の実現を目指すことが望まれる。

トランスクリプト記号

S：	職員
R：	利用者
(0.x)	0.1秒単位で数えた沈黙の長さ
(.)	非常に短い間合い
(text)	聞き取りが不確実な部分
[	2人以上の参与者の発話の重なりが始まる箇所
=	言葉と言葉、または発話と発話が途切れなくつながっている箇所

° °	「°」で囲まれた発話の音が周りより静かな時
:	音が延ばされている状態
((text))	筆記者のコメント

参考文献

秋谷直矩(2008)「高齢者介護施設にみる会話構造―日常生活支援における自／他の会話分析」『保健医療社会学論集』19(2): pp. 56-67.

秋谷直矩・川島理恵・山崎敬一(2009)「ケア場面における参与役割の配分―話し手になることと受け手になること」『認知科学』16(1): pp. 78-90.

Atkinson, John M., and John Heritage (eds.) (1984) *Structures of Social Action*. Cambridge: Cambridge University Press.

バックハウス，P.・鈴木理恵(2010)「起きる時間―施設介護における承諾獲得」『社会言語科学』13(1): pp. 48-57.

Gibb, Heather (1990) "This is what we have to do – are you okay?" Nurses' speech with elderly nursing home residents (Research monograph series 1). Geelong: Deakin University.

Grainger, Karen (1993) The discourse of elderly care. Unpublished dissertation thesis, University of Wales.

加藤伸司・阿部哲也・矢吹知之・阿部芳久・長嶋紀一(2004)「小規模ケアにおける効果的介入モデルの作成」高齢者痴呆介護研究・研修仙台センター編『痴呆性高齢者及び介護家族の生活の質の向上に関する研究事業』pp. 117-170. 高齢者痴呆介護研究・研修仙台センター.

北本佳子(2006)「ソーシャルワークにおけるコミュニケーション分析―特別養護老人ホームにおける生活場面を中心に」『城西国際大学大学院紀要』9: pp. 49-64.

厚生労働省(2013)「介護保険事業状況報告の概要(平成24年11月暫定版)」
　　http://www.mhlw.go.jp/topics/kaigo/osirase/jigyo/m12/dl/1211a.pdf

小松光代・黒木保博・岡山寧子(2005)「重度認知症高齢者に対する介護スタッフの声かけ音声の特長と声かけプランの可能性を探る」『日本認知症ケア学会誌』4(1): pp. 32-39.

Liddicoat, Anthony J. (2011) *An Introduction to Conversation Analysis* (Second Edition). London & New York: Continuum.

小野田貴夫(2007)「高齢者とヘルパーの会話の特徴について」『常葉学園短期大学研究紀要』38: pp. 21-40.

小野田貴夫(2011)「発話量の推移からみた認知症高齢者とホームヘルパーとの会話」『常葉学園短期大学研究紀要』42: pp. 1-14.

小野田貴夫（2014）「介護のコミュニケーション―ホームヘルパーとの会話」『日本語学』33(11): pp. 20–30.
Sachweh, Svenja（2000）*"Schätzle hinsitze!" Kommunikation in der Altenpflege.* Frankfurt: Peter Lang.
総務省（2013）『日本の統計 2013』総務省統計局.
　　http://www.stat.go.jp/data/nihon/index2.htm
Stivers, Tanya（2013）Sequence Organization. In Jack Sidnell and Tanya Stivers（eds.）*The Handbook of Conversation Analysis,* pp. 191–209. Malden MA et al.: Blackwell.
鈴木聖子（2001）「介護福祉職のコミュニケーションスキルに関する検討―自己評価から」『介護福祉学』8(1): pp. 71–78.
上田宜子・藤澤枝美子・青木信雄・細馬宏通・吉村夕里・吉村雅樹（2007）「「飲まずに噛んだ？」「噛まずに飲んだ！」―グループホームにおける相互行為」『聖泉論叢』15: pp. 303–324.
Wadensten, Barbro（2005）The content of morning time conversations between nursing home staff and residents. *International Journal of Older People Nursing* in association with *Journal of Clinical Nursing,* 14（8b）: pp. 84–89.
吉川悠貴・菅井邦明・阿部芳久（2003）「介護職員と施設入居者間の発話行動に関する研究」高齢者痴呆介護研究・研修センター編『高齢者痴呆介護研究・研修仙台センター研究年報』3: pp. 59–66.

手話とコミュニケーション
接触場面としての手話会話

菊地浩平

要約

　本章では、日本のろう者が日常的に経験している聴者との出遭いに焦点をあて、そこで起こる相互行為を接触場面における調整行動という観点から捉えることを試みている。従来の研究では母語話者による言語使用に主たる関心が向けられてきたが、現在の日本社会においてろう者と聴者の出遭いはますます増加しつつあり、そこで起こっていることを明らかにすることは社会的にも学術的にも重要な課題として位置付けることができる。彼／彼女らの出遭いを文化間のコミュニケーションである接触場面として捉え、具に観察し分析することは、コミュニケーションの当事者が直面することになる具体的な言語問題とその解決のプロセスを明らかにすることにつながる。

1. はじめに―本章の問題意識

　世界の言語に関するデータベースであるエスノローグには現在130ほどの手話言語が登録されており (SIL International, online)、それぞれの手話言語については多くの知見が蓄積されてきている。現在では、手話言語は音声言語とは産出手段こそ違うものの、独立した構造を備えた自然言語であるということに疑いの余地はない。このことは言語学的な議論としてそうだというだけでなく、実際に手話を用いて行われるコミュニケーションについての議論でも同じように確認することができる。本章では「手話とコミュニケーション―接触場面としての手話会話」と題して、手話という言語の実際の場面での姿について会話研究の立場から議論していく。また本書の目的に照らして、持続可能な社会に関わることになる当事者としてのろう者・聴者という観点から、具体的なコミュニケーションの場で彼／彼女らが何を問題とし

て認識し、その問題をどのように取り扱おうとしているのかを参加者間のやりとりに即して検討する。このことを通して、手話を用いたコミュニケーション場面では、参加している人々にとっての言語問題が様々な形で見いだされうること、またそれらの言語問題に対して参加者が様々な形での調整を行っていることを確認し、今後の議論に「接触場面としての手話会話」研究という観点を提示してみたい。

　本章ではまず2節で、これまでの手話研究がもたらした知見と展開について、特に手話が言語であるということがどのようにして議論されてきたのかを手話研究の草創期に注目して整理する。次いで3節では言語としての手話を実際に用いる人々に注目しながら、接触場面としての手話会話という議論が可能であることを示す。そして4節では、接触場面としての手話会話で起こる言語使用の特徴をいくつかの事例から示してみたい。

2. 手話研究がもたらした知見と展開

2.1 手話の言語学的研究

　手話が言語であるということは、手話には、日本語や英語などの音声言語と同じように「言語としての仕組みが備わっている」ということを意味する。本節ではこのことがどのように議論されてきたのかを、手話研究の草創期にさかのぼって確認してみたい。手話を世界で最初に言語学の俎上に載せ、その語構成メカニズムを記述したのは1960年に発表されたWilliam C. Stokoeの研究である。Stokoeはアメリカ手話の単語が「手の形 (designator, dez)」「手の位置 (tabula, tab)」「手の動き (signification, sig)」の3つの要素から構成されているとし、この3つを動素 (chereme) と名付けた (動素は手話単語を構成する最小の単位であり、音声言語での音素 (phoneme) に相当する)。それぞれの動素はアルファベットや上付き・下付きの記号によって表されており、その記号の組み合わせによって手話単語が記述される。Stokoeは動素による手話単語の記述と分析から、アメリカ手話では複数の動素が同時的に産出されていることを指摘し、この同時性が手話言語の特徴であると

主張した。この研究の成果はアメリカ手話の辞典 *A Dictionary of American Sign Language* (1965) としてまとめられた。すなわち Stokoe の研究は「手話単語を構成する最小単位に基づいた記述法を開発した」こと、そしてその記述に基づいて「言語の重要な特徴の1つである二重分節の議論は手話についても音声言語同様に可能であり、同時にそれが体系的なものであることを示した」こと、この2つにおいて非常に画期的なものだったのである。それまでに手話がジェスチャや身振りとほぼ同一視されてきた背景を鑑みれば、Stokoe らの試みが大きな衝撃をもって迎えられたことは想像に難くない。この後、音韻表記手法について言えば、現在ではさらに網羅的かつ精密で汎用性が高い音声表記手法である HamNoSys (*Hamburg Notation System for Sign Languages*) が開発されて利用されているほか、手話単語が継時的音節構造をもつことを示したモデルである MH (Move-Hold) モデル (Liddell and Johnson 1989) や、HT (Hand Tier) モデル (Sandler 1989) などが考案され、手話の言語構造解明に進展をもたらしてきた。このような手話言語に対する言語学的観点からのアプローチは現在でも主流であり、多くの研究が相互に関連し合いながら進められてきている。

次節では別の観点から手話研究の進展をみていく。すなわち、言語としての仕組みを備えた手話言語を実際に用いている人々とその人々が実際に行っているコミュニケーションへの注目である。

2.2 手話のコミュニケーション研究への関心

手話を用いて行われるコミュニケーションに注目したアプローチは、これまでに全く試みがなかったわけではない。例えばろう者同士の会話の順番交替に関する研究では、現在の話し手が発話を終える時／次の話し手が発話を開始する際に用いられる様々な手指・非手指動作を網羅的に検討した研究（アメリカ手話。Baker 1977）や、複数の参加者が共同して1つの話題を構成していく際にみられる様々な順番開始のパターンを分析した研究（イギリス手話。Coates and Suttone-Spence 2001）などがある。また日本手話の会話で話し手が交替する際にみられる発話重複が円滑な会話進行に用いられている

ことを指摘した研究（鳥越・小川 1997; 堀内ほか 2005）や、やはりフィリピン手話の会話で話し手が交替する際に参加者がどこ／誰を見ているのかを定量的に検討した研究（Martinez 1995）がある。しかし残念ながらこういった議論は手話研究の主流というわけではない。特に 2000 年より以前の研究については散発的に研究が行われるにとどまっていたようで、体系だった研究の一領域とはなっていなかった。多くの研究者に注目されるようになってきたのはここ 10 年ほどのことで、近年になってようやく会話分析の概念を援用しながら手話会話の中で参加者が志向する秩序を明らかにしようとする研究もみられるようになってきた（日本手話。菊地 2011; 坊農・菊地・大塚 2011）。こういった研究領域の広がり・変化は、手話研究が実際の場面でおこる相互行為の秩序の解明という領域へと拡張可能されつつあることを示しており、研究の新たな局面が開かれつつあるといってよいだろう。しかし実際の言語使用に目を向け始めた近年の研究も、基本的には手話を母語とするろう者同士の会話を対象としたものであることには違いなく、依然として主たる関心は母語話者によって産出されたプロダクトに向けられているのが現状であると考えられる[1]。

3. 手話を用いる人々のコミュニケーション

3.1 コミュニケーションの当事者は誰か

　本章では特に日本での状況を考えているが、ここでは手話を用いてコミュニケーションに参加する当事者がどのような人々なのかを大雑把にではあるが整理しておきたい。

　まず、手話を日常的に使う人々、あるいは日常の生活の中で手話を時々／たまに使う人々をメンバーとする集まりのことを、ここではおおざっぱに手話コミュニティと呼ぶ。これは手話を母語とする人々であるろう者を中心に構成されるろうコミュニティよりも遙かに緩やかな集まりを想定した呼び方だが、コミュニケーションの当事者すべてを対象としている本章の議論に即してこのように呼んでおく。またそのコミュニティに参加している人々につ

いても、ひとまず手話使用者という呼び方をしておこう。さて、具体的にどのような人々がこのコミュニティを構成しているのかを考えてみると、まず思い浮かぶのは聴覚障害者の人々かもしれない。厚生労働省の「平成18年身体障害児・者実態調査結果」によると、日本の聴覚障害者人口はおよそ27.6万人とされているが、実際にはこの中のすべての人々が手話を使うことができるわけではない。このことを少し詳しくみておこう。神田ほか編（2009）では日本国内の手話人口がどの程度存在するのかを、いくつかの研究を参照しながら検討し、合計で10万から12万人と見積もっている。内訳は手話を母語とするろう者が3万人から4万人程度、手話通訳者が1万人ほど、そして手話学習者がこれらの倍程度存在すると仮定している。この数字が正確かどうかについては議論があるかもしれないが、ここではむしろ手話コミュニティを構成する成員はろう者だけではないという認識が重要である。音声日本語を母語とする聴者も手話コミュニティの成員であり、手話を用いたコミュニケーションに参加する機会をもつ。本章で手話コミュニティと呼ぶ範囲をかなり広く緩く設定した狙いはここにある。聴者であって手話コミュニティの成員であるというのはけして珍しいことではない。まず手話通訳者がいる。彼／彼女たちは通訳のための専門的な訓練を受けて資格を得た手話通訳士（2011年8月の時点では2,796名）の他に、各自治体への登録通訳者（2011年時点でおよそ1万名）が活動している。そして手話学習者も忘れてはならない成員である。彼／彼女らは地域の手話サークルに通ったり、大学の手話サークルで活動していたり、あるいは友人・知人にろう者がおり手話でコミュニケーションをする機会をもっている人々である。こういった人々全てを手話コミュニティの成員とするのはいささか乱暴に過ぎると思われるかもしれないが、現実として手話はろう者以外にも用いられているし、ろう者はろう者としか話さないなどということはあり得ない。現実のろう者は手話通訳者を介してであれ手話によって直接やりとりするのであれ、音声言語を母語とする聴者との接触を日常的に経験している。またそういった接触を経験する場面も機会も多様になってきているのが現状だろう。病院、法廷、ショッピングセンター、企業内の会議、学会やシンポジウムな

ど、手話を使う人々が参加している場面はいくらでも挙げることができる。このように多種多様な人々が参加するコミュニケーションは、当然のことながら母語話者間でのコミュニケーションとは異なることが予想できる。また異なるというだけではなく、母語話者同士のやりとりでは生じないような特有の問題が生じることもありうる[2]。しかし、2.2節の最後に触れたように、現在の手話研究ではこういった母語話者以外の人々が参加する場面にまで充分に関心を向けているとは言えない。

3.2 接触場面としての手話会話

3.1節でみてきたように手話を用いる人々はそれぞれに異なる言語的・文化的・社会的背景をもっている。彼らが手話を用いてコミュニケーションを行うとき、その場面はどのような場面として捉えることができるだろうか。ここではこの問いに対して、接触場面という概念を適用することの可能性を提示してみたい。

接触場面（contact situation, Neustupný 1985）という概念が指し示す最も重要なことは、文化内の場面と文化間の場面では起こることが本質的に異なるという点にある。1960年代以降、人の移動が活発になることによって言語や文化の接触が拡大していた当時の状況を背景に発展した言語接触研究は、接触の結果として起こる言語的変化について様々な成果を蓄積してきた（例えばピジンとクレオールや、語彙の借用など）。またフォリナー・トーク（Ferguson 1981）やコード・スイッチング（Gumperz 1982）など、社会言語学的観点からの研究がそれぞれ発展してきた。Neustupnýはこれらの様々な現象が表層的には個別の言語変化の結果であるようにみえる一方で、こういった言語使用が起こる場面が、実は文化間の場面で起こっていることを指摘した。したがって接触場面は単に異なる言語を母語とする参加者間のやりとりのみを含むわけではない。例えば日本語を母語とする参加者間のやりとりであっても、帰国子女と日本育ちなど異なる背景をもつ参加者である場合、そのやりとりはある種の接触場面性を帯びることになる。また接触場面を対象とした研究では上述のように文化間の場面であるという基本的な認識に立

ち、当該場面の参加者が、そこで起こる様々な現象の何を処理すべき問題として、どのような基準にもとづいて留意し、その問題をどのように評価し、どのような調整を計画し、実施したのか、というプロセスとして捉える試みを発展させてきた（Neustupný 1994）。つまり従来の研究では産出されたプロダクトとしての言語が主たる対象であったのに対して、接触場面研究ではプロダクトを出発点としながらも、そのプロダクトが産出されるまでのプロセスにも大きな関心が寄せられている点が特徴だと言えるだろう。

このような接触場面研究の認識に立つとき、本章で取り上げようとしているろう者と聴者が参加する手話会話は「手話という言語の母語話者と非母語話者が参加する接触場面」として捉えることが充分に可能である。さらにそういった場面を研究の対象とすることは、言語そのものにとどまらず具体的な言語使用者にも関心を向けることであり、現代の社会における手話言語と手話使用者の多面的な理解にとって重要なはずである。学術的な展開という観点からも、産出された言語プロダクトの構造を解明してきた従来型の研究から、言語を用いて日常を生きるコミュニケーションの当事者に注目する研究への展開という意味で大きな意義があるように思われる。接触場面としての手話会話という議論は、可能であるという以上に取り組まなければならない課題であると言ってよい。

4. 手話使用接触場面でのコミュニケーション

3節までに議論してきたように、接触場面としての手話会話は現実世界の中で、課題として我々の目の前に表れてくる。本節では男性のろう者（タカシ）と女性の手話学習者（ミホ）の会話から１つの断片を取り出し、そこで行われていることを、彼／彼女らのやりとりに即して分析してみる。コミュニケーションの際に用いられているのはもちろん手話だが、ポイントになるのは参加しているのが手話の母語話者と非母語話者だということである。接触場面の標準的特徴として、当該の場面ごとに基底規範が設定され、その場のやりとりに参加する人々にとってのルールに影響を与えていることが指摘さ

れているが、多くの場合は母語話者の規範が基底規範として採用されることになる (Neustupný 1985)。つまりこの場面ではろう者の規範が基底規範として採用され、やりとりに影響していると考えられる。

この断片はタカシとミホが、お互いに朝が苦手だという話をしているところである。まず当該部分を文字化したものを見てみよう。以下の文字化資料では左端に行番号を付した。以下ではこの行番号を用いてターゲットとなる現象を示していくことにする。発話している参加者の名前の横には手話単語を産出された時系列に沿って並べ、「/」(スラッシュ) で区切っている。読み取れなかったものについては空白を括弧でくくっている。指さしは「PT」とし、自分を指さしている場合は PT1、相手を指さしている場合は PT2 とした。アルファベットのみで書かれた箇所 (/Yo や /Fu など) は手形によって日本語の五十音を表す指文字が用いられていることを示す。「[」(左大括弧) は 2 人の発話の重複が始まった箇所を示す。括弧でくくった (0.5) などの数字は、発話が産出されていない沈黙の秒数を示す。また「〈n〉」(山括弧でくくった小文字の n) は頷き (頭部の縦方向の動き) を示す。

タカシ (ろう者) とミホ (聴者) の会話断片
01 → タカシ ： / 夜 / 徹夜 / 近い / PT2
02 　　　　　　　(0.5)
03 → タカシ ： / O / (　) / Yo / Fu / Ka / Shi / 近い / PT2
04 　　　　　　　(1.7)
05 　　 ミホ ： 〈n〉
06 → タカシ ： / 夜 / 寝る / しない / 朝 / 夜 / 寝る / しない / P [T2
07 　　 ミホ ：　　　　　　　　　　　　　　　　　　　　　[〈n〉
08 　　　　　　　(0.3)
09 → タカシ ： / 夜 / Ga / Ta / PT2
10 　　　　　　　(0.8)
11 → タカシ ： / [夜 / Ga / Ta / PT2
12 　　 ミホ ：　 [/ 夜 / Ga / Ta 〈n〉 〈n〉

上記文字化資料の簡易的な日本語訳
01 → タカシ　：夜は徹夜みたいな感じなの？
02 　　　　　　（0.5）
03 → タカシ　：お（　）よ ふ か し　なの？
04 　　　　　　（1.7）
05 　　ミホ　　：⟨n⟩
06 → タカシ　：夜寝ないで朝（まで起きてるの）？夜寝ない［の？
07 　　ミホ　　：　　　　　　　　　　　　　　　　　　　　　　　　　　　　　　［⟨n⟩
08 　　　　　　（0.3）
09 → タカシ　：夜 が た なの？
10 　　　　　　（0.8）
11 → タカシ　：よ［る が た なの？
12 　　ミホ　　：　　［よ る　が た　⟨n⟩⟨n⟩

（06の括弧内は筆者が補ったもので、手話では産出されていない）

　01行目のタカシの発話から開始されるこの連鎖ではタカシからミホに向けて何度か質問が繰り返されていて、最終的にミホが「/夜/Ga/Ta/（夜型）」という1つの手話単語と2つの指文字を、タカシの発話を追いかけながら産出し終えたところでミホが頷き、閉じられていると考えられる（11行目と12行目）。以下では文字化資料で矢印を用いて示したタカシの発話と、特に01から03行目の部分で起きていることに注目して議論をしてみたい。

4.1　質問を構成することばの選択
　前節で、ここで起きていることについて「タカシからミホに向けて何度か質問が繰り返されている」と述べた。具体的には上記文字化資料で矢印をつけた01、03、06、09、11の5箇所がそれである。この5つの発話はいずれも発話末尾に相手に向けた指さし（PT2）が置かれ、また指さしは頷きを伴って産出されている。この2つの産出上の特徴は、これらの発話が質問として構成されていると理解可能な統語上の標識となっている。一方で、この2

つの特徴以外の部分に注目していくと、01 では「/夜/徹夜/近い/(夜は徹夜みたいな感じ)」と3つの手話単語が順に産出され、ミホが夜どのような過ごし方をしているのかを問う発話が構成されている。03 では指文字が用いられていて、順に読んでいくと日本語の「夜更かし」を一字ずつ産出するかたちとなっていることわかる。さらに、次の 06 では「/夜/寝る/しない/朝/夜/寝る/しない/(夜は寝ないで朝、夜は寝ない)」となっており、夜更かしをすることの具体的な行動を述べる説明的な表現が用いられている。09 と 11 は 03 と近い表現形式で、手話単語の /夜/ に加えて指文字で /Ga/Ta/ と順に表示しており、全体としては日本語の「夜型」を用いている。このように見てみると、タカシが産出している表現はいくつかのことばの選択によって、また同時に発話末尾の指さしと頷きという一貫した形式によって構成されるものとなっていることがわかるだろう。

4.2　質問が繰り返される連鎖構造と問題処理のプロセス

　4.1 節でみたように、タカシは単に手話単語を変更するだけではなく、指文字を用いて日本語の単語を表示する、単語が指し示す具体的な行動を説明的に述べる、などの様々な表現を用いていた。ただしこれらの表現を用いてなされているのは、一貫して「ミホが徹夜をする／夜更かしをする／夜型であるのかどうか」について問うことであるように思われる。つまりタカシはここで、様々な表現を用いながら、繰り返し同じことを問うことをしているわけだ。このタカシの言語使用を理解するために、本節では次の2点について考えてみたい。1つは、そもそもタカシがなぜ繰り返し問うことをしなければならなかったのか。もう1つは繰り返し問うことをするにあたって、なぜこのように様々な表現形式を用いたのか、である。この2点は別々の問いではもちろんなく、相互に密接に結びついた問いであることは言うまでもない。

4.2.1　問題の留意―答えの不在の観察

　ここではタカシがしている「様々な表現を用いながら、繰り返し同じこと

を問う」ことの理由を隣接ペア（Schegloff and Sacks 1973）の観点からみていく。まずタカシの 01 の発話がミホに宛てられた質問（隣接ペア第 1 成分）として認識可能なものだとするならば、次にくることが強く期待されるのは質問を宛てられたミホによる答え（隣接ペア第 2 成分）である。ここで文字化資料の 02 に注目してみると、ここには 0.5 秒の沈黙（02 行目）がある。質問－答えの連鎖という観点から考えれば、この 0.5 秒の沈黙は単に発話が何もない時間ではなくミホが答えていない時間、すなわちミホが産出すべき答えの不在として観察可能である。

4.2.2　調整の計画と実施―答えの不在に対する理解とことばの選択

　さて、タカシの質問に対するミホの答えが不在であることが観察可能だということを 1 つの足場として、さらに議論を進めてみよう。ミホが答えを言っていないということにはいくつかの理由が考えられる。1 つは質問に対する答えを知らない場合だが、タカシの質問はミホ自身の生活習慣について問うものであり、ミホが自分自身のことについて知らないために答えられないということは考えにくい。別の可能性としてはミホが質問を理解できていない場合が考えられるが、この場合の「理解」には 2 つの水準がありうる。1 つは単語の読み取りに問題があって質問の理解に問題がある場合、もう 1 つは質問をされているということそのものの理解に問題がある場合である。タカシの 03 行目の発話をみてみると、タカシ自身が 02 行目の沈黙を上記の 2 つの水準のどちらと関連づけて理解しているかが明らかになる。4.1 で見たように 03 行目のタカシの発話は、指文字を用いて「夜更かし」という日本語を表現するものになっていて、01 行目で自分が産出した「/夜/徹夜/近い/（夜は徹夜みたいな感じ）」という手話による表現を、指文字による日本語の表現に変更していることがわかる。すなわち、タカシ自身は 02 行目で観察可能になったミホの答えの不在にたいして、自分の発話の一部を変更するという調整を計画・実施していると考えられる。ここでもう少し正確に、また強調して言っておかなければならないのは、タカシが、答えの不在の理由を手話単語の読み取りという相手の言語能力に関連づけて理解してい

ると思われること、その解決のためにとられた方策が指文字による日本語表示だったという点である。このことはタカシが、ミホにとって理解可能な表現として手話による言い換え（語や文レベルでの操作）ではなく指文字を用いた日本語表示を選択したということを意味している。別の言い方をすれば、この会話が母語話者であるろう者と非母語話者である聴者によって行われている場面だという文脈に極めて敏感に調整が行われていると考えられる。

06、09、11行目の発話については紙幅の関係上詳しく触れることはできないが、いずれもそれぞれに異なる表現を用いながらも、発話連鎖上次にくることが期待される答えの部分がない、あるいは遅延していることを、答える側の読み取りの問題として理解し、自らの発話を変更することによって処理するというプロセスに関わっているものとして理解できる。

5. 結論にかえて

本章ではこれまでの手話研究を簡単に振り返りながら、接触場面としての手話会話という議論が可能であり、かつ取り組むべき課題であることを示した。特に4節で手話の母語話者と学習者のやりとりを取り上げ、会話断片に含まれる言語問題とその処理を分析したが、異なる言語・文化・社会的背景をもつ人々が、その場で行われているコミュニケーションにとっての逸脱を留意し、その逸脱を様々なやり方で調整していることが示された。本章で取り上げた会話断片では、手話という言語の母語規範をもとに基本的なやりとりが進められつつも、留意された問題の解決にあたっては非母語話者の規範に合わせた調整が行われていることが確認できた。もちろんここでみることができたのはわずかに2名の参加者による会話のごく一部であり、実際の場面・参加者は遙かに多様でやりとりも複雑なはずである。そういった点で議論が充分なわけではなく、本章は接触場面としての手話会話研究の端緒を示したに過ぎない。今後は手話という言語の実際の場面での姿に興味をもつ研究者また関係者同士が協力し、接触場面としての手話会話研究が発展していくことを期待したい。

文字化の凡例

/	スラッシュは個々の識別可能な動作を表記する区切りとして用いる。
/ 単語	先頭に付されたスラッシュで区切られた単語は、個々の語彙手話を示す。
/PT1, /PT2	指さしによる指示を示す (/PT1 = 自分を指差し、/PT2 = 相手を指差し)。
/Yo	ローマ字表記は、指文字による表現 (日本語の 50 音表現) を示す。
⟨n⟩	頷き（頭部の縦方向の動き）を示す。
[	手話発話重複の開始位置を示す。
(1.0)	括弧内の数字は沈黙（どちらの参与者も手話発話を産出していない）の時間を示す。

注

（1）ろう者と聴者がともに参加する場面を相互行為的観点から扱った研究には菊地・坊農（2011）などがあるが、まだ散発的な知見が得られているに過ぎず、多くの関係者の助力を請いながら、さらなる展開を模索している段階である。

（2）例えば Klima and Bellugi (1979) の序文によれば、研究協力者であるアメリカ手話母語話者たちが、調査にあたって「手話の表示速度をゆっくりにし」たり「英語の語順に手話を並び替え」たり「手話の際だった特徴を消してしま」ったりしたことが報告されている。想像の域を出ないものではあるが、このことはアメリカ手話の母語話者と、そうではない Klima らが参加する場面が、少なくとも母語話者同士のやりとりとは異なる性格を帯びていたことを示唆しているだろう。また付け加えておくならば、Klima らは言語学的観点からこういった表現を調査にとってのある種の障害として捉えていた。

参考文献

Baker, Charlotte. (1977) Regulators and turntaking in American Sign Language discourse. In Lynn A. Friedman（Ed.）*On the Other Hand: New Perspectives on American Sign Language.* pp. 215–36. New York: Academic Press.

坊農真弓・菊地浩平・大塚和弘（2011）「手話会話における表現モダリティの継続性」『社会言語科学』14(1): pp. 126–140.

Coates, Jennifer and Rachel Sutton-Spence. (2001) Turn-taking patterns in deaf conversation. *Journal of Sociolinguistics* 5(4): pp. 507–529.

Ferguson, Charles A. (1981) 'Foreigner talk' as the name of a simplified register. *Interna-*

tional Journal of the Sociology of Language 28: pp. 9–18.
Gumperz, John J. (1982) *Discourse Strategies.* Cambridge, UK: Cambridge University Press.
堀内靖雄・山﨑志織・西田昌史・市川熹(2005)「日本手話対話の話者交替に関する手話言語の特徴」『ヒューマンインターフェース学会論文誌』8(1): pp. 1–8.
神田和幸・谷千春・植村英晴・木村勉・長嶋祐二・原大介(2009)『基礎から学ぶ手話学』福村出版.
菊地浩平(2011)「二者間の手話会話における視線移動の分析」『社会言語科学』14(1): pp. 154-168.
菊地浩平・坊農真弓(2011)「遠隔通信環境下での多人数手話会話場面における参与構造の分析」村岡英裕編『接触場面・参加者・相互行為―接触場面の言語管理研究 vol.9』千葉大学大学院人文社会科学研究科研究プロジェクト報告書 238: pp. 41–50.
Klima, Edward and Ursula Bellugi. (1979) *The Signs of Language.* Harvard University Press.
Liddell, Scott K. and Robert E. Johnson. (1989) American Sign Language: The phonological base. *Sign Language Studies* 64: pp. 195–278.
Martinez, Liza B. (1995) Turn-taking and eye gaze in sign conversations between Deaf Filipino. In Ceil Lucas (Ed.) *Sociolinguistics in DEAF Communities.* pp. 272–306. Washington, DC: Gallaudet University Press.
Neustupný, Jiri V. (1985) Language norms in Australian-Japanese contact situations. In Cryne, M. (Ed.) *Australia, Meeting Place of Languages.* pp. 161–70. Pacific Linguistics.
Neustupný, Jiri V. (1994) Problems of English contact discourse and language planning. In T. Kandiah and J. Kwan-Terry (Eds.) *English and Language Planning: A Southeast Asian Contribution.* Singapore: Times Acadeic Press. pp. 50–69.
Schegloff, Emanuel A. and Harvey Sacks. (1973) Opening up Closing. *Semiotica* 8: pp. 289–327.
Sandler, Wendy. (1989) *Phonological Representation of the Sign: Linearity and Non-linearity in American Sign Language.* Dordrecht: Foris.
Stokoe, William C. (1960) Sign language structure: An outline of the visual communication systems of the American deaf. *Studies in Linguistics: Occasional Papers* (8): pp. 3–37. University of Buffalo.
Stokoe, William C., Dorothy C. Casterline, and Carl G. Cronenberg (1965) *A Dictionary of American Sign Language on Linguistic Principles.* Washington: Gallaudet Press. Revised in 1976. Silver Spring: Linstok Press.
鳥越隆士・小川珠美(1997)「手話でいかに会話が進行するか―発話交替における発話重複を中心に」『手話学研究』14(1): pp. 13–20.

外国人とのコミュニケーション
「やさしい日本語」の展開

岩田一成

要約

　本章では、外国人とコミュニケーションをとる際、重要になってくる「やさしい日本語」という概念について論じている。まず、実践例として、東北被災地でのヘルパー講座や外国人看護師候補者支援の現場で「やさしい日本語」が活用されていることを紹介している。これらの事例は、言語学がどういう形で社会に貢献できるかを考える上でヒントを与えてくれるといえる。続いて、「やさしい日本語」の研究面での広がりを紹介している。その構造を記述するような研究だけではなく、やさしく書き換えるにはどんなマニュアルが必要かといった現場に即した議論や、書き換える人の心理を論じるもの、自動化を目指すもの、いろいろな研究が始まりつつある。

1. はじめに―コミュニケーションの伝達効率を高めるために

　「日本語になんらかの制約を加えることで外国人とのコミュニケーションにおける伝達効率を高めたい」という発想は古くからあったわけではない。1980年代後半に現れた「簡約日本語」はその一例であるが、コミュニケーションの伝達効率というより、外国人学習者の学習負担軽減に重点が置かれていた。また、モデルとして「北風と太陽」の簡約版が新聞に掲載されたことで賛否両論の大きな議論を生み出すこととなる（庵ほか2011）。ここでは詳細には扱わないが「簡約日本語」については、野元ほか(1991)を参照されたい。なお、日本人も対象に含めると「やさしい日本語」の歴史は長く、庵ほか編(2013)の第2章で詳しく紹介されている。

　外国人向けの情報提供を考える文脈で、「やさしい日本語」という発想が広まるのは1990年代後半のことである。きっかけは阪神・淡路大震災後の

情報伝達場面で、英語の限界が発覚し、災害情報を「やさしい日本語」で伝えようとする取り組みが始まる（佐藤 1999、2004）。中心となっているのは弘前大学の人文学部社会言語学研究室である。

「やさしい日本語」はその有効性についても論文が出されており（松田ほか 2000）、ニュースをやさしくすることで内容に関する質問の正答率が 30% から 90% に上がるという指摘をしている。そこではニュースという音声情報を使っているので、ポーズ、スピード、繰り返しといった読み方に関する配慮も挙げられている。論文で提示されている例を以下に挙げておく（松田ほか 2000: 149）。

A 〈原文〉 けさ 5 時 46 分ごろ、兵庫県の淡路島付近を震源とするマグニチュード 7.2 の直下型の大きな地震があり、神戸と洲本で震度 6 を記録するなど、近畿地方を中心に広い範囲で、強い揺れに見舞われました。

B 〈言い換え文〉 今日、朝、5 時 46 分ごろ、兵庫、大阪、などで、とても大きい、強い地震がありました。地震の中心は、兵庫県の淡路島の近くです。地震の強さは、神戸市、洲本市で、震度が 6 でした。

主に音声面の緊急情報に焦点を絞ることで大きな批判も受けず、この用語が市民権を得るようになってきた。英語による情報伝達には限界があるということは日本国内の外国人調査からも明らかになってきており（岩田 2010）、情報伝達の効率を上げるには多言語翻訳の充実と並行して、日本語をやさしくする方向性も考えなければならないであろう。

なお、震災対応の技術や知識は弘前大学に整理され蓄積されており、ホームページから閲覧可能である。東北で地震が起こった際も多文化共生マネージャー全国協議会や仙台国際交流協会と連携して積極的に外国人支援を行っている。詳細は弘前大学ホームページの「東日本大震災で伝えた「やさしい日本語」」の項を見ればわかるが、検索機能がついており、自治体関係者も必要な書類を自分で作れるように工夫がなされている。

2.「やさしい日本語」の普及

　東京都国際交流委員会／国際交流・協力 TKYO 連絡会 (2012) による『日本語を母語としない人への情報発信等に関する実態調査報告』では、全国の都道府県や政令指定都市などへのアンケート調査の結果が示されている。有効回答数が 163 で、「やさしい日本語に取り組んでいますか」という質問には、29.4％が「取り組んでいる」と答えている。また、日本語を「原文のまま」で発信すると答えたのは、29.7％に過ぎず「漢字にルビをふる」「分かち書きにする」といったなんらかの調整がすでに行われている。「やさしい日本語」というのは、語彙や文法の書き換え、段落レベルでの部分削除や並べ替えなどを含む総合的な作業であり、漢字にルビをふるだけではない。それでもルビ振りという作業には、日本語を読みやすくしようという行政側の姿勢がうかがえる。

　この調査報告からわかることは、まず「やさしい日本語」という概念が広まりつつあるということである。もう 1 点は、「やさしい日本語」という用語を用いなくても、多くの自治体が日本語に手を加えることで伝達効率が上がるということに気付いていることである。なお、「やさしい日本語に取り組んでいる」と答えた団体の理由や経緯について一番多かった答え (30％) は「多言語化への限界」であった。

　2012 年に NHK が試験的に開始した「NEWS WEB EASY」(翌年から本格運用) も「やさしい日本語」の普及を考える上で大きな出来事である。ニュースの原文を、記者と日本語教師がチームで書き換えるという試みである。ウェブサイトも使いやすく整備されており、人名、地名、固有名詞には色がつき、例解小学国語辞典第 5 版 (三省堂) で語彙説明も表示されるようになっている。また、やさしく書かれたニュースは読み上げソフトで音声化できる。さらに、原文を読みたい人はクリックすれば読めるうえ、その原文の元になっている映像と共に音声ニュースを見ることもできる。対象を小中学生や外国人としているところにも注目に値し、「やさしい日本語」は外国人だけのためのものではないということを表明している。

3. 実践編―外国人支援と「やさしい日本語」

「やさしい日本語」は、社会運動としての側面がある。ここでは実践編として、「やさしい日本語」を用いた具体的な支援について紹介したい。なお、1節で紹介したとおり、すでに日本各地で取り組みが始まっており、ここに紹介するのはほんの一部であることをお断りしておく。

日本社会において生活の質を上げたい、仕事のスキルアップをしたいという場合、どうしても文字情報を理解する必要が出てくる。ここでは書き言葉による「やさしい日本語」を用いた外国人支援事業を2つ紹介する。

3.1 東北被災地の外国人配偶者向けヘルパー講座

これは、認定NPO法人難民支援協会がジャパンプラットフォームの支援を受けて行っているプロジェクトである。東北被災地支援の一環として、外国人住民向けのヘルパー講座を実施している。講座自体の実施主体はニチイ学館である。日本人を配偶者にもつ住人が主たる対象となっている。ヘルパーという資格は、厚生労働省が認定した業者による講習をうけることで習得できる。よって講習を理解すること、とりわけ課題レポートを提出することが重要なポイントとなる。難民支援協会は、外国人指導経験がある日本人講師や介護専門学校で指導する外国人講師を呼んで補講を行ったり、テキストをやさしく書き換えたりした。テキストには、'脳梗塞''脳出血'といった病名、その症状や対応方法など、高度な専門知識が書かれており、文体なども非常に難しい。講習を理解してレポートを出すという目的のためには、ある程度テキストを読みこまねばならない。そこでテキストを「やさしい日本語」でリライトする重要性が出てくるのである。正式名称は「東北被災地外国籍女性就労支援プロジェクト」で、詳細は次の表1の通り。

自治体と連携して動いている点、合格者の就職先まで見据えて活動している点など、外国人支援の在り方として学ぶべきところが多い。

表 1　東北被災地外国籍女性就労支援プロジェクト概要

```
［対象］被災外国籍住民(フィリピン、中国、チリ)
［地域］宮城県気仙沼市、岩手県陸前高田市・大船渡市
［年齢・参加人数］20 代～40 代(来日 5 年～20 年)
  24 名(第一期 9 名、第二期 9 名、第三期 6 名)
［仕事］水産加工工場など
［対象者の主な家族構成］夫(60 歳前後)、子ども、義父母
［時期］2011 年 6 月 5 日第一期開始
       10 月 25 日第二期開始
       12 月 9 日第三期開始
［成果］第三期まで終了し、24 名全員ヘルパー 2 級に合格。そのうち
  12 名は介護施設で就労中(2013 年 2 月現在)
```

3.2　EPA によって来日した外国人看護師候補者支援[1]

　2008 年に始まった EPA(経済連携協定)による医療関係外国人の来日は、日本語教育関係者に大きな刺激を与えた。外国人支援の枠組みに、看護師・介護福祉士国家試験対策という新しい目標が現れたからである。それまで日本語能力試験などの日本語能力に関わる試験は議論がなされていたが、医療関係の国家試験については当然議論の中心になることはなかった。

　ここからは看護師候補者に対象を絞って紹介したい。彼らは 3 年以内に国家試験に合格しなければならず、さもなければ帰国となってしまう(第一陣、二陣については国家試験の取得点数次第で 1 年の延長を認められている)。こういった制度の中で、筆者も関わっている広島日本語教育研究会(広島日研ドコデモドアーズ)は近隣の候補者を広島市に集め国家試験対策を行っている。2013 年 2 月現在の状況は表 2 の通りである。

　支援内容は、看護師国家試験の過去問題(必修問題)をやさしく書き換えて教材化しながら、それを用いた学習支援を行うというものである(小原・岩田 2012)。教材化のポイントを簡単にまとめると以下のようになる[2]。

　①過去に出た類似問題はまとめて提示する
　②外国人が読んでもわかるような解説を追加する

(QA形式で解説を行う、振り仮名・専門用語の英訳・イラストの追加など)
③教室活動のアイディアを加える
④高頻度語彙は積極的に提示する

表2　外国人看護師候補者支援の概要

［対象］EPAにより来日した外国籍住民
　　　　（現段階はインドネシアのみ）
［地域］広島・山口県内
［年齢・参加人数］20代・6名参加(3名は途中で帰国)
［仕事］母国では全員看護師
［対象者の主な家族構成］単身で来日
［時期］2010年10月開始、月2回の支援
［場所］広島市留学生会館
［成果］2011年度に1名合格、2012年度に1名合格

4. 研究面での「やさしい日本語」の展開

　「やさしい日本語」という発想が広まるにつれて、書き方マニュアルが日本各地で公開されるようになってきた。各自治体はそれらを参考にしながら書類を作成している。埼玉県総合政策部国際課(2006)や弘前大学のホームページにある「「やさしい日本語」にするための12の規則」などはよく参照されている。ところが、これらは「書き換えルールというより心得、ガイドラインであり、詳細な規格や基準となるものではない(増田2012: 23)。」という指摘が上がっている。この指摘は各マニュアルを批判するというコメントではなく、次に我々がなすべき研究を提示しているものである。現在、これまで多大な労力を払って整備されてきたマニュアルに敬意を払いつつ、次の研究課題を考えていく段階にあるといえる。具体的には「やさしい日本語」の構造を定義する研究、マニュアルの実効性を議論する研究、書き換える人の心理を分析する研究、書き換えの自動化を目指す研究などが始まりつつある。ここでは筆者が関わっているものも含め、近年の研究を紹介した

い。なお、ここで紹介する研究は、庵功雄(一橋大学)を代表とする研究チーム「日日ほんやくコンニャクプロジェクト(HKプロジェクト)」[3]の各メンバーが行っているものである。

4.1 「やさしい日本語」の構造

「やさしい日本語」を具体的に提示するにあたり、文法と語彙にわけて論じる必要がある。これまでの「やさしい日本語」は日本語能力試験3級レベル(新試験ではN4と呼ぶが本章では旧試験の呼び方で統一する)を目標としている(例えば水野2006)。しかし、学習時間が300時間必要なこのレベルはハードルが高いのではないかという問題意識から、庵(2009)では初級文法を圧縮したSTEP1・2というミニマル文法(3級文法から一機能一形式になるように重複するものをそぎ落とした最低限必要な文法)が提示されている。そのミニマル文法を用いて公的文書を書き換えてみるという試みが庵ほか(2011)で行われているが、若干の追加項目を設定すれば文法に関してはSTEP1・2程度で対応が可能であるという指摘をしている。もともと文法は有限のものであり、使用制限は設定しやすいということであろう。

問題になってくるのは語彙である。3級レベルの語彙1500語では、公的文書は全く対応できない。庵他(2011)では被覆率(頻度が高いある一定数の語彙が、データ全体のどれくらいの割合を占めるかという尺度)を用いて、必要な語彙数に関する予測をたてている。そこでは被覆率80%を達成するには1500程度では全く足りないため、6000〜10000の語彙が必要であるとしている[4]。これは日本語能力試験で言うと2級〜1級レベルの語彙である。6000〜10000の語彙で書き換えた公的文書を1500〜2000語で書かれた辞書で調べながら読むという方法が提案されている。また、語彙については「世帯」などといった公的文書特有の専門語彙をどの程度まで残していくかという問題が提示されている。

上記の議論をまとめると文法に関しては3級レベル以下に圧縮して書き換えることが可能であるが、語彙に関しては3級レベルでは全く足りないということになる。他にも庵ほか(2011)では、文法、語彙の問題以前に伝

達方法や伝達内容に問題があるという指摘をしている。

　　（地デジへの買い替えがどうして必要なのかという説明として）地デジは、今までのテレビ放送よりきれいな映像が楽しめるだけでなく<u>あなたにやさしく便利な 21 世紀のテレビ放送</u>です。

「あなたにやさしく便利である」からといって、わざわざ買い替えなければならない理由とはならない。ポイントをはぐらかしている例である。こういった書き手の態度を改めなければ「やさしい日本語」は難しいであろう。この研究分野の動向については岩田（2014）で詳しく論じている。

4.2　マニュアルの実効性

　「やさしい日本語」を書くためのマニュアルを読めば、本当に日本語をやさしく書き換えられるのだろうか。こういった視点から進められている研究もある。広島市立大学市政貢献プロジェクト[5]として 2011 年に行われた調査では、広島市の公的文書（『生活ガイドブック』の一部、『保育園案内』の一部：文字数 6505）を大学生 5 名、日本語教師 5 名、市職員 4 名に書き換えをしてもらった上でアンケートを取っている。詳細は増田（2011、2012）で示されている。

　増田（2011）ではアンケートから大学生と日本語教師の意識の違い、それらの意識と実際の書き換えデータの違いを分析している。前者については日本語教師のデータと大学生のデータを比較することで、日本語教師の方が言語形式面に厳しいという指摘をしている。後者についてはアンケートの記述内容と実際にその人が書き換えたデータを比較しながら、意識と書き換えは相関しないという指摘をしている。つまり、「やさしい文法で」「短く書いてください」とお願いしても、実際にはそうならない可能性があるということである。

　マニュアル通りにいかないのはどうしてなのか。筆者もこのプロジェクトに関わっているため、書き換えのデータを少し紹介したい。日本語教師はか

なり積極的に語彙の言い換えを行っているので、その例を示す。

表3　日本語教師による書き換えデータの一部

原文	書き換え
入園審査	入ることができるかできないか
相談窓口	相談するところ
母子世帯	お父さんのいない家族
障害	不便なところ
求職活動	仕事を探しているとき
保護者	お父さん、お母さん、など
給食	昼ごはん

　これはあくまで一例であり、この書き換え例がいいという意味で提示しているわけではない。ここで確認したいのは、書き換えを行うと往々にして文字数が多くなること、また、文法が複雑になることである。原文はすべて名詞であるが、書き換えは文になったり連体修飾構造をもったりしている。つまり語彙を積極的に書き換えるとどんどん文が長くなり、文法も複雑になってしまうのである。一方、市職員のデータは専門語彙の重要性を意識してか、語彙の書き換えはあまりなされておらず、元の語彙がそのまま残っている。そうすると文が長くはならないが、結局「やさしい日本語」にならないのではないかというジレンマを抱えることになる。ここでの議論は、4.1で指摘されていることと同じく、語彙の扱いが非常に難しいという点に辿りつく。中でも、専門語彙の扱いが個人の判断に委ねられている以上、マニュアルを整備していってもなかなか機能しない可能性があるのではないだろうか[6]。

4.3　書き換える人の心理

　筆者は個人的に広島市のホームページにある外国人向け情報の書き換え作業に関わっており、書き換える人間がいかに心理的葛藤を抱えているかはよくわかる。例えば法律の条項などについては、過不足なく書き換えねばなら

ないという心理が働き、ついつい説明が長くなってしまう。しかし一方で、外国人向けにシンプルに書かねばならないという心理も働き、うまく書き換えられない。また、文法や語彙をわかりやすくしすぎるとかえって、日本人から「品がない」という批判を受けるのではないかと心配してしまう。「高齢者・児童に関する法律」と「おじいちゃん・おばあちゃん・こどもと関係がある日本のルール（法律）」ではずいぶんニュアンスが違う。つまり様々な配慮が心の中でぶつかって「やさしい日本語」が生み出されているのである。

　こういった書き換え担当者の複雑な心理を実験で示しているのが宇佐美(2012)である。外国人と接触経験のない日本人9名に書き換え課題を遂行してもらい、書き換え作業中に考えたことは可能な限り声に出してもらい録音し、パソコン作業も専用のソフトを使って逐次記録している。また、終了後のインタビューも行っている。こういった実験から以下の4点に配慮しながら書き換えを行っていることがわかった。

　　①言語形式をより単純なものに簡略化する
　　②(読み手に)実際に行動を起こしてもらいやすくする
　　③情報を正確に伝える
　　④公的性格をもつ文書としての品位を保証する

①と④は読んで字の如くであるが、②と③については少し説明を加える。長く複雑な説明がなされていると、結局言いたいことは何なのかがわからなくなってしまうことがある。そういう場合に、少しくらい情報を削除してでも相手がすぐ行動に移れるような簡単な指示情報だけ伝えたほうがいいのではないかと考える。こういう考えが②である。一方、原文の情報はすべてもれなく書き換えなければならないという考えが③である。宇佐美(2012)では、①〜④のうち①と④、②と③はそれぞれ矛盾する関係にあり、書き換える人はそのどちらを重視するかにおいてジレンマを抱えていることを指摘している。こういった書き換えという作業の途中で何が起こっているのかを明らか

にするような研究はまだまだ始まったばかりである（宇佐美（2012）は庵ほか編（2013）に論文としてまとめてある）。

4.4　書き換えの自動化

　ここまでみてきたように、語彙に字数制限を設定する必要があること、書き換えマニュアルは必ずうまくいくとは限らないこと、書き換える人は心理的にジレンマを抱えること、いろいろなことがわかってきている。こういった流れで当然出てくるのは、書き換えの自動化という議論であり、人間を介さないでコンピュータに書き換えてもらおうという発想である。ここでは川村・北村（2012）の研究を紹介する。

　この研究がまず行ったのは語彙リストの作成である。『日本語能力試験出題基準』の級別語彙表を基に、3・4級以外の語彙を可能な限り3・4級語彙で書き換えることを目指した。作業には複数の日本語教師が関わっている。こうした語彙リストを用いて「やさしい日本語への書き換えツールトライアル版」を開発して検証している。例えば、「共生」「移行」「等」という語彙は自動的に「共に生きる」「変化」「など」に変換されるようになっている。こうした実験から明らかになった問題点を以下の5点にまとめている。

①複合語を一部だけ書き換えると日本語として意味がわかりにくくなることがある：例「中枢神経障害」→「中枢神経の問題」
②慣用句の一部を書き換えると問題が生じることが多い：例「身につける」→「体につける」
③接尾辞を書き換えると問題が生じることが多い：例「利用者」→「利用人」
④直前に名詞があるサ変動詞の場合、書き換え後が動詞の時は助詞の挿入が必要になる：例「自立支援」→「自律助けること」
⑤当該語の前後の語（例えば助詞等）についても書き換えが必要な場合がある：例「に富む」→「にたくさんある」ではなく「がたくさんある」とすべき

こういった問題点に対する対応策もすでに川村・北村（2012）で提案されている。

川村氏はHKプロジェクトのメンバーでもあるが、プロジェクト自体も書き換えの自動化を別の方法で目指している。まだ研究の途中であるため成果は出せていないが、逐語訳ではなく意訳を行うようなシステムの開発を進めている（川村・北村（2012）は庵ほか編（2013）に論文としてまとめてある）。

5. 今後の課題

本章は、「やさしい日本語」という発想が普及しつつあることを指摘した後、3節で実践例を、4節では研究の展開を紹介した。まだまだ研究としてはこれからの分野であるが、課題を付け加えるなら、書き換えた日本語が本当にわかりやすくなっているのかという評価研究が欠かせないであろう。1節で紹介した松田ほか（2000）では音声言語による実験を行っているが、被験者は留学生で学習歴が半年から2年となっている。音声による震災情報ではなく書き言葉の公的文書ならどうなるのか、留学生以外の外国人住民ではどうなるのか、まだまだ課題は残されている。そもそも「生活者としての外国人」は一体どの程度の日本語能力をもっているのかという基礎データがないと実験も難しい。半年以上の学習歴がある外国人住民が多数を占めるとは考えられないので、様々なレベルでの評価実験が必要になるであろう。

注
（1）「公益財団法人　三菱財団」による第42回三菱財団社会福祉助成（採択テーマ「EPA外国人看護師候補者に対する国家試験対策のための基礎研究」代表岩田一成）を受けて行っている。
（2）教材は支援者に公開しており、興味のある方にはお配りしている。岩田一成宛（yantian2007@gmail.com）に連絡されたい。
（3）日本学術振興会科学研究費補助金による基盤研究（A）「やさしい日本語を用いた

ユニバーサルコミュニケーション社会実現のための総合的研究」(課題番号：22242013、研究代表者：庵功雄)の支援を受けている。本章はその成果の一部である。
(4)これは公的文書全体を理解するという前提で計算しているが、分野を限ればもっと少ない数で80%を達成できる。
(5)平成22年度の広島市立大学市政貢献プロジェクト事業でテーマは「「やさしい日本語」による広島市公文書の書き換え(代表：岩田一成)」である。
(6)ここでの指摘は公的文書という広い範囲を対処する際のもので、震災状況など場面を特化した書き換えマニュアル(弘前大学ホームページ)なら相対的に機能するはずである。

参考文献

庵功雄(2009)「地域日本語教育と日本語教育文法―「やさしい日本語」という観点から」『人文・自然』3: pp. 126–141. 一橋大学.

庵功雄・イヨンスク・森篤嗣編(2013)『「やさしい日本語」は何を目指すか―多文化共生社会を実現するために』ココ出版.

庵功雄・岩田一成・森篤嗣(2011)「「やさしい日本語」を用いた公文書の書き換え―多文化共生と日本語教育文法の接点を求めて」『人文・自然研究』5: pp. 115–139. 一橋大学.

岩田一成(2010)「言語サービスにおける英語志向―「生活のための日本語：全国調査」結果と広島の事例から」『社会言語科学』13(1): pp. 81–94. 社会言語科学会.

岩田一成(2014)「公的文書をわかりやすくするために」『日本語学』33(11): pp.44–54. 明治書院.

川村よし子・北村達也(2012)「やさしい日本語への書き換えリストの作成とその評価」『2012年度日本語教育学会秋季大会予稿集』pp. 123–128. 日本語教育学会.

小原寿美・岩田一成(2012)「EPAにより来日した外国人看護師候補者に対する日本語支援―国家試験対策の現状と課題」『山口国文』35: pp. 1–11. 山口大学.

増田麻美子(2011)「公的文書の「やさしい日本語」への書き換え時における明示的意識―大学生と日本語教師へのアンケートをもとに」『社会言語科学会第28回大会発表論文集』pp. 90–93. 社会言語科学会.

増田麻美子(2012)『公的文書の「やさしい日本語」への書き換え―大学生・自治体職員・日本語教師の事例から』一橋大学大学院言語社会研究科修士学位論文.

松田陽子・前田理佳子・佐藤和之(2000)「災害時の外国人に対する情報提供のための日本語表現とその有効性に関する試論」『日本語科学』7: pp. 145–159. 国立国語研究所.

水野義道 (2006)「災害時のための外国人向け「やさしい日本語」」『月刊言語』35 (7)：pp. 54–59. 大修館書店.
野元菊雄・川又瑠璃子・義本真帆 (1991)「簡約日本語の創成」『日本語学』10 (4)：pp. 94–105. 明治書院.
埼玉県総合政策部国際課 (2006)『外国人にやさしい日本語表現の手引』
〈http://www.pref.saitama.lg.jp/uploaded/attachment/379176.pdf〉2014.2.12
佐藤和之 (1999)「災害時に外国人にも伝えるべき情報―情報被災者を一人でも少なくするための言語学的課題」『月刊言語』28(8): pp. 32–41. 大修館書店.
佐藤和之 (2004)「災害時の言語表現を考える」『日本語学』23(8): pp. 34–45. 明治書院.
東京都国際交流委員会／国際交流・協力TKYO連絡会 (2012)『日本語を母語としない人への情報発信等に関する実態調査報告』
〈http://hermes-ir.lib.hit-u.ac.jp/rs/handle/10086/23093〉2014.2.12
宇佐美洋 (2012)「難解文書の書き換えプロセスに見られる「評価」の意識」『2012年度日本語教育学会秋季大会予稿集』pp. 129–134. 日本語教育学会.

参照ホームページ

「東日本大震災で伝えた「やさしい日本語」」『弘前大学人文学部社会言語学研究室のホームページ』
〈http://human.cc.hirosaki-u.ac.jp/kokugo/touhoku.htm〉2014.2.12
「「やさしい日本語」にするための12の規則」『弘前大学人文学部社会言語学研究室のホームページ』
〈http://human.cc.hirosaki-u.ac.jp/kokugo/EJ9tsukurikata.ujie.htm〉2014.2.12.
「NEWS WEB EASY」『NHKのホームページ』
〈http://www3.nhk.or.jp/news/easy/index.html〉2014.2.12

裁判員裁判の
評議コミュニケーションの特徴と課題
模擬評議の分析から

森本郁代

要約

　本章では、裁判員制度開始以前に収録した模擬評議のデータの分析を通して、裁判官と裁判員によるコミュニケーションの特徴の一端を明らかにする。2009年に開始された裁判員制度は、それまで行政や専門家に任されてきた領域への市民参加の潮流の代表的な例であるが、裁判官と裁判員という知識や経験においてきわめて大きな差がある者同士が対等な立場でコミュニケーションを行い、十分に議論を尽くして妥当な判決に至るには、相当な困難が生じていることが予想される。本章は、模擬評議の分析に基づき、裁判官と裁判員とが、その知識、経験、立場の違いを超えて議論を深めていく過程で生じうる問題点について考察し、どのような解決策が考えられるかについて検討する。

1. はじめに

　近年、これまで行政や専門家に任されてきた領域において、市民が計画の策定や意思決定に関与する機会が増えてきている。2009年に開始された裁判員制度は、このような市民参加の動向が司法の分野にも導入されたことを示すものである。制度開始前は、裁判員制度に対しさまざまな懸念が表明されたが、裁判員に対するアンケート結果を見ると、裁判員としての職責に意義を感じているとの回答が多く、公判審理や評議におけるわかりやすさなどもおおむね高く評価されている。裁判員裁判における判決の傾向も、事実認定と量刑の両面で、従来とは違う傾向が出てきている[1]。

　しかし、裁判官と裁判員という知識や経験においてきわめて大きな差があ

る者同士が対等な立場でコミュニケーションを行い、十分に議論を尽くして妥当な判決に至るまでには、かなりの困難が生じることが予想される。本章は、裁判員制度開始以前に収録した模擬評議のデータの分析を通して、裁判官と裁判員によるコミュニケーションの特徴の一端を明らかにする。その上で、実際の評議において両者がその知識、経験、立場の違いを超えて議論を深めていく過程で生じうる問題点について考察し、どのような解決策が考えられるかについて検討する。なお、本章は、筆者と問題意識を共有するコミュニケーション研究者、法学者、法律実務家、心理学者、工学者が行ってきた共同研究の成果の一部である[2]。

2. 裁判員制度導入の背景と概要

2.1 裁判員制度導入の背景

2009年5月に導入された裁判員制度によって、刑事裁判に市民が「裁判員」として参加し、裁判官とともに公判審理から判決宣告に至るほとんどすべての過程に関与することになった。背景には、従来の裁判が、専門的な正確さを重視する余り審理や判決が国民にとって理解しにくいものであったり、審理に長期間を要する事件が存在するといった実態があった。特に、世間に大きな衝撃を与えるような重大な事件の場合、審理が長引くことによって、人々の記憶から遠ざかり、事件の背景や原因から得るべき教訓や社会的課題について広く議論する機会が失われてしまう可能性がある。オウム真理教の一連の裁判などが、その一例である。他方、多くの国で刑事裁判に直接国民が関わる制度があり、国民の司法への理解を深める上で大きな役割を果たしている。以上のような理由から、国民の司法参加の制度の導入が検討され、国民から選ばれた裁判員が、裁判官とともに、それぞれの知識経験を生かしつつ一緒に判断すること(「裁判員と裁判官の協働」)により、より国民の理解しやすい裁判を実現することができるとの考えのもとに裁判員制度の導入が決定された。裁判員制度の趣旨は、裁判内容の決定への市民の主体的、実質的関与および裁判内容への市民の健全な社会常識の反映を通じて、司法

に対する理解を深めその信頼を高めることになるとされている(司法制度改革審議会 2001)。

2.2 裁判員裁判の概要

裁判員裁判は、殺人、傷害、強盗致傷、放火、覚醒剤取締法違反等、社会的関心の高い重大な刑事事件に適用されることになっている。

裁判員裁判では、裁判官3名と裁判員6名の9名で裁判体が構成される。裁判員の役割は、ほぼ裁判官と同じであり、①公判に参加する ②評議および評決を行う ③判決宣告に立ち会う の3つである。公判では、裁判員から質問をすることも認められている。犯罪の成立要件に関する法律の解釈や訴訟の手続きに関する判断は裁判官が行うが、事実の認定、刑の内容の決定は、裁判官と裁判員が協働して行うことになっており、意見の全員一致が得られなかったとき、意思決定は多数決によって決まる。評決に当たって、両者は等しく1票を持っている。ただし、裁判員だけによる意見では、被告人に不利な判断をすることはできず、裁判官1名以上が多数意見に賛成していることが必要と定められている。

2.3 裁判員裁判の現状

最高裁判所の資料によると、制度開始以降、毎年、裁判数は1000～1800件で推移しており、もっとも多い罪名は強盗致傷、次に殺人である。補充裁判員[3]を含めた裁判員の数は、平成25年6月現在で、すでに4万人を越えている。裁判の平均実審理期間は6.4日、平均開廷回数は4.2回となっている。ただし被告人が起訴事実を認めている自白事件の場合、平均実審理期間が4.6日、平均開廷回数が3.6回であるのに対し、否認事件の場合、それぞれ8.8日、5.0回と長くなっている。なお、実審理期間は最長のものが95日、最短は2日である(最高裁判所 2013a)。

最高裁判所は、毎年、裁判員経験者に対してアンケート調査を実施している。表1は、審理内容の理解しやすさについての回答結果だが、「理解しやすい」もしくは「普通」との回答が合わせて9割を超えている。制度導入

以前から、裁判員が難解な法律・法廷用語を理解できるかといった懸念が根強くあり、日本弁護士会は、法廷用語の日常語化に関するプロジェクトチームを発足させ、審理で用いられる法廷用語・専門用語を洗い出し、裁判員が理解しやすいよう言い換えた日常語の対応リストを作成した（日本弁護士連合会裁判員制度実施本部法廷用語の日常語化に関するプロジェクトチーム2008）。また、公判前整理手続[4]の導入によって裁判の争点を明確にする試みも行われるようになった。こうした法曹界の努力の結果が表1に表れていると思われる。

表1　審理内容の理解しやすさ（%）

	21年度	22年度	23年度	24年度
理解しやすかった	70.9	63.1	59.9	58.6
普通	23.8	28.6	31.1	32.1
理解しにくかった	4.0	7.1	7.3	7.9
不明	1.3	1.2	1.6	1.5

（最高裁判所2012より）

次に、評議における話しやすさ（表2）と議論の充実度（表3）をみると、いずれも7割を超える回答が、「話しやすい雰囲気」「十分に議論ができた」と答えている。

審理内容の理解のしやすさ、評議における話しやすさ、評議における議論の充実度のいずれにおいても、裁判員からの評価は高く、裁判員がその職責を果たせるような環境になっていると推察される。その一方で、この3項目のすべてにおいて、年々評価が下がってきているのも事実である。裁判員制度導入直後に比べ、複雑で審理が長期にわたるような事件が裁判員裁判の対象となっていることが一因であると考えられている。最高裁判所の資料によると、1件あたりの平均評議時間は、総数が567.2分、自白事件が460.6分、否認事件が715.7分であり、否認事件は自白事件の1.6倍、およそ12時間である。裁判員裁判対象事件における自白事件と否認事件の割合は、前者の方が高いものの、年々その差は小さくなっており、事実認定がより困難

表 2 評議における話しやすさ（%）

	21 年度	22 年度	23 年度	24 年度
話しやすい雰囲気	83.1	77.3	75.6	74.0
普通	15.6	20.7	22.1	23.0
話しにくい雰囲気	0.8	1.6	1.7	2.2
不明	0.5	0.4	0.7	0.8

（最高裁判所 2012 より）

表 3 評議における議論の充実度（%）

	21 年度	22 年度	23 年度	24 年度
十分に議論ができた	75.8	71.4	71.5	72.0
不十分であった	5.9	7.1	7.4	7.6
わからない	17.3	20.1	19.7	18.9
不明	1.0	1.4	1.5	1.4

（最高裁判所 2012 より）

な否認事件の審理に裁判員が関わる割合は高くなっている。

3. 評議コミュニケーションの課題と本章の目的

　2.2 で述べたように、最高裁のアンケート結果では、審理のわかりやすさや評議に対し、裁判員は好意的な評価を行っている一方で、評議に関しては、議論の充実度について「不十分であった」「わからない」という回答が3割近くみられている。裁判員の評価が下がるような事態が生じると、不利益を被るのは、被告人、被害者を含む裁判の当事者、関係者である。また、これらの結果は、あくまでも事後アンケートであるため、評議においてどのようなやりとりがなされたのかの実態は不明であり、実際に行われた評議のコミュニケーションがどのような特徴をもつものなのかも分からない。
　森本（2007a,b）は、模擬評議の分析から、評議冒頭の裁判長と裁判員のや

りとりが、「教室型」のコミュニケーションになっていることを指摘している。教室型コミュニケーションとは、議論において「専門家であり正解を知っている裁判官＝教師」と「素人の裁判員＝生徒」という構図が生まれ、裁判員が、裁判官が「正解」をもっているという期待のもと、それに志向するような発言を行うような状態のことをさす。このような構図の下では、裁判員と裁判官の協働を達成するのは不可能であろう。

　また、高木（2007）は、裁判員制度の制度設計から予想される評議コミュニケーションの特徴とそれに起因する問題として、以下の4点を挙げている。

（1）　9名という比較的大きな「合議体のサイズ」

　一部の熱心な参加者の主張にのみ焦点化することなく、参加者全員の考えを公平に議論に反映させることが難しくなる可能性がある。

（2）　法律の専門家である裁判官と、多様な背景を持つ一般市民という、立場、知識、経験などが異なる「成員異質性」

　成員異質性をもった集団には、「集団内の意見の偏りが減少する」「複雑な課題に集団として対応しやすい」「集団を取り巻く状況変化に対応しやすい」「異なる発想によって刺激しあえる」といった利点がある一方、「一人当たりの発話が減少しやすい」「派閥化が促進されて疎外される人間が出やすい」「会話が打ち解けず形式的になる」「成員間の誤解や葛藤が増大する」などの欠点もすでに指摘されている（杉森 2002）。

（3）　取り扱う出来事（事件）の構図を理解することの難しさや、裁判で用いられる概念や思考の難解さなど、評議において扱われる「情報の複雑さ」

刑事裁判では被疑者、被害者、目撃者などの行為とそれらの関係を解明することが大きな課題であり、これらの時間の中で刻々と展開する出来事の情報を的確に把握し、適切な理解を構築すること自体が困難な課題であるため、時間的錯誤に由来する誤判断が裁判員に生じる危険性がある。加えて、記録の分量が多い、難解な用語が多く用いられているなど、情報の複雑性が増すと裁判員は裁判官の判断に影響されやすくなることが指摘されている（杉森・門池・大村 2005）。

（4）　裁判員が基本的には1回限り数日のみ裁判に参加するため、経験を十分に蓄積することができないことから生じる「準備・トレーニングの不足」

　刑事裁判にまったく不慣れな者が多数を占め、裁判官同士を除いて初対面の関係にある集団が、即座に高度な議論に取り組むことが求められる。

　高木は、以上のような問題に対応するためには、評議において緻密なコミュニケーションの組み立てと調整、すなわち「コミュニケーション・デザイン」が必要であると主張している。ただし、高木が挙げた問題点は、裁判員裁判の制度自体がもつ特徴から予想されたものであり、裁判員と裁判官のコミュニケーションにおいて実際にどのような形を取って表れているのかについては明らかになっていない。裁判員には非常に厳しい守秘義務が課されており、評議のプロセスやそこで行われたやりとりを明かすことは禁じられている。公判審理が公開で行われているのに対し、評議は完全にブラックボックスであり、第三者による検証は実質不可能な状態なのである。したがって、高木が指摘したような問題が実際に生じているのか、生じているとしたら、それがどのような形で生じているのかが分からないため、こうした問題が仮に起きているとしても、それを回避するためには、どのようなコミュニケーション・デザインが必要となるのかについて検討することもできないのが現状である。

　評議コミュニケーションの特徴を把握し、その課題を明らかにするために

は、実際の裁判員裁判に近い状況で行われた模擬評議を分析する以外に方法はない。本章では、筆者および共同研究者らが、法曹関係者の協力を得て収録した模擬評議を対象に、裁判官と裁判員の間の知識や経験、立場の非対称性が、評議の過程でどのように表れるのかに焦点を当てて分析を行う。なお、本章の分析の目的は、参与者の相互行為の過程の緻密な分析に基づいて評議コミュニケーションの特徴の一部を素描することであり、評議コミュニケーション全体の過程を明らかにしようとするものではないことをあらかじめ断っておく。

4. 評議コミュニケーションの分析

4.1 分析データ

　本章が分析するデータは、「スナックハーバーライト事件」と呼ばれる模擬裁判を対象とした模擬評議である。この模擬裁判の公判審理が、裁判所が作成したDVDに収められており、裁判員制度開始前に、法曹三者による全国の模擬裁判で使われていた。筆者らもこのDVDを利用した。

　裁判の内容は、被告人西村が、刺身包丁で被害者松岡の腹や膝、肩などを刺してけがを負わせたとして殺人未遂罪で起訴されたというものである。事件の概要は以下のとおりである。スナック「ハーバーライト」で飲んでいた被告人と松岡とが店先でけんかをし、被告人は松岡から殴る蹴るの暴行を受け、いったん帰宅するが、その後、自宅から刺身包丁を持ち出して「ハーバーライト」に戻る。そして、店先で松岡が被告人の包丁で腹部に深さ10センチの傷と、背中およびアキレス腱に傷を負った。裁判の争点は2つである。1点目は、被告人がいきなり松岡に体当たりをして、わざと松岡の腹を刺したのか、それとも、もみ合ううちにはずみで刺さったのか。そして2点目は、被告人は殺意をもって松岡を刺したのかである。検察側は、殺人未遂罪で起訴をし、弁護側は、1回目のけんかで暴行を受けた被告人が、被害者を謝らせようとして包丁を持ち出したのであり、刺そうという意思も殺意もなかったと主張している。

裁判官役は4人の裁判官経験者と2人の刑事訴訟法の専門家に依頼し、2つの裁判体を作った。裁判員役は、年齢や職業、性別ができるだけ多様になるよう人材派遣会社に依頼して参加者を募集した。公判審理は、前述のDVDを各裁判体で視聴してもらったが、裁判長による裁判員への説明、DVD視聴、評議と評決に至るすべての進行は、裁判長および裁判官役に任せた。なお、どちらの裁判体も、朝9時に開始し、評決までの全過程が終了したのは午後7時を回った頃であった。

4.2 評議コミュニケーションの特徴

本章では、裁判長と裁判員のやりとりのうち、特に以下の2点に焦点を当てて分析する。

1) 裁判長による裁判員の意見の確認
2) 議論の進め方

4.2.1 裁判長による裁判員の意見の確認

以下の断片(1)は、公判審理のビデオを見た後、裁判長によって評議の開始が宣告され、1人ずつ自分の意見を述べている場面である。まず冒頭で、裁判長が争点の確認と、検察側と弁護側それぞれの主張を要約して説明し(1-32行目)、33行目から争点についてどう考えているかについて、裁判員の玉井を指名し、玉井が自分の意見を述べ始める。なお、文字化の記号は章末を参照されたい。

(1)
```
1  裁判長：え：それでは，え：今日の，メインの仕事である，評議，に，
2       入りたいと思います．え：評議に入る前にもう1度，あの：
3       争点の確認を，え：(0.6)したいと思いますので，森下：さん
4       が，あ：作られた，1枚の，え：，争点の，確認の，ペーパー
5       を，見て，下さい．((咳払い))ここであの 大きく 争点として
```

```
 6            は, あ：被告人に, い：：松岡さんを, え：：殺す意思が　あっ
 7            たかどうか　死んでも構わない, ゆうふうに思ったかどうか
((8–32行目略))
33            これから, え最初に, い：：(.)被告人に(.)殺意があった
34            かどうかについての, 事実の認定を, え：：ここで, 話し合
35            いたいと, >思います<..hhで午前中に言いました通り, 一
36            応, お一人ずつ あの：今の時点で, この争点についてどんなふ
37            うに考えておられるか. を, え：：(0.6)ここで出していただ
38            いた上, どの点が問題なのかを, そのあとで, え：：：(5.0)
39            書き出して, (0.8)その対立点を, 話し合っていきたい.
40            .hhとゆうふうに, 思いますので, え：順番として, 玉井さん,
41  玉井　：は［い
42  裁判長：　［から
43  玉井　：はい, え：：と, (1.6)<私はやって(.)いないのでは>ないか
44            なと思いますが：, >えっと<気になる点がいくつか［ありまし
45  裁判長：                                              ［やってい
46            ないというのは：＝
47  玉井　：＝あ あの：：：もみ-もみ合いのす↑え＝
48  裁判長：＝ええ
49  玉井　：誤って刺してしまったん［ではないかと私は思う-
50  裁判長：                    ［あ：は, 検察官の主張のような
51            ことはして［いないん＝
52  玉井　：          ［はい
53  裁判長：＝じゃないかと.［はい
54  玉井　：              ［はい. ま：でも>ちょっと<↑わからない所が
55            ありまして：
56  裁判長：はい
57  玉井　：であの：：：>左の<じん帯を(.)損傷しているんですよね？
58            左の［膝で.
```

59	裁判長：	［(うん／はい)
60	玉井 ：	＞私も＜じん帯損傷したことがあるん：ですけれども：,
61	裁判長：	ほ：
62	玉井 ：	＞正直＜歩けな(h)い(h)ん(h)です(h)よh
63		(1.0)
64	左陪席：	［うん
65	裁判長：	［ほ：［：
66	玉井 ：	［で, そこで＜移動＞したってのがどうもわからなくて：
67	裁判長：	う：ん
68	玉井 ：	＞なんか＜この：へん：です(よ)ね＝［で, あの：：＝
69	裁判長：	［うん
70	玉井 ：	＝ご本人-あの(.)被害者のほう↑は：, 全速力で逃げましたと.
71	裁判長：	うん
72	玉井 ：	で, でも：あの(0.8)あの, 加害者のほうは：あの：(0.8)ま：
73		あのよろよろ歩いたと.
74	裁判長：	うん
75	玉井 ：	いうふうに言っ＞てるので＜, それだと加が：いしゃのほうが,
76	裁判長：	うん
77 →	玉井 ：	正しい：んですけれども：, ただ あの：傷の具合ですとか：,
78	裁判長：	うん
79	玉井 ：	あとは, あの：(0.4)たぶんもみ合いに＞なる(と)＜ちょっと
80		背中とかも, きず：を考えられるかな：とも思うんで：,
81	裁判長：	うん
82	玉井 ：	え：(そ／ほ)れだ, と, あの：：(.)ま被害者-(0.8)あの
83		加害者(.)のほうに, ん？どっちだ？え：と：：, もみ合い
84		の末の
85	裁判長：	被告［人が］
86	玉井 ：	［が：］＞そうですね＜被こく：のほう［が：,
87	裁判長：	［ええ

88   裁判長：[はい
89   玉井　：[え：：言ってることのほう<u>が</u>，え信憑性がある<u>と</u>
90   判断(.)していま(.)す．
91   (.)
92   玉井　：はい
93 →裁判長：えっと，今の，え：確認しますが，あの：じん帯の点は
94 →   ともかくとして，え：被こく：人の言い分，もみ合いの末に，
95 →   い：刺さったのではないかとゆう考える((咳払い))理由と
96 →   しては<u>傷の具合</u>といまおっしゃった．
97 →   (0.8)
98 →玉井　：＞そうですね＜傷のいち：とか．＝
99 →裁判長：＝傷[の：位置と
100 →玉井　：　 [え：え：
101 →裁判長：は：は：．程度．
102 →玉井　：はい＝
102 →裁判長：＝はい．

　玉井が89-92行目で自分の意見を述べ終わると、93行目から裁判長が玉井の意見の確認を行っている。玉井は、靭帯を損傷したにもかかわらず全速力で逃げたという被害者の証言に疑問を呈しているが(54-77行目)、裁判長は93行目で「じん帯の点はともかく」と述べてその点は取り上げないことを表明し、その上で、94-96行目で「<u>傷の具合</u>といまおっしゃった．」と発言している。この発言は、玉井が被告人の言い分を支持する理由として傷の具合と言ったのかどうかを確認するものとして聞くことができるが、傷の具合についての説明を引き出す質問として聞くことも可能である。実際、玉井は98行目でいったん「そうですね」と肯定した後、すぐに「傷のいち：とか」と説明を加えている。他方、この裁判長の確認は、玉井にとって予想外のものであったように見える。なぜなら、玉井は裁判長の確認にすぐには答えず、0.8秒の沈黙が生じているからである。この沈黙の間、玉井は、それ

まで裁判長に向けていた視線をいったんはずし、正面を向いたあと、「そうですね」という肯定の発話と同時に裁判長に視線を戻す。この沈黙と視線の移動は、玉井が裁判長の質問に対する答えを探していることを示している。続けて玉井は「傷のいち：とか」と発言するが、この発話は、傷の具合を具体的に説明するものというよりは、傷の「具合」を「位置とか」と言い換えただけにすぎないように聞こえる。97・98行目の玉井の発話内容とふるまいは、玉井自身が傷の具合について説明すべきものをもっていないことを示すものであり、また、裁判長による意見の「理由」の確認を予期していなかったことを示している。つまり、裁判長が、玉井の意見の「理由」を重視しているのに対し、玉井の方はそうではなかったのである。ここに両者の「意見」に対する観点の違いがみてとれる。

　続く99行目で裁判長は、玉井の応答の「傷の位置」に「と」という語を続けて、さらに説明を加えることを促している。しかし、ちょうど「傷」が産出された直後に、玉井は、裁判長の発話を自分の98行目の応答に対する受け止めとして取り扱い、「え：え：」と承認しているため、裁判長の促しはいわば不発に終わってしまっている。続く101行目で、裁判長は「は：は：」とこの玉井の承認を了承する。ところが、その直後に「程度.」と続け、傷の具合についての「傷の位置」以外の説明の候補を自ら提示している。そして玉井は「はい」と答え、これに承認を与えている。このように裁判長から回答の候補を与えることは、裁判員を裁判長が期待する方向へ誘導してしまう可能性を否定できない。

　裁判長と裁判員の間の、意見の理由に対する志向の違いは、他の場面でもみられた。(2)は、玉井の隣に座っている高田と裁判長との間のやりとりである。

(2)
1　裁判長：はい，はい，あの　一渡り，え：お話ししていただいたあと，
2　　　　　また，元に戻りますので．あの，今，玉井さんがおっしゃった，
3　　　　　あ：：ぐらいの，あの長さで結構ですのでそれぞれの，お考えを

4		最初に，発して下さい．高田さん，
5	高田 ：	はい．え：＜わったっしは＞ですね，ん：ちょっと，.hh まだ，
6		結論と言いますか：，その，.hh (0.7) かなりの：差がある，
7		結論ではないんですけど，
8	裁判長：	うん
9	高田 ：	現時点では，え：：まず：その争点1の，わざと刺したかって
10		ところ：(.)はぼくはあの，わざと刺したんじゃないかな
11		という，
12	裁判長：	うん
13	高田 ：	あの：印象が受けまして：，
14	裁判長：	うん
15	高田 ：	で：そのわざとはなぜそう思ったかと言うと，.hh その，(1.6)
16		え：：弁護人の：言い分の中に：あの，(1.0) その刺す：とき
17		に：あの：押したり，あ：引いたりってもみ合いになって：
18	裁判長：	うん
19	高田 ：	.hh そんときに，つい，その：：自分と相手の力が一緒に
20		なって刺したって．その：：10センチという深さで：．
21	裁判長：	うん
22	高田 ：	それをいろいろその：(.)考えると，本人も：刺す直前にある
23		程度力を，出す：ことが可能だと思うんですよ．奥にいかない
24		ように．で向こうもやっぱ力がある程度ないと：，.hh その，
25		あ：みたいな感じで引っ込めると思うんですよね，危ないみた
26		いな，刺す：直前になると，.hh それが：ない，感じがするんで
27		すよ10センチという深さを考えると，.hh ただその：殺意，っ
28		ていう部分に関しては，正直，難しいところで：，一瞬の殺意っ
29		て部分で，考えてるんですけど：，.hh もう，どうなっても
30		いいわと，その：人間ロボットじゃないと思うんで，一瞬，その
31		気持ちが，たかぶるときがあると思うんですよ．.hh その争い
32		の中で：も：あ：おれはもう駄目だと，ん：負けさ：負けそう

```
33         だみたいな. .hh 追いつめられて：, ましょうがないと, じゃあ
34         力一杯やるしかないという部分で：.hh いったんじゃないかな
35         っていうのを, ぼくは, 考えられ：ますね.
36             (3.0)
37 →裁判長：ん, う：ん, ＞(すると)＜今のお話は, その傷の深さから見て：,
38 →         え：単にこう, もみ合いで刺さったんではなくて：,
39   高田 ：はい
40             (.)
41 →裁判長：刺す意思で刺した.
42             (.)
43 →高田 ：そう［ですね
44 →裁判長：    ［傷の深さだ［と
45 →高田 ：            ［もみ合いの中からもう刺す：と
46 →裁判長：°うん°
47 →高田 ：.hh 途中, 変化と言いますか.
48 →裁判長：°うん°. (1.5)ただ：, その, お：殺す意思まであったかど
49 →         うかについては,［疑問が残る
50 →高田 ：              ［それははい,［疑問］ですね.＝
51 →裁判長：                      ［疑問-］
52   裁判長：＝疑問が：［のこ：る＝
53 →高田 ：        ［お互い：.hh
54 →高田 ：＝はい.
```

　高田は, 20行目と27行目で「10センチという深さ」と傷の深さに言及し, 1点目の争点に関して「わざと刺した」と考える理由として傷の深さを挙げている. その上で, 2点目の争点の殺意の認定に関しては,「一瞬の殺意」という表現で, 被告人が最初から殺意をもっていたのではなく, もみ合いの中で殺意をもつにいたったのではないかと述べている. 35行目で高田が発言を終えると, 裁判長はメモを書きながらうなずき, 高田によるターン

の終了を理解したことを示す。そして上体を起こして高田に視線を向け、高田の意見に対する確認を開始するが(37行目)、発話の冒頭部分の「傷の深さから見て」は、玉井の時と同様、裁判長が意見の理由に注目しているように聞こえる。さらに、ターンをしめくくる44行目の「傷の深さだと」という発話は、裁判長が確認しているのが「刺す意思で刺した」かどうかではなく「刺す意思で刺した傷の深さ」であることを明示しており、ここでも、争点に対する意見自体よりも、その理由に対して裁判長の注意が向けられていることが観察できる[5]。

　それに対して、高田は43行目で「そうですね」といったん肯定した後、「もみ合いの中からもう刺す：と」(45行目)、「.hh 途中, 変化と言いますか。」(47行目)と、被告人の刺す意思が最初からあったものではなく、もみ合いの中から生じたものであると述べ、裁判長の理解を修正している。ところが、高田が45行目で「もみ合いの中から」と言った時点で裁判長は高田から視線を外してメモを書き始め、高田の発言が終わって48行目で小さな声でかすかにうなずきながら「うん」と応答するまで、メモを取る行為を続ける。この裁判長のふるまいは、自分の理解を高田が肯定した時点で、それを十分な応答とみなし、そのあとの高田の発言に注意を向けていないことを示している。そして、高田の発話に対して「うん」と最小限の応答をしたあと、すぐに殺意についての意見の確認に移っている。

　(2)の分析をまとめると、高田が、被告人がもみ合いの中で刺す意思をもつに至ったという自らの推論を主張している一方で、裁判長はそれに対しては特に反応せず高田の意見の理由となる「傷の深さ」に注意を向けている。ここにも、両者の間の意見の理由に対する志向の違いがみてとれる。

　(1)と(2)が示しているのは、裁判員の意見が、傷の程度や深さなどの「理由」に基づくものとして了解されていく過程である。玉井と高田の意見に対する裁判長の理解は、彼らに対する確認という行為を通して示されているが、その理解自体は決して間違っているわけではない。誤解であれば、裁判長とのやりとりの中で問題として顕在化するであろう。しかし、裁判長と裁判員の間で異なっているのは、評議における「適切な意見の表明の仕方」に

ついての志向である。裁判長の確認という行為を通して、裁判員の意見は、具体的な理由、すなわち、傷の位置、程度、深さに対する評価と結び付けられる。そして、彼らの意見は、あたかも最初からそうした根拠に裏付けられたものであったかのように扱われ、了解されていく。裁判長にとって、評議における意見の適切な表明の仕方は、具体的な理由、根拠とともに表明することである。その一方で、裁判長が確認を行わない、裁判員のそれ以外の発言部分、例えば、靭帯の損傷や一瞬の殺意といった内容は、少なくともこの時点では取り上げられずに終わっている[6]。このことは、評議における論点として、何が適切であり、何がそうでないのかの選別が、裁判長による確認に始まる裁判員とのやりとりの連鎖の中で行われているといえる。こうしたコミュニケーション上の微細なふるまいの中に、裁判官と裁判員の間の非対称な関係性の一端が表れている。

4.2.2 議論の進め方

　裁判長と裁判員との間の志向の違いは、何をどの順に議論するのかという点についても表れていた。次の(3)は、(1)、(2)とは別の裁判体による評議であり、裁判長も別の人物である。公判審理のDVDの視聴が終わったあと、付箋紙を使った手法を用いて全員で事件の全体像を時系列で把握し[7]、その作業が終わった直後である。

(3)
```
  1    裁判長：で：そういうことで，さて，それじゃあ
  2          どういう-(.)＞どういう結論になるか＜この事件について，
  3          我々の結論をどう出そうかと，＜いうことですが＞，ま：あの：
  4          どっから議論していこうかと，いうことですけど，eya：
  5          あの：，た，え，この：もともと：その検察官の(0.6)その
  6          論告という：ということで，本件では問題-(.)大きい問題が
  7          二つですね¿要するに：，わざと刺した．＞つまり＜はずみで
  8          刺さったのか：さ-刺すべくして刺したのかっていう，
```

```
 9            そこですね?この事件をどう見るか, °ということ:°
10            で, まあ, 刺すべくして さ-(.)刺そうと思って刺した,
11            その刺そうという:, 意志が, あ:殺してやろう(1.6)殺して
12            も, 死んでも, いいんだという程度の強いものだったのか:,
13            >あるいは<そこまではいかなかったのか.(2.0)け-(.)ただ
14            怪我をさせる, 程度とかね?そういう, ところで留まるのか,
15            >つまり<さつじ-殺意, 殺人未遂, 殺意(0.5)人を殺すと
16            いうふうに, (見るだけの行為)なのかと, 見られるのかと,
17            いうことですね. 順番, ん:から言って, その(0.6)ん:
18            はずみで(h)刺さった(0.6)のか, 刺すべくして, 刺したのか.
19            刺そうと思って刺したのか.(1.6)こういう-この点を
20            どういうふうに, い:(1.0)見るか(h)と, いう(h)こと
21            ですけれども.
22 →坂本    :私は:さいつい:((殺意))[は, 感じられ, ないですね。
23 →裁判長:                          [どんどん-
24 →裁判長:ん?
25 →坂本    :あ-あの殺そうとまで[は,(かんがえ)
26 →裁判長:                          [いやその, ん:前からいきましょう.
27 →         [あの, う,
28 →坂本    :[(前から)
29 →裁判長:わ, わざと, あいて:その:偶然?はずみで刺さったのか:,
30 →         あるいはその:, >そうじゃなくて<, 意図的に刺したのかって
31 →         いう, [そこの点, ですね¿
32   坂本    :       [う:ん
33   坂本    :刺したか:=
34   裁判長:=うん=
35   坂本    :=あ:
36   裁判長:被告人は刺すつもり, はなかった, て言う, ね?はずみで,
37            もみ合ってるうちに, 偶然刺さったんだと.
```

38	坂本　　：	う：[ん
39	裁判長：	[こう言ってるんですね．（で）被告人のほうが，意図的
40		に刺した，(°という°) 刺すつもりで，刺したと，いうふうに
41		見られては困ると，いうことを言ってるわけですけど．
42		その［意見：から言って、ま：はずみで＝
43	？　　　：	[（どう：）
44	裁判長：	＝刺さった，↑のかどう(h)か(h)と(h)，い(h)う(h)ことは
45		どうなんでしょう［ね¿
46	坂本　　：	[う：ん
47		（5.8）
48	坂本　　：	(°そうですね：°)
49		（7.0）
50	裁判長：	う h.hfufuh

　1–21 行目で裁判長がこの事件の争点について説明しており、17 行目から、はずみで刺さったのか、それとも刺すべくして刺したのかという 1 点目の争点についてまず話し合うことを宣言している。ところが裁判員の坂本は、「私は殺意は感じられない」と、2 点目の争点である殺意の有無についてまず意見を述べ始めている。24 行目の裁判長の「ん?」は、坂本の発言に対し、理解もしくは聞き取りにおいて何らかの問題があったことを公然化し修復を要請するものであり（Schegloff, Jefferson, and Sacks 1977）、それを受けて坂本は「あ‐あの殺そうとまでは，（かんがえ）」と 22 行目の発言の中の「殺意」を「殺そうと」と言い直している[8]。ところが、裁判長は坂本が「殺そうとまで」と述べた時点で、「いやその，ん：前からいきましょう．」と述べ、坂本の発話を途中で止めている。この発話のタイミングは、坂本の発言が 2 つ目の争点である殺意に関する意見であることが明らかになった時点であり、そこで発言を制止することで、殺意についての議論へと進むことを止めるものである。そして、「前から行きましょう」は、殺意よりも前に議論すべきものがあることを示し、続く 29 行目からの発話で、この「前」が

「偶然、はずみで刺さったのか、それとも意図的に刺したのか」を指すものであることが説明される。

　ところが、坂本の 32–33 行目、38 行目、46 行目、48 行目の反応を見ると、この裁判長の説明が理解できていないように思われる。この裁判の 2 つの争点は、「意図的に刺したのかどうか」と「殺意があったのかどうか」を区別しており、裁判長の発言は、まず 1 点目の争点から議論し、意図的に刺したという事実が認定された場合、2 点目の争点について議論するという順序を志向するものである。殺人未遂で被告人が起訴された事件において、殺意の有無を話し合う前に、「意図的に刺したかどうか」を議論することは刑事裁判の関係者にとっては常識的な手順である。なぜなら、たとえ殺意が認定されなかったとしても、傷害か、それとも過失傷害かの判断が必要となるからである。そして、坂本が殺意について意見を述べ始めたことは、彼にそうした知識がないことを示している。実際には、先に殺意の有無を議論し、殺意がなかったという認定になった場合に、意図的に刺したかどうかという議論をすることも可能であろう。しかし、少なくとも裁判長にとっては、2 つ目の争点である殺意の認定は、1 つ目の争点での認定に依存するものであり、1 点目で「意図あり」と認定された場合に、次の「殺意の有無」へ進むべきものである。他方、坂本だけでなく、その後に発言した裁判員の多くが、まず殺意の有無について意見を述べていた。裁判長はそのたびにまず刺す意思の有無から話し合おうと主張するが、結局裁判員に理解されないまま終わっている。(3) が示すのは、刺す意図と殺意を区別し、まず前者について議論するという、刑事裁判における事実認定のための話し合いの進め方と、人々の日常的な話し合いの進め方が異なっているということである。話し合いの進め方は暗黙の実践知であり、なぜそのように進めるのかという理由がわざわざ説明されることはない。ここで裁判長と坂本が直面しているのは、お互いの実践知の違いであり、相手がなぜ自分が考える方向から議論を始めようとしないのかを、お互い理解できていない。このように、どのように議論を進めるかについての道筋が共有されていないと、自分たちが議論している点が、最終的な結論とどのように結び付くのかが理解できなくなる

可能性がある(森本 2009)。

5. おわりに―裁判官と裁判員の非対称性と評議

　本章では、模擬評議における裁判官と裁判員の相互行為を分析し、評議コミュニケーションの特徴の一端として、以下の2点において、裁判長と裁判員とで異なる志向を持っていることを明らかにした。

1) 適切な意見の表明の仕方と適切な論点
2) 議論の進め方

　まず1点目に関しては、裁判長が裁判員の意見の確認において、意見自体よりもその理由に注意を向けていた。裁判長にとって、評議において意見は具体的な理由や根拠を伴って主張されるのが適切な仕方なのである。それに対し、裁判員の方は、その反応から自身の意見の理由を裁判長から確認されることを予期していなかったと考えられ、理由はそれほど重視していなかったと言える。ここに、評議という活動に対する裁判官と裁判員の志向の違いの一端がみてとれる。さらに言えば、裁判員の意見とそれに対する裁判長の確認というやりとりを通して、「評議における適切な意見表明の仕方」が、裁判長から裁判員へとその都度教示されていたともいえるのではないだろうか。紙幅の関係で今回は取り上げなかったが、裁判員の意見表明の仕方が、裁判長の志向に沿うように変化していっているとしたら、裁判員によるある種の「学習」が起きていると言えるかもしれない。

　また、裁判員が主張した論点のうち、どれが取り上げられるかについても、裁判長と裁判員の意見の確認のやりとりの中で選別されていた。裁判長が確認を行わない論点は、少なくともその時点では取り上げられず、そのまま最後まで言及されないものも少なからずあった。評議において、どのような論点が適切なものとして取り上げられるのかについては、今後検討すべき課題であるが、こうした選別が、裁判長によって開始された確認のやりとり

の中で行われていることは、議論が裁判長によってコントロールされる可能性を否定できない。

　2点目の議論の進め方については、(3)で示した通りであるが、興味深いのは、刑事裁判における事実認定の仕方と、裁判員による事実認定の仕方—おそらく日常的なやり方—の違いである。裁判長がボトムアップな事実認定を志向しているのに対し、裁判員の方はどちらかというとトップダウンの認定を志向している。このように両者の志向が逆の方向を向いている場合、裁判長の志向を優先すべきなのか、それとも、裁判員が参加している意義を認めて、裁判員の志向に合わせるのかは、評議において大きな課題となると思われる。少なくとも、今議論しようとしている論点が、最終的な事実認定に到達する上で必要な議論のどの時点に関連しているのかを、全員が共有できるような工夫、コミュニケーション・デザインが必要なのではないだろうか。

　筆者が法学部の学生たちに、裁判員裁判に参加したいかを尋ねると、多くの学生が、「自分には法律の知識がないので自信がない」と答える。市民の多くが同じように思っていることだろう。しかし、菅野(2010)が指摘するように、「法現象とは、実は必ずしも確固とした存在ではなく、現場の参与者の実践を通して、その具体的な中身が充填される」のである。模擬評議の相互行為分析を通して浮かび上がってきたのは、評議という極めて法的な場面において、裁判官と裁判員がその場面をどのように理解し、「裁判官」「裁判員」としてふるまっているかである。今後、さまざまな分野で一層の市民参加が進むことになれば、知識や経験が非対称な参加者による話し合いが抱える問題点を明らかにし、それを解決するためのコミュニケーション・デザインの必要性がますます高まるだろう。本章の分析が明らかにしたように、コミュニケーションの実態を明らかにするためには、事後アンケートだけでは不十分であり、相互行為の緻密な分析が不可欠である。裁判員制度に関していえば、制度導入の理念である裁判官と裁判員の協働を達成するためにも、評議の分析が可能になるような環境整備を強く訴えたい。

付記：本研究は、司法協会の研究助成(代表：三島聡)を受けている。

トランスクリプト（転写）の記号

[	複数の参与者の発する音声が重なり始めている時点。
[ ]	重なりの開始と終わり。
=	2つの発話が途切れなく密着している。
( )	聞き取りの不可能な場所。
(言葉)	聞き取りが確定できない場合。
(m.n)	音声が途絶えている状態の秒数。ほぼ0.2秒ごとに( )内に示される。
(.)	0.2秒以下の短い間合い。
言葉：：	直前の音が延ばされていることを示す。コロンの数は引き伸ばしの相対的な長さに対応している。
言葉：	強調を伴いながら末尾が少し上がるようなやり方で区切りがつく。
言-	言葉が不完全なまま途切れていること。
h	呼気音。hの数はそれぞれの音の相対的な長さに対応している。
.h	吸気音。.hの数はそれぞれの音の相対的な長さに対応している。
言葉	強く発せられた音。
° °	音が小さいこと。
. , ? ¿	語尾の音が下がって区切りがついたことはピリオド(.)で示される。音が少し下がって弾みがついていることはカンマ(,)で示される。語尾の音が上がっていることは疑問符(?)で示される。語尾の音がいったん上がったあとまた下がる（もしくは平坦になる）とき、それは逆疑問符(¿)で示される。
↑	音調が極端に上昇していることを示す。
> <	発話のスピードが目立って早くなる部分。
< >	発話のスピードが目立って遅くなる部分。
(( ))	非言語的なふるまいや注記など。

注

（1）性犯罪に対する量刑が従来より重くなった点、また、覚せい剤密輸事件で無罪判決の数が増えるなどの点があげられる。特に前者に関しては、性犯罪に対する市民の厳しい目が反映されていると考えられている。

（2）裁判員裁判と評議研究会（通称：評議研）による共同研究である。

（3）補充裁判員は、裁判の途中、やむを得ない事情で裁判員がその職務を遂行できなくなった時に、その代理を果たす役割を担う。補充裁判員は2名で、代理となった時に支障がないよう、公判審理及び評議に同席するが、発言や質問はできない。

（4）公判前整理手続とは、最初の公判期日の前に、裁判所、検察官、弁護人が、争点

を明確にし、これを判断するための証拠を厳選して審理計画を立てる手続きのことである。
（5）ただし、41行目の「刺す意思で刺した．」は、「刺した」とここで文が完結するような形式となっており、ターン末のイントネーションも下降調であることから、裁判長のターンが完了し、話者が交替しうる場所であるということもできるため、裁判長の確認が、最初から高田の意見の「理由」を確認しようとしたわけではない可能性も否定できない。実際、高田も短いポーズの後、「そうですね」と応答を開始している。しかし、「刺す意思で刺した．」という、下降イントネーションを伴う普通体の言い切りの後には、たとえば「そういうご意見ですか」もしくは「ということですか」のように、この文を引用しつつ相手に質問する発話が後続する方が自然であるように思われる。
（6）だいぶあとになって、玉井の靱帯切断に関する意見は、再び取り上げられるが、高田の「一瞬の殺意」や「変化」については議論されずに終わる。
（7）この手法は、証言が終わるたびごとに各自が証言の内容を1枚の付箋紙に1項目ずつ書き出し、それを全員でホワイトボードに時系列に沿って貼り出して、事件の流れを確認するというものである。評議研は、評議の参加者全員が事件の全体像について理解を共有できるようこの方法を提案し、「付箋紙法」と名付けている（大塚・本庄・三島 2009）。
（8）この「ん？」という裁判長の発話は、何が問題なのかを特定するものではない。

参考文献

菅野昌史（2001）「陪審評議の会話秩序」『法社会学』55: pp. 192–207．日本法社会学会.
菅野昌史（2010）「法律に接する」串田秀也・好井裕明（編）『エスノメソドロジーを学ぶ人のために』第4章，pp. 171–186．世界思想社.
三島聡・西條美紀・森本郁代・大塚裕子（2007）「評議のコミュニケーション・デザイン―評議の形式・技法・環境設計」『季刊刑事弁護』No.52: pp. 62–68．現代人文社.
Morimoto, I., Saijo, M., Nohara, K., Takagi, K., Otsuka, H., Suzuki,K., and Okumura, M. (2006). How do ordinary Japanese reach consensus in group decision making?: Identifying and analyzing "naïve negotiation." *Group Decision and Negotiation* 15: pp. 157–169.
森本郁代（2007a）「裁判員をいかに議論に引き込むか―評議進行の技法の検討」『法律時報』79(1): pp. 117–122．日本評論社.
森本郁代（2007b）「コミュニケーションの観点から見た裁判員制度における評議―「市民と専門家との協働の場」としての評議を目指して」『刑法雑誌』47(1): pp. 153–164．日本刑法学会.

森本郁代(2009)「評議設計はなぜ必要なのか―評議の課題と設計の方法」『判例時報』2050: pp. 4–11. 判例時報社.
日本弁護士連合会裁判員制度実施本部法廷用語の日常語化に関するプロジェクトチーム(2008)『裁判員時代の法廷用語―法廷用語の日常語化に関するPT最終報告書』三省堂.
野原佳代子・森本郁代・三島聡・竹内和広(2009)「裁判員制度における評議デザイン論の展開(3)：論告分析型評議の実現に向けて」『法律時報』81(8): pp. 84–95. 日本評論社.
大塚裕子・本庄武・三島聡(2009)「裁判員制度における評議デザイン論の展開(2)：付箋紙法による論告分析型評議の実践」『法律時報』81(9): pp. 70–81. 日本評論社.
Sacks, H., Schegloff, E. A., and Jefferson, G. (1974) A simplest systematics for the organization of turn-taking for conversation. *Language* 50: pp. 696–735.
西條美紀・高木光太郎・守屋俊彦(2009)「裁判員制度における評議デザイン論の展開(1)：論告分析型評議の提案」『法律時報』81(8): pp. 83–93. 日本評論社.
Schegloff, E. A., Jefferson, G., and Sacks, H. (1977) The preference for the self-correction in the organization of repair in conversation. *Language* 53(2): pp. 361–382.
司法制度改革審議会(2001)『司法制度改革審議会意見書』ch. IV.
杉森伸吉(2002)「裁判員制における市民―専門家の異質性の融和：社会心理学的考察」『法と心理』2(1): pp. 30–40. 日本評論社.
杉森伸吉・門池宏之・大村彰道(2005)「裁判員に与える情報が複雑なほど裁判官への同調が強まるか？―裁判員への認知的負荷が裁判官から受ける正当性勢力に及ぼす効果」『法と心理』4(1): pp. 60–70. 日本評論社.
高木光太郎(2007)「裁判員裁判における評議コミュニケーション・デザインの必要性」『法律時報』79(1): pp. 110–112. 日本評論社.
最高裁判所(2010)「裁判員等経験者に対するアンケート調査結果報告書(平成21年度)」http://www.saibanin.courts.go.jp/topics/pdf/09_12_05-10jissi_jyoukyou/03-1.pdf〈2013年8月30日アクセス〉
最高裁判所(2011)「裁判員等経験者に対するアンケート調査結果報告書(平成22年度)」http://www.saibanin.courts.go.jp/topics/pdf/09_12_05-10jissi_jyoukyou/h22_keikensya.pdf〈2013年8月30日アクセス〉
最高裁判所(2012)「裁判員等経験者に対するアンケート調査結果報告書(平成23年度)」http://www.saibanin.courts.go.jp/topics/pdf/09_12_05-10jissi_jyoukyou/h23_q1.pdf〈2013年8月30日アクセス〉
最高裁判所(2013a)「裁判員裁判の実施状況について(制度施行～平成25年6月末・速報)」

http://www.saibanin.courts.go.jp/topics/pdf/09_12_05-10jissi_jyoukyou/h25_6_sokuhou.pdf〈2013年8月30日アクセス〉

最高裁判所(2013b)「裁判員等経験者に対するアンケート調査結果報告書(平成24年度)」http://www.saibanin.courts.go.jp/topics/pdf/09_12_05-10jissi_jyoukyou/h24_keikensya.pdf〈2013年8月30日アクセス〉

地域公共人材に求められる
話し合い能力育成プログラムについて

村田和代

要約

　本章では、これからの参加・協働型地域社会を担う人材（地域公共人材）や、地域公共人材に求められる〈つなぎ・ひきだす〉コミュニケーション能力について概観する。そして、この能力育成のための2つの教育プログラム（ファシリテーション能力育成、話し合い参加者としての能力育成）について、社会言語学的視点を取り入れ開発したプロセスや、実施事例を紹介する。加えて、プログラムの教育効果についても考察する。共生社会を実現するためには、立場や価値観を超えたひとびとによる話し合いが必須であり、学際的研究による「話し合い学」の構築を目指す意義や必要性についても論じている。

1. はじめに

　持続可能な社会を実現させるためには、国レベルでの取り組みと同様に、地域社会からのボトムアップ型の取り組みも必要不可欠である。たとえば、環境問題の多くが地域に根ざしている以上、その解決にあたって地方政府が決定的な役割を果たすことは言うまでもない。しかしながら、地方政府単独で持続可能な開発を達成することは不可能であり、問題解決や計画策定に、市民参加と産官学民を超えたマルチセクター型の協働が求められている（白石・新川 2008）。とりわけ近年では、環境問題に限らず、地域のさまざまな課題探求から政策策定にいたる意思決定プロセスにおいて、多様な関係者が話し合いを通して意思決定を行う機会が増えてきた（加藤 2002; 白石 2004; 村田 2014）。さらに、価値観が多様化し高度に複雑化した現代社会においては、対話や話し合いを通して相互理解をはかる必要性が高まっている（平田 2012）。にもかかわらず、話し合い能力育成プログラムの開発や実施につい

ての言語学からの実証研究は数例で（大塚・森本 2011 他）、喫緊の取り組みが必要である。そこで、本章では、社会言語学的視点を取り入れた話し合い能力育成プログラムの開発・実施事例について報告する。

2. 地域公共人材に求められるコミュニケーション能力

　本節では、筆者が研究メンバーとして所属している「龍谷大学地域公共人材・政策開発リサーチセンター」（以下 LORC）[(1)]の取り組みについて紹介する。

2.1 地域公共人材とは

　LORC は、大学と地域社会との連携を通して持続可能な参加・協働型社会を実現することを目指して 2003 年度に開設された。国際的な共同研究体制のもと、多様な研究分野からの研究者・実務家双方で学際的な研究プロジェクトを担っている。それぞれの研究プロジェクトにおいて、参加型・協働型開発に必要な地域社会システム、及び、地域社会に求められる人材の育成システムを理論・実践の両面から探求し、研究の成果は積極的に地域の社会活動へと還元されている。

　参加・協働型社会における政策形成のシステム、及び、人材育成システムについての実践的研究を進める中で、LORC 研究メンバーは、参加・協働型の地域社会を担う人材を「地域公共人材」と名付けた。地域公共人材とは、これからの地域社会において公共政策の形成を主導し、職業や組織、産官学民のセクターの壁を超えて関係性を構築し、パートナーシップを結びながら活動できる人材である（白石・新川・斎藤 2011）。地域公共人材の特徴として、社会のごく一部の専門性をもつ特別な人、ある職業に従事する人とだけを指すのではないという点があげられる。参加を基礎に置く地域社会システムにおいては、誰でもが政策主体として活動する可能性があるため、「地域公共人材」としての専門性レベルの差はあれ、広範な市民層も潜在的な地域公共人材であるととらえることが可能で、ある種の市民性と言うこと

もできるのだ。LORC の実践的な研究を通して、地域公共人材に求められる能力の中でとりわけ重要なのが、他セクターを理解する能力やセクターを横断してネットワークを構築できるコミュニケーション能力であることが明らかになった。

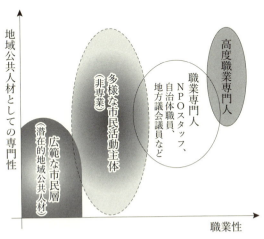

土山希美枝・村田和代（2011: 15）
図1　地域公共人材の分布

2.2 〈つなぎ・ひきだす〉コミュニケーション能力

　LORC が自治体職員研修として 2005 年度から実施している「市民協働研修」は、セクターを超えたパートナーシップによる協働を主導できる地域公共人材育成のための第一歩として、まずは他セクターで地域政策を担う人々と出会い率直に議論することを目標としている（詳細は、土山 2008）。研修は概ね連続した 2 ～ 3 日間の日程で、協働の必要性や重要性についての講義と、さまざまなセクターに属す市民を交えた話し合い（ファシリテーターを伴ったワークショップ）からなる。この市民協働研修参加者のアンケートや、研修実施関係者のコメントは次の 3 つに集約することができる。

1. 活発な意見交換をするためには、参加者の間で場や空間(1つのテーブル)を共有することが重要である。
2. 率直な意見交換には、参加者間に心地よい人間関係が生まれることが重要である。
3. グループディスカッションの成否を決める要因として、ファシリテーターの役割は重要である。

　ファシリテーターとは、議論に対して中立的な立場で議論を進行しながら参加者から意見を引き出し、合意形成に向けて提案をまとめる調整役で、近年社会活動や地域住民活動においてその役割が注目されている。(村田 2013, 2014)。

　上記コメントや感想から、ファシリテーターの存在が話し合いに効果をもたらしたことがわかる。さらに、円滑な話し合いの進行には参加者間の対人関係の構築がかかわっているのではないかと想定することができる。

　市民協働研修の実施や、自治体職員研修についてのアンケート調査(土山 2005)を通して、地域公共人材には、話し合いをスムーズに進めることができるファシリテート能力が必要であるという結論に達した。しかしながら、ファシリテート能力とは何かという点においては、経験則からイメージはつかめるものの、具体化、可視化できない状態にあった。

　筆者は、2008年度よりLORC研究メンバーとして協働研修に同行してフィールドワークを行った。これと並行して、まちづくりをめぐるセクターを超えたひとびとによる話し合いの録画・録音データを、ファシリテーターの言語行動に着目し、言語の対人関係機能面(ポライトネス)からの分析を行い、次のような結果を得た(詳細は、村田 2009, 土山・村田 2011, 村田 2013)。

1. 話し手(司会進行役)として、ファシリテーターは、参加者全員に視線を配り発言権を公平に配分している。また各発言者の発言のあとには、お礼の言葉や肯定的コメントで応答している。参加者一人一

人を意識した言語的ふるまいは、平等な議論の推進に役立っていると言える。

2. ファシリテーターは、聞き手として、相づち詞、共感や同意、繰り返し、肯定的コメント等の発言を積極的に聞いていることを表明する言語的なふるまいを効果的に使用している。
3. 1、2のような言語行動は、発言者に肯定的に働き各参加者の発言を促進していると考えられる。初対面同士のグループ内で、まずファシリテーターと各参加者間のラポール（共感を伴った心理的なつながり）が構築され、それが参加者同士のラポール構築を生み出すことにつながっている。ファシリテーターの積極的な働きかけは、話し合いの場の緊張感を緩和させるばかりでなく、参加者間に心理的共感を伴ったつながりを生み出し、心地よい場の構築に有効に機能している。

分析を通して、上記以外にも、話し合いを効果的に進めるための言語的ふるまい（トピックが変わるときには明示的に示す、頻繁に話し合いの進捗状況のまとめをする等）が多用されていることがわかった。上記考察結果より、一般的には進行役と位置づけられていたファシリテーターであるが、同時に別の役割を担っていることがわかる。つまり、初対面同士の参加者の緊張を和らげ、参加者間の対人関係構築を率先するという役割である。

以上のような社会言語学からの考察結果を受けて、LORC研究メンバー間でさらに議論を重ね、地域公共人材には、対話や議論を通して立場や価値観が多様なひとびとを「つなぎ」、理解や共感を「ひきだす」コミュニケーション能力が必要であるという結論に至った。〈つなぎ・ひきだす〉コミュニケーション能力とは、単に話し合って結論を導き出すのではなく、対話や議論を通して参加者間にラポールを構築し、立場を超えて協力して政策的課題を達成する能力である。

そこで、LORCの研究成果を取り入れた「対話と議論で〈つなぎ・ひきだす〉ファシリテート能力育成プログラム」を開発した。次節でこのプログ

ラムについて紹介する。

3. 対話と議論で〈つなぎ・ひきだす〉ファシリテート能力育成プログラム[2]

本節では、〈つなぎ・ひきだす〉ファシリテート能力育成プログラムの概要を紹介した後、プログラムの展開や課題について述べる。

3.1 概要

本プログラムは、基本的には2日間のワークショップと数週間後のふりかえり講義(3時間程度)からなる。まず、参加・協働型社会を実現するためのセクターを超えた対話や議論、連携の重要性とワークショップやファシリテーションの基本的概念についての講義の後、ファシリテーションの実施と観察を通して、話し合いのプロセスやファシリテーションのスキルを学ぶ。獲得目標として、以下の4つを挙げている。

1. 対話・議論、それを通じて〈つなぎ・ひきだす〉能力の機能、重要性を理解する。
2. セクターを超えて対話・議論を支援するファシリテートを実践し、〈つなぎ・ひきだす〉経験を習得する。
3. 話し合いに過程があることを理解し、現在がどの段階にあるかを意識することができる。
4. 対話・議論の能力の理念とスキルの基礎を習得する。

2日間のワークショップの流れは表1のようにまとめられる。

ワークショップは、1グループが5～6名程度からなるグループを編成して進める。午前中の講義に続いて、午後は、「話し合いの実施・観察→ふりかえり(評価)」という活動を行う。たとえば、4グループ(A, B, C, D)で編成された場合は、2グループ(A, B)が話し合いを実施し、残りの2グループ

表1 対話と議論で〈つなぎ・ひきだす〉ファシリテート研修の流れ

	時間	内容	ねらい
1日目	午前	オリエンテーションと講義 ① 〈つなぎ・ひきだす〉まちづくり（セクターを超えての協働について） ② ファシリテーターやワークショップについて	● 他セクターとの連携や協力の必要性について理解する。 ● 〈つなぎ・ひきだす〉ファシリテーションを習得するための基礎的知識となるファシリテーターやワークショップについて学ぶ。
	午後	ファシリテーターによる話し合いの実施と観察⇒シート記入⇒ふりかえりの話し合い	● 話し合いを実施する立場、話し合いを観察する立場の両方の経験を通して、ファシリテーターのふるまいや話し合いのプロセスを確認する。 ● 話し合いのふりかえりを通して、効果的な進め方について検証する。
2日目	午前 午後 前半	ロールプレイによるファシリテート実践 自己評価、他者評価（ピアレビュー）	● 参加者全員がファシリテーター役を体験する。 ● 自己評価、他者評価を通して、ファシリテーションの方法、役割を確認する。
	午後 後半	2日間の学びのふりかえりと確認	● 各グループでのディスカション、発表を通して、2日間の学びを確認。

が話し合いを観察する（CがA、DがBを観察）。ここでは、実際にまちづくりの現場で活躍されているプロのファシリテーターの進行による話し合いを実施（観察）し、ファシリテーターのふるまいによって話し合いの場が和み、意見交換が次第に活発になっていくプロセスを体感してもらう。

1時間程度の話し合いの後は、実施グループと観察グループ合同でファシリテーターの進行によるふりかえりの話し合いを行う。模造紙に時間軸を書いて、気付いた点を付箋に書いたものを時間軸に沿って貼り、それを確認しながらふりかえるというものである（図2）。

1セットが終わったら、今度は実施・観察の立場をかえて、同じセットを行って1日目が終了となる。

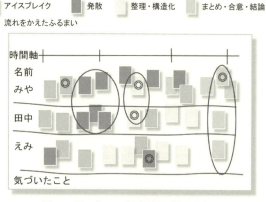

図2 話し合いの観察結果(模造紙)

話し合いの実施・観察　　　　　ふりかえりの話し合い

　2日目は、グループのメンバー全員がファシリテーターを体験できるように、1時間程度の話し合いを繰り返し実施する。それぞれの話し合いの後には、ファシリテーター役は自分の評価を、他のメンバーはその話し合いのファシリテーターについての評価を記入して、それをファシリテーター役のメンバーに渡すというピア・レビュー形式で進める。
　ロールプレイの話し合いの後は、2日間の学びをふりかえる。各グループでふりかえりの話し合いをしたあと、各グループからの発表とファシリテーター及び講師からのコメントで2日間のワークショップを終了する。
　数週間後のふりかえり講義では、参加者の仕事や日常の活動にワークショップの学びをどのように生かせるかを考えるワークを行う。最後に、ファシリテーターのふるまいに見られる共通の特徴や、話し合いのプロセス

についての講義を行う。ワークショップを通して、参加者は断片的にはファシリテーターのふるまいの特徴について習得しているが、まとめの講義では、社会言語学的視点からのファシリテーターのふるまいの特徴を体系化して提示する。話し合い談話の分析結果を踏まえながら、①情報の授受が優先される議論の場においても言語の対人関係機能面が重要な役割を担うこと、②セクターを超えたパートナーシップを進めるためのラポール構築の重要性、③どのような言語的ふるまいが対人関係構築に関わるのかといった点を講義のポイントとして取り入れている。

　本プログラムの特徴は、次の3点にまとめられる。1点目は、フィッシュボール形式やピア・レビューを取り入れている点である。フィッシュボールとは金魚鉢のことで、ある活動を観察する方法のことを言う。この方法により、話し合いを客観的に見ることができる。さらに、ロールプレイでも他者の観察・評価を取り入れることで、自分自身のふるまいを客観視することができるような設計にした。2点目は、話し合いの内容ではなく、話し合いの構造や流れといった話し合いのメタ的な側面に着目させる設計にした点である。プログラムで実施する話し合いのテーマは、参加者が話し合いの内容に集中しすぎない程度の意見集約タイプのテーマを選定した。また、ふりかえりでは、相互行為の社会言語学(interactional sociolinguistics) (Gumperz 1982)の視点からの分析方法をとりいれ、時間軸に沿って「何が起こっていたのか」を話し合い実施者と観察者双方の意識を確認するという活動とした。3点目は、プログラム受講生が、〈つなぎ・ひきだす〉理念と技法を、コミュニケーションの多様な場で発揮できるような設計にした点である。プログラムの目標は、ワークショップという限定された場のファシリテーター育成ではなく、ひとびとがつながり、意見やアイディアがひきだしやすいコミュニケーションの場作りができるような能力を身につけることである点を強調した。したがって、ふりかえりのワークでは、ワークショップで学んだ〈つなぎ・ひきだす〉理念と技法は、参加者の活動や日常生活のどのような場面で活用できるかについて考えさせる設計とした。

3.2 展開と課題

　開発したプログラムは、自治体職員研修（2009年度より継続）、大学院向け科目（2009年度より継続）、教員免許更新講習（2011年度より継続）として展開している。また、産官学民の連携による京都発職能資格である「地域公共政策士」[3]のプログラム科目（〈つなぎ・ひきだす〉対話・議論能力プログラム）としても展開を始めた（2011年度より継続）。さらに、本プログラムを地域のコミュニティ形成に役立てることができないかを模索しながら実装化を目指す試みも始めている（村田・井関 2014）。

　プログラムは概ね参加者から好評で、職場で市民との対応がしやすくなった、職場の会議や打ち合わせに応用している等のコメントもいただいている。また、大学院授業で本プログラムを受講した後に、まちづくりの現場でファシリテーターとして活躍する修了生もあり、本プログラムは人材育成に役立っていると言えるだろう。

　一方、プログラム実施と並行して行っているアクション・リサーチを通して課題も明らかになった。1点目は、ファシリテーターの表面的なスキルに注目が集まった点である。プログラム参加者からしばしば「沈黙は何秒くらいが妥当か」「どれくらいの頻度で相づちを打てばいいのか」といった質問を受ける。そこで、ふるまいの背後にある、つなごう、ひきだそうとする態度（マインド）の重要性ついても、意識的に講義やコメントに取り入れるようになった。

　もう1点が、話し合い参加者としての「パーティシパント・シップ」（participant-ship：誠実に積極的に参加する態度）の必要性である。立場を超えて協力して課題を解決したり政策を立案したりするためには、価値観、利害関係、（当該課題についての）知識量を超えて、多様なひとびとを平等に〈つなぎ〉、意見や理解、共感を〈ひきだす〉ことができるような話し合いが必要である。しかし、ファシリテーターだけががんばっても〈つなぎ・ひきだす〉話し合いにはならない。たとえば、ひとりだけが話し続けたり、他の人の意見を聞かなかったり、といったふるまいが続けば、話し合いを続けることすら難しくなってしまう。実際に話し合いを行うのはファシリテーターで

はなく参加者であり、話し合いの進行や合意形成において、「パーティシパント・シップ」が重要な役割を担うのである。したがって、ファシリテーター能力の基礎力として、まずは参加者としての話し合い能力育成が必要であることが明らかになったのである。

4. 話し合い能力育成プログラム

前節の〈つなぎ・ひきだす〉ファシリテート能力育成プログラムの実施を通してみえてきた課題を受けて、話し合いの参加者に焦点を置いた教育プログラムを開発することになった。本節ではこのプログラムの開発・実施の取り組みについて報告する。

4.1 概要

筆者が所属する龍谷大学政策学部は、地域公共人材の育成を目指し、教育目標の1つとして「他者と協力して課題の達成ができるコミュニケーション能力(話し合いの能力)を育成すること」を掲げている。そこで学部生向け基礎科目として話し合い参加者に焦点を置いた教育プログラムの開発・実施を、政策学部教員の共同研究で行った[4]。前節で紹介したプログラム(院生向け科目として展開)のベースラインを取り入れながらも、学部生向けプログラムであることを意識して開発した。本プログラムは、学部2年生前期(3セメスター)に全員が履修する「コミュニケーション・ワークショップ演習」で実施した。

講義概要は以下のとおりである。

> **講義概要**
> 基礎編(1回目〜6回目)では、コミュニケーションをめぐるトピックについてのグループでの話し合いの実施と観察を通して、話し合いの参加者として必要なマナーやルールを身につける。応用編(7回目〜15回目)では、基礎編で身に付けたルールやマナーを踏まえて、グループで協力して与えられた課題を達成する[5]。

本節では紙面の制約上、基礎編に絞って紹介する。基礎編の特徴は以下の通

りである(〈つなぎ・ひきだす〉ファシリテート能力育成プログラムの特徴を継承した部分は〈つなぎ・ひきだす〉と示している)。

1. コミュニケーションをめぐるテーマについて様々な種類の話し合いを体験し、話し合いの多様性を実感させる設計とした。
2. 話し合いのプロセスに着目できるようフィッシュボール形式を取り入れ、オリジナル・シートへの記入を通して話し合いの実施・観察→ふりかえり(評価)といった活動を取り入れた。〈つなぎ・ひきだす〉
3. コミュニケーションは相互活動であるという立場にたち(Holmes, Marra, and Vine 2011)、話すことだけでなく聞くことに注目させる設計とした。
4. 話し合い談話についての先行研究(村田 2009 ほか)に基づき、話し合いの場作り(参加者間のラポール構築)の重要性に着目できるよう、条件を変えた話し合い(場を和げるアイスブレイクの有無、司会やタイムキーパーの準備の有無等)を体験させた。
5. 話し合いの中身に注目するのではなく、話し合いのプロセスやフレームワークについての学びを取り入れ、メタ的情報に着目させた。〈つなぎ・ひきだす〉
6. ふりかえりの話し合いはファシリテーターが支援した[6]。〈つなぎ・ひきだす〉
7. 全学生にオリジナルの学習ポートフォリオを持たせて、学びの記録とした。

基礎編の内容は以下の表の通りである。

表2 基礎編の内容

	授業の概要	授業のポイント	授業の進め方
1.	全体講義	授業の趣旨、概要説明	
2.	話し合いの実施と観察→ふりかえり（1回目） テーマ：人の話を聞く上で大切なことを（上位）3つあげる	●30分間の話し合い（与えるのはテーマのみ） ●話し合いを観察することで話し合いを客観的に見る。 ●ふりかえりでは話し合いのプロセスに着目する。	①グループ分け（教員）　10分 ②話し合い　30分 ③ふりかえりシート記入　15分 ④ふりかえり（教育補助員）　25分〜30分 ⑤まとめ（教員）　5〜10分（まとめでは、話し合い自体について＋話し合いのテーマ（中身）についての両方に触れる）
3.	話し合いの実施と観察→ふりかえり（2回目）（前回の実施者は観察者、観察者は実施者へ） テーマ：人に伝える上で大切なことを（上位）3つあげる	●前回と条件を変えた30分の話し合い（先に司会者を決める、ベースルールを提示、自己紹介等のアイスブレイクを入れてもらう）。 ●ふりかえりでは、前回の話し合いと比較する。	①イントロダクション（教員）　10分 ②話し合い　30分 ③ふりかえりシート記入　15分 ④ふりかえり（教育補助員）　25分〜30分 ⑤まとめ（教員）　5〜10分（まとめでは、話し合い自体について前回との比較＋話し合いのテーマ（中身）についての両方に触れる）
4.	ワークショップ形式（KJ法）[7]を体験→これまでの話し合いと比較する テーマ：自由	●教育補助員や教員がファシリテーターとなってKJ法を用いた話し合いを体験する。（3グループで） ●ふりかえりでは、これまでの話し合いと比較する。	①イントロダクション（教員）　5分 ②話し合い　50分〜60分 ③ふりかえりシート記入　10分 ④ふりかえり＋まとめ（教員）　10分程度（まとめでは、話し合い自体について前回との比較＋話し合いのテーマ（中身）についての両方に触れる）
5.	自分たちで話し合う テーマ：話し合いに大切なことを（上位）3つあげる	●4つのグループで話し合いをする。（話し合いの形式は自由） ●話し合いの結果を各グループ発表する。	①イントロダクション（教員）　5分 ②話し合い　60分 ③各グループからの発表　15分 ④4回分の話し合い授業のまとめ（教員）　10分
6.	全体講義	前半のまとめと後半に向けてのイントロダクション	

表3 話し合い観察シート(学習ポートフォリオより抜粋)

時間	話し合いや参加者について気がついたこと
13：20	笑いが出て、場の雰囲気が和んだ
13：22	Y君ばかりが意見を言っている。

> 気づいたこと(それがおこった時間)を書いてください。

表4 ふりかえりシート(学習ポートフォリオより抜粋)

話し合いについての評価 話し合いの過程や様子について点数をつけて、それぞれの項目についてよかった点や改善点等、感じたことを書いてください	10点満点
1. 話しやすい和やかな雰囲気だった【話し合いの場の構築】	
2. 発言者に偏りがなく、みんなが発言していた【平等な話し合い】	
3. 全員が話し合いに参加しようという態度で臨み、人の発言をしっかり聞いていた。【誠実な参加態度】	
4. 別の話題に脱線しすぎず、話し合いの流れが調整(マネージメント)されていた。【話し合いの管理】	
5. それぞれの意見の積み上げにより、納得のいく結論が形成されていた。【コンセンサス】	
6. 静まりすぎることなく話し合いは活発に展開していた。【話し合いの活発さ】	
話し合いについて その他コメント	

4.2 効果についての一考察

受講生の言語的ふるまいの変化を考察するために、1クラス4グループ(A, B, C, D)の話し合い実践の様子を録画し比較した。

表5　収録データ一覧

1回目実践	2回目実践	まとめの話し合い(5回目授業時)
Aグループ	Cグループ	Bグループ
Dグループ	Aグループ	Cグループ

　1回目の実践では、受講生たちの固くぎこちない様子がみてとれる。これを顕著に表しているのが、緊張緩和の笑い(Murata 2009)と突然起こる会話のとぎれ(沈黙)である。緊張緩和の笑いとは、ユーモアを伴わない突然の笑いのことを言う。1回目の実践、とりわけ話し合いの最初の方で、緊張緩和の笑いが頻繁に起こっている。沈黙については、1回目、2回目、5回目のいずれの話し合いにおいても、沈黙が起こる理由(たとえば、参加者が考えている、付箋に意見を書いている等)が明確な状況で多数みられた。一方、話し合い実践1回目では、特に理由もなく突然会話がとぎれて起こる沈黙が多くみられた。さらに、着目すべきは、1分以上の長い沈黙がA・Cグループともに2回起こっていた点である。

　合意形成の場面を考察しよう。1回目の実践でみられた特徴として、各グループでひとりが突出して話し、合意形成はごく少人数で行われるという点があげられる。(1)はAグループの合意形成の場面からである。

(1)
1. K：今出たんが あれやね 人の目を見て聞くやんな［メモをとる］ あ
　　と 相づちを打つ/いうのも大切や\と思う うん
2. J：/あぁ\
(5.0)
3. K：あと なんやろ
4. J：えー
5. K：やばい3つは出さんとあかんしな どうしよう
(2.0)
6. J：めりはり … 場面場面での態度しっかりして/いかないと\

7. K：/あぁ\　それもええね

[約2分省略]

8. K：私今まで出た中やったら　ほんま　相づちが一番大切やと思うなぁ　うん　ちゃんと聞いとるってむこうにも反応示してくれんと　ちょっと悲しくなるもん　うん　これは必要かなみたいなんは思うなぁ

Aグループでは、Kが終始話し合いを進行し自分自身の感想や意見を多く述べる等、会話の主導権をとっていた。(1)の後最終的にこのグループでは、KとJが双方に意見を出し合って、そこにOが意見を追加し結論を出していた。このような特徴はCグループでもみられた。1回目の実践では、突出して発話量が多い人がいる一方、ほとんど話さない人がいるという点が共通していた。Aグループでは2名が30分間の話し合いでそれぞれ2回の発言、Cグループでは1名が30分間の話し合いで1回の発言しかなかった。

　話し合いの最初に司会者を決め、自己紹介のアイスブレイクを入れるという指示をした2回目の実践では、2グループとも、アイスブレイクの後本題の話し合いに入って2分以内で全員が発言していた。

（2）

1. A：この前もさあ　なんか反応とかやったやんな
2. Y：そんな感じやと　じゃあ /3つあげる\ としたらこの3つ [記録係の手元の記録を指さす。メンバー全員が注目]
3. K：/この3つ\ [記録係の手元の記録を指さす]

[笑いが起こる]

4. Y：この3つってこと
5. N：[笑いながら] ほんまほんま
6. Y：もうそうしようそうしよう
7. T：もう終わったやん

[笑いが起こる]

8. A：もう終わってしまう　終わってしまう
9. Y：雰囲気があって　態度があって　手段

(2)にみられるように、1回目とは異なり、オーバーラップを伴いながら、各メンバーが発言し、話し合いの場が和み笑いも連続して起こっていた。2回目の実践での合意形成はどのように行われていたのだろうか。

(3)
1. N：ラストどうする？
2. W：話し/方？\
3. N：/話し\方の方が
4. F：あ、話し方にする？　じゃあ
5. B：そうやな
6. C：その方がわかりやすいな
7. T：うん

(3)でみられるように、1回目の実践とは異なり、参加者全員で合意を確認している。さらに、5回目の話し合い実践になると、参加者全員で立ち上がって机の上の模造紙を囲んで意見を書いた付箋を貼りながら話し合ったり、ホワイトボード代わりに模造紙を壁に貼り、全員がそれを囲んで意見を書きあうといった様子がみられた。

　このような参加者のふるまいの変化は、議論の活発さ、意見の多様さ、意見の積み上げといった話し合いの指標(森本・大塚2012)の向上を意味し、本プログラムは一定の効果をあげたと言えるだろう。
　続いて、受講生のコメントや感想、アンケート結果を通してみられる受講生の意識の変化については、以下のようにまとめることができる。

1. プログラム開始時、話し合いで大切なのは、「自分の意見を述べること」「説得すること」という意見が多かったが、プログラム終了

時には、「自分の意見を伝えることと同様に大切なことは相手の意見を聞くこと」という意見が増え、コミュニケーションを双方向でとらえるようになった。
2. 話し合うことの重要性に気付いた(異なる価値観を知ることができる、新しいアイディアが生まれる等)。
3. 話し合う際の役割分担(司会者、タイムキーパー、書記)の重要性に気付いた。
4. 話し合いのルールを共有することの重要性に気付いた。
5. 話し合いの場作りによって、話し合いが活性化することがわかった。
6. コミュニケーション能力育成(話し合い能力の育成)への意欲や関心が高まった。

　上記より、プログラムの特徴が受講生の気付きに反映されたことは明らかで一定の効果があったと言える。また、本プログラムの目標として、「いい話し合いとは何か」について考えることを掲げているが、正しい答えを教員が与えるという規範的アプローチではなく、受講生たちが自ら考える帰納的アプローチをとった。プログラムの中で受講生全員に「話し合いに必要な条件とは何か」という問いを投げかけるが、3つのカテゴリー(話し合いの場の雰囲気、相手を尊重する、積極的に話し合いに参加する)に答えが集中する傾向にある。このことからも、プログラムに取り入れた視点やねらいは受講生に一定程度獲得されていると言えるだろう。

5. 今後にむけて

　共生の社会の実現にむけては、多様な価値観や背景を持ったひとびとによる話し合いが必須である。それは、意見を戦わせて勝ち負けを決めるディベートや討論ではなく、異なる意見をすりあわせて、お互いが納得できる着地点をみつけるといった対話と議論両方のエッセンスをもった話し合いであ

る(村田 2014)。初等・中等教育において、グループ学習等を通して話し合いの経験を積むことは多いが、本章で紹介したプログラムのように話し合いのプロセスやフレームワークといったメタ的知識を習得する授業が積極的に取り入れられているとは言い難い。今後、様々な社会文脈において、ますます話し合いが求められる状況下で、話し合い能力育成は市民教育(citizenship education)としても必要となってくるのではないだろうか。

　話し合いをめぐる研究は、これまで、たとえば、土木計画学、社会学、都市計画、防災学といった分野で、それぞれ個別に研究が進められてきた。しかし、今後は、話し合いを取り入れた協働プラットフォームの設計、話し合いの環境や仕組みの解明、コミュニケーションデザイン、話し合い能力育成等を総合するような学問領域を超えた「話し合い学」の構築が求められるだろう。本章で紹介した取り組みが「話し合い学」構築にむけた歩みとなれば幸甚である。

　社会を担っていくのは「人」である。参加・協働型地域社会を担う人材には、人と人をつなぐことができるコミュニケーション能力が必要であると考える。コミュニケーション研究が、地域公共人材育成や共生の社会形成の一助となることを願いながらこれからも研究を進めていきたい。

データ文字化記号

…/…\…	重なりを表す
［文字］	パラ言語的特徴
［文字］	会話を理解するのに必要な説明・コメント
(x.0)	x 秒の沈黙

注

(1) 龍谷大学地域公共人材・政策開発リサーチセンター(Research Center for the Local Public Human Resources and Policy Development：LORC)は、文部科学省私立大学学術研究高度化推進事業オープンリサーチセンター整備事業(2003〜2007年度)、文部科学省私立大学戦略的研究基盤整備形成支援事業(2008〜2010年度)、

文部科学省私立大学戦略的研究基盤形成支援事業(2011 〜 2013 年度、2014 〜 2018 年度)の助成を受けている。
(2) プログラムの開発・実施は、LORC メンバーの土山希美枝氏、深尾昌峰氏、きょうと NPO センターの野池雅人氏はじめファシリテーターの皆様との連携・協働によるものです。ここに記して深く感謝いたします。なお、本プログラムの詳細については、土山・村田・深尾 (2011)参照。
(3) 地域公共政策士については、一般財団法人地域公共人材開発機構ウェブサイト参照。http://www.colpu.org/20110401seisakushi/index.html
(4) 本教育プログラムの開発・実施は、龍谷大学の教育活動の実践に対する支援事業である龍谷 GP (Ryukoku Good Practice)「地域公共人材に必要な〈つなぎ・ひきだす〉コミュニケーション能力育成プログラムの開発・実施〜チーム政策でつくる『コミュニケーション・ワークショップ演習』〜」(2011 〜 2012 年度)の助成を得て行われたプロジェクトである。共同研究者である龍谷大学政策学部の只友景士氏、中森孝文氏、松岡信哉氏をはじめ、関係者の皆様に深く感謝いたします。詳しくは http://www.ryukoku.ac.jp/about/pr/publications/74/08/index.html を参照。
(5) 本授業の応用編では課題解決能力育成を目指す PBL (Project Based Learning)型授業を行った。基礎編で学んだ話し合いのスキルや話し合いに臨むべく態度をもって、グループで話し合いながら課題解決を行わせた。たとえば、「働く」といった抽象的なテーマを与えて、グループで話し合いを通して 2 分間のムービー作品を制作させた。
(6) 教育補助員の上級生がファシリテーターとなってふりかえりの話し合いを支援した。
(7) 話し合いの参加者が付箋に自分の考えを書き出し、意見を提示する。この作業を通して意見をカテゴリー化して集約するのが KJ 法である(川喜田 1967)。

参考文献

Gumperz, John J. (1982) *Discourse Strategies.* Cambridge: Cambridge University Press. (井上逸平他訳(2004)『認知と相互行為の社会言語学—ディスコース・ストラテジー』松柏社.)
平田オリザ(2012)『わかりあえないことから—コミュニケーション能力とは何か』講談社.
Holmes, Janet, Meredith Marra, and Bernadette Vine. (2011) *Leadership, Ethnicity, and Discourse.* Oxford: Oxford University Press.
加藤哲夫(2002)『市民の日本語—NPO の可能性とコミュニケーション』ひつじ書房.
川喜田二郎(1967)『発想法』中公新書.

森本郁代・大塚裕子(編)(2012)『自律型対話プログラムの開発と実践』ナカニシヤ出版.
村田和代(2009)「協働型ディスカッションにおけるファシリテーターの役割―言語の対人関係機能面からの考察」『社会言語科学会第23回大会発表論文集』pp.52-55. 社会言語科学会.
Murata, Kazuyo. (2009) Laughter for defusing tension: examples from business meetings in Japanese and in English. In Hiromitsu Hattori et al. (eds) *New Frontiers in Artificial Intelligence*, pp.294-305. Heidelberg: Springer.
村田和代(2013)「まちづくり系ワークショップ・ファシリテーターに見られる言語的ふるまいの特徴とその効果―ビジネスミーティング司会者との比較を通して」『社会言語科学』16(1): pp.49-64. 社会言語科学会.
村田和代(2014)「まちづくりへの市民参加と話し合い」『日本語学』33(11): pp.32-43. 明治書院.
Murata, Kazuyo. (2015) *Relational Practice in Meeting Discourse in New Zealand and Japan*. Tokyo: Hituzi Shobo.
村田和代・井関崇博(2014)「〈みんなではじめる〉ためのコミュニケーション・デザイン―〈つなぎ・ひきだす〉からの展開」 白石克孝・石田徹(編)『人口減少時代における持続可能な地域実現と大学の役割』pp.167-185. 日本評論社.
中野民夫(2001)『ワークショップ―新しい学びと創造の場』岩波書店.
大塚裕子・森本郁代(編)(2011)『話し合いトレーニング―伝える力・聴く力・問う力を育てる自律型対話入門』ナカニシヤ出版.
白石克孝(編)(2004)『分権社会の到来と新フレームワーク』日本評論社.
白石克孝・新川達郎(編)(2008)『参加と協働の地域公共政策開発システム』日本評論社.
白石克孝・新川達郎・斎藤文彦(編)(2011)『持続可能な地域実現と地域公共人材―日本における新しい地平』日本評論社.
土山希美枝(2005)『地域人材を育てる自治体研修改革』公人の友社.
土山希美枝(2008)『市民と自治体の協働研修ハンドブック―地域が元気になるパートナーシップのために』公人の友社.
土山希美枝・村田和代(2011)「第2章 地域公共人材の育成」白石克孝・新川達郎・斎藤文彦(編)『持続可能な地域実現と地域公共人材―日本における新しい地平』pp.14-49. 日本評論社
土山希美枝・村田和代・深尾昌峰(2011)『対話と議論で〈つなぎ・ひきだす〉ファシリテート育成ハンドブック』公人の友社.

第 2 部

さまざまな分野の研究者からの報告

医療現場におけるコミュニケーションの課題とコミュニケーション研究者に求めること

高山智子

要約

　本章では、医療の中で求められているコミュニケーション研究について概観する。その多くは、医療をより良くしようという方向性をもったものである。つまり、コミュニケーションが目的変数ではなく、媒体変数として、現場の問題解決をする役割を果たすための研究が求められている。そして、コミュニケーションの問題の背景についても共有、考察し、現場の人と共に解決策を見いだすことも、その目的として求められている。それぞれのコミュニケーションの専門家の立場から、発想を膨らませて具体的に考えていく材料として、筆者が行ってきた医療現場のコミュニケーションに関する研究を紹介する。

1. はじめに

　医療現場、とりわけ、医師と患者のコミュニケーションは、医療現場における大きなトピックとして扱われる。病院を受診した家族から、あるいは友人から、「今日、先生に、○○と言われた…」といったことを聞くことは、少なからず多くの人が経験していることだろう。医療現場の中で行われた、その人にとって印象深い話や内容がそのまま他者に伝えられたり、また伝えられずにその人の中で支えになったり、逆に心に傷を残したりということも起こりうる。そうした医療現場におけるコミュニケーションの中でも、がんと言われたとき、あるいはがんの治療や療養生活の中での医師と患者のコミュニケーションは、実際の医療現場においても非常に重要なものとして取りあげられることが多く、また多くの研究が行われている領域でもある。

　その背景の大きな理由の1つに、さまざまな疾患の中でもがんと言われたときのインパクトが大きく、またがんと診断されたことで、多くの人が死

をイメージする脅威的な疾患であることがあげられる。また、がんの治療は長期の療養とフォローアップを必要とし、患者の不確実な治療と死への恐怖や再発への不安という心理的な苦痛は、長期に渡って続く。近年のがん治療の進歩は、外科的療法（いわゆる手術）、薬物療法、放射線治療などさまざまな治療法の組み合わせで行われる。一口にがんといってもがんができた部位、組織型や進行度などにより数百種類にも分類される。また現時点に於いて最もエビデンスの確立された最良と考えられている治療法が診療ガイドライン[1]という形で示されるようになっているものの、その患者さんの状態はもとより、その人がどう生きたいのかなどの価値観によってもどう治療を行うのか、療養生活を送るのか、そしてそれを医療関係者やまわりの家族などがどう支えるかも変わってくる。こうして考えると、まさに医療の知識や情報と患者の思い、願いなどの医師と患者の間、そしてそれだけでなく、患者と家族の間、チーム医療の中で行われる医療者間のコミュニケーションなど、実にさまざまな関係者の間のコミュニケーションがそれぞれに重要であり、また課題も多く見いだされている。

　またがん治療の進歩により、従来は入院で行われていた抗がん剤による治療が、通院によって行われるなど、医療者と患者のコミュニケーションや患者の対応が、短時間の外来診療の中で行われるようになってきた。さらに医療費削減のために在院日数の短縮がはかられるなど、医療の現場で行われるコミュニケーションは、医療制度の枠組みの中で大きな影響を受ける。こうした背景により、さらに多忙かつ複雑化する医療現場で起きやすくなる医療過誤や医療事故の問題も、多くがコミュニケーションの問題から派生し、生命に致命的な影響を及ぼしうるということでは、医療現場において当事者となりうるすべての人が、そこでやりとりされているさまざまなレベルや領域のコミュニケーションの改善を望んでいるということでは共通の目的があると言えるものである。

2. 医療現場のコミュニケーションに関する研究から見えてくるさらなる課題

　ここで、医療におけるコミュニケーションのすべてを語ることはできない。それぞれのコミュニケーションの専門家の立場から、より発想を膨らませてもらえるよう、ここでは筆者が行ってきた医療現場のコミュニケーションに関する研究を紹介しながら、具体的にどのようなことがコミュニケーション研究に求められているのかについて考えていくための材料にしていただければと考えている。

　1つ目は、そもそも医師と患者のコミュニケーションは重要だといわれるが、本当に医師のコミュニケーションは、患者に影響を与えるものなのか、医師のコミュニケーション時の態度が、患者に影響を与えるかについて検証を行った研究である(Takayama et al. 2001)。そして2つ目は、限られた時間の中で行われる外来診療場面の医師と患者のコミュニケーションについて、どのような場合に患者にとって話ができたと感じられる効果的なコミュニケーションになるのか、コミュニケーションの参加度に対する患者の感覚と量的に把握したコミュニケーション行動との関連について検討した研究である(Takayama and Yamazaki 2004)。3つ目は、がんの電話相談に寄せられた相談者からの質問や疑問はどのようなものなのか、既存情報(診療ガイドライン)によりどの程度対応可能でまた可能でないのか、今後の医療体制整備への課題について探索的に行った研究である(高山他 2009)。

2.1　医師のコミュニケーションは患者に影響を与えるのか

　医師患者間のコミュニケーションのあり方の重要性は、近年広く認識されるようになり、多くの研究が行われるようになってきた。しかし、医師の患者とのコミュニケーション時の態度と患者の予後(health outcome)との関連について検討した研究は少なく、これら2つの関連をみた研究も、測定が一時点で、医師の態度と患者の予後との関連を捉えるには至っていない。さらに、従来行われた研究はすべて欧米のものであり、日本で、医師のコミュ

ニケーション時の態度を測定、評価するには、日本の文化的背景を考慮した評価スケールの開発が必要である。

そこで、本章では、(1)とくに医師の態度が重要とされる、がんの診療場面に焦点を当て、日本の医療現場にあった、医師のコミュニケーション時の態度を評価するためのスケールを作成すること、(2)医師のコミュニケーション時の態度と患者の精神的健康(不安)との関連を検討することを目的とした。

がん専門病院に1997年9月〜11月の調査期間中に来院した、初診を除く、外来がん患者200名を対象に調査を実施した。対象医師は13名(内科8名、外科5名)であった。「医師のコミュニケーションスタイルの評価」スケールの開発にあたっては、医師の手段的な姿勢、対人関係に対する姿勢、協同関係成立のための姿勢、の3側面から成る医師のコミュニケーション時の態度を、「医師のコミュニケーションスタイル」と定義し、患者の評価による「医師のコミュニケーションスタイル」を「医師のコミュニケーションスタイルの評価」とした。

本調査では、待合室で、来院順に調査内容を説明し、同意がとれた患者のみに自記式調査票を用いて、診療前後に調査を行った。調査内容は、属性、来院目的、身体的状態、診療に対する患者の介入度、「医師のコミュニケーションスタイルの評価」、診療に対する満足感、診察回数、主観的診察時間、診察時間に対する満足感、医師・病院に対する信頼感、医師からの情報である。不安状態の測定には、不安になりやすさ(特性不安)とその時の不安状態(状態不安)を測定できる日本版STAIを用いて、変化をみるため、状態不安は、診療の前後で測定した(特性不安は診療前のみ)。なお、患者の再発の有無・病期、現行の治療、がんと診断されてからの期間については担当医より情報を得た。以上の調査は、同施設の倫理委員会の承認を得て実施している。

調査票記入とテープ録音の回収結果は、それぞれ172名(86.0%)、150名(75.0%)であり、有効回答147名(男性49名、女性98名、年齢57.6±11.1歳)を分析対象とした。

対象患者は、消化器がん45名、乳がん74名、肺がん22名、その他のがん6名で、再発または病期Ⅳは65名（44.2％）、現行の治療ありは71名（48.3％）であった。また、がんと診断されてからは3.9±4.4年経過していた。

医師の患者に対する姿勢などからなる27項目について、「非常にそうである」から「非常にそうでない」までの5点法で患者に質問した27項目の医師のコミュニケーションスタイルの得点を「医師のコミュニケーションスタイルの評価」スケールの得点とした。総得点は、因子分析により抽出された4因子について因子ごとに得点を標準化して5点満点とし、合計20点の得点として扱った。その結果、「医師のコミュニケーションスタイルの評価」スケールの総得点分布は16.4±2.4点（レンジ：5–20）で、高得点に偏る傾向がみられた。また、スケールの信頼性係数は0.95であった。診療後の状態不安は、診療前に比べて、−5±1.5点（平均±95％信頼区間）の有意な低下がみられた（$p < 0.001$）。診療前後の両方の不安に関連した要因は、再発の有無、身体的状態、特性不安で、「医師のコミュニケーションスタイルの評価」は、診療後の不安だけに関連がみられた。さらに、医師からの情報（検査結果）を加え、診療前の状態不安を共変量として投入した場合にも、「医師のコミュニケーションスタイルの評価」は、診療後の状態不安と関連がみられた。

さらに、再発の有無および検査結果と「医師のコミュニケーションスタイルの評価」の交互作用項を投入してみたところ、検査結果との交互作用項で有意差がみられた。また、再発がある場合でも、検査結果が良くない場合でも、「医師のコミュニケーションスタイルの評価」が高いときに、状態不安が低い傾向がみられた。

「医師のコミュニケーションスタイルの評価」スケールは、いくつかの検討課題を残しているものの、ある程度、信頼性、妥当性が確保されたと考えられる。また、「医師のコミュニケーションスタイルの評価」は、診療後の状態不安にのみ関連がみられ、患者による「医師のコミュニケーションスタイル」の良好さが、患者の状態不安の軽減に寄与していることが示唆された。さらに、この関係は、患者に再発があったり、検査結果が悪いときに

も、存在することが示唆された。

2.2 患者はどのようなコミュニケーションがとれたとき医師と「話ができた」と感じるのか

医師と患者の双方が、十分に診療に参加し(mutual participation)、情報交換をするという効果的なコミュニケーションを行うことは重要である。また複雑なコミュニケーションの過程を理解するためには、複数の方法を組み合わせて、多角的に、患者・医師間の相互作用の過程を描くことが必要である。こうした背景のもと、外来乳がん診療場面における患者・医師間のコミュニケーションの相互参加において患者の評価・認識に重要と考えられる患者の3つの側面、本人(患者)が十分に参加しているか、相手(医師)が十分に参加しているか、相互作用(患者と医師)両者が十分に参加しているか、から検討を行った。これら患者の相互参加における3つの認知的な過程(認知的コミュニケーション)が患者・医師間の相互作用における量的に発話数という単位で把握したコミュニケーション行動と関連するのか、またどのように関連するのかについて明らかにし、診療場面における医師・患者間のコミュニケーションの実態を描くとともに、コミュニケーションの研究方法について示唆を得ることを目的とした。

都内の2つの医療機関の乳がんを担当するすべての医師5名とその医師のもとに来院した、初診を除く外来乳がん患者の86診療場面について分析を行った。医師はすべて男性の外科医で、平均年齢は48.5才(42-60才)であった。

診療の前後で自記式調査票による調査票への記入を依頼し、了解を得て診療中の医師と患者のやりとりを録音した。患者の診療場面の相互参加に関する認知は、3つのレベルの参加に関する感覚、診療中の、患者の「話ができたという感覚(あるトピックについての話ができたかどうか)」、「医師の協働的な態度(医師が患者から話や意見を聞こうとする態度があると感じるか)」および「理解された感覚(医師によって理解されていると感じるか)」について診療後に尋ねた。

録音したコミュニケーション行動のデータの分析には、Roter Interaction Analysis System (RIAS) を使用した。RIAS は、患者または医師のどちらかによって行われる、認識可能な言語的な発話について、排他的な 34 カテゴリーのうちの 1 つに分類する方法である。最も小さな区別可能な会話の部分を「発話」として定義するため、1 つの「発話」が 1 つの言葉や長い文章になることがある。

　また患者の認知的コミュニケーションと量的なコミュニケーション行動との関連を検討する際に、交絡要因となりうる医師、患者、診療の特性、患者の背景因子（年齢、学歴）、患者の身体的、心理的状態、患者が診療前に医師とどのくらい話したいことがあるか、診療時間、検査結果についても分析に加え、患者の認知的コミュニケーションと量的なコミュニケーション行動との関連を検討した。対象となった患者はすべて女性で、平均年齢は、55 才（20–85 才）であった。平均診療時間は、6 分 (1.8–15.1 分) であった。

　検討の結果、患者の 3 つの認知的なコミュニケーションと量的なコミュニケーションとの間に関連がみられ、それぞれの 3 つの認知的なコミュニケーションの側面に関連する要因は異なっていた。

　患者の「話ができたという感覚」は、患者特性（学歴、診療前の話のしたさ）、実際の診療時間や診療中の発話量に関連していた。また、量的なコミュニケーションとの関連では、患者の言語的な傾聴行動として把握したうなずき、確認するための発話などと、医師の医学関連の情報提供とカウンセリングの発話数が患者の話ができたという感覚を予測しているのみだった。その関連は、医師の発話に対して行われる患者が同意や確認などの患者の言語的な傾聴行動が多くなるときには、必ずしも患者が「話ができた」という感覚を生じていないという結果であった。しかし一方で、医師が医学的な情報提供やカウンセリングに関する発話量の多いときには、患者の話ができたという感覚は高まっていた。患者の言語的な傾聴行動が、どのような状況で患者の話ができたという感覚と負に関連するのかについては、前後の文脈も考慮して詳細にみていく必要があると考えられる。

　一方、患者の認知する「医師の協働的な態度」では、患者特性や診療時間

とは関係がみられず、実際に、患者が医師の協働的な態度を感じるかは、医師が患者にどのように働きかけたか（どのくらい患者に話す機会が提供され、参加することができたか）に焦点が当たっているようであった。

さらに、前者2つとは異なり、「患者の理解された感覚」は、患者特性の不安状態と関連がみられ、診療時間や量的なコミュニケーション行動との有意な関連はみられなかった。このことから患者の理解されたという感覚は、量的なコミュニケーション行動には、ほとんど左右されない認知的な側面であると考えられる。また不安状態の違いによって理解されたという感覚が異なることは、医師が患者の情緒面について把握することで、理解されたという感覚が高まる可能性を示しているとも考えられた。

これらの結果から、量的なコミュニケーション行動の指標では捉えきれない要素を多分に含んでいると考えられ、とくに患者の認知と負の関連を示したものや予測と異なる関連を示したコミュニケーション行動については、今後、文脈や言葉の意味を考慮した質的な検討を通して、詳細に検討していく必要があると考えられた。

2.3 相談として語られる相談者の疑問や質問はどのようなものか、また今後の医療の体制整備に生かせるか

平成19年4月にがん対策基本法が施行され、がん医療や情報の均てん化が推し進められている。現在、全国にある約400のがん診療連携拠点病院とそのもとに置かれたがん相談支援センターの整備が進められているところである。がん相談支援センターでは、その病院だけでなく地域のがんに関する相談に応じること、また医師から行われる説明の補完的な役割を果たすとともに、医師と患者の間で行われるコミュニケーションや患者自身の意思決定の支援の場としての役割が期待されている。またこうした役割に適切に応えるために、がん相談支援センターで活用できる情報やツール、そして教育などの支援といった整備も進められている。

本研究では、こうした背景のもと、医療者が気づかない疑問や切り口を含んだ、利用者の視点に立った情報づくりにつなげることができると考えられ

るがん患者や家族から直接寄せられる疑問に焦点を当て、「相談者からの質問・疑問」の抽出を行い、既存情報（診療ガイドライン）との対応状況について検討し、今後整備すべき情報や支援等について明らかにすることを目的とした。

具体的には、情報や支援体制づくりにつながると考えられる"相談者から自発的に出された、疑問、尋ねたいこと、不安や困っていることを含む発言"として「相談者からの質問・疑問（Lay Topics）」を定義した。すなわち、内容と形式の 2 側面から、1)（内容）相談者から自発的に出された、疑問に思っていること、尋ねたいことを含む発言、2)（形式）相談者から自発的に出された、不安に思っていること、困っていることを含む発言である。

相談支援センターと同様に全国のがん相談対応を行っている、NPO 法人により運営されているがんの電話相談窓口の協力を得て、2008 年 7 月～11 月の 2 か月間に寄せられた相談内容のうち、乳がんに関する相談として抽出された 24 事例について、医療・福祉の資格を持つ研究者（4 名）が個別に、個人情報を取り除いた相談対応記録音声データから直接 Lay Topics の抽出を行った。相談事例については、個人情報を除きかつ音声変換した上で連結不可能匿名化データとして入手し、直接録音データを聞くことにより、各研究者が Lay Topics の抽出を行った。また既存情報との照合に際しては、日本乳癌学会編「患者さんのための乳がん診療ガイドライン 2009 年版」を用いて行った。

音声から確認できた相談者の年齢は平均 58.6 才（41–78 才）、相談時間は約 16 分（2–28.5 分）、24 事例中 21 名が本人からの相談であり、20 名が乳がんの診断後の相談であった。相談者 1 人あたりの Lay Topics は平均 6.7 個（range: 1–15 個）、24 事例で合計 160 個の Lay Topics が抽出された。Lay Topics の数が多かったのは、乳がんの診療ガイドラインの掲載内容別に分類すると、手術 15 名（63%）、薬物 12 名（50%）、転院・再発 7 名（29%）で、ガイドラインに掲載されていない「その他」に分類された内容も 8 名（33%）からあった。「その他」に分類された Lay Topics は、たとえば、「患者会に入りたいが、おすすめのところはありますか」「（リンパ浮腫で動くのもまま

ならないのに)介護認定が下がって、外に出るトコトコも取りあげられてしまい、どこにも出られない」「(自分は今47才ですが)死ぬ年齢ですか」「何年生きられるのかなあと思う。まわりの人が亡くなっていくので、次は自分の番なのか」など、エビデンスのある情報として整理がしにくい『患者会』『療法情報』『実存的な悩み・声をどう聴くか』などといったものであった。

さらに、Lay Topicsにあげられた内容について、その内容を詳しくみていくと、明確に担当医について、何らかの言及があったものは13名、担当医に質問すれば、回答得られるかその時点で解決すると考えられたものは3名と、実に全体の16名(67%)にあたる相談者の相談内容が、医師とのやりとりに関わる相談であった。

また相談者別にあげられたLay Topicsを詳しくみていくと(表1)、たとえば4「(広く、浅いがんと言われたが)がんの大きさをどう測るのでしょ

表1　ある相談で寄せられた質問・疑問(50代女性　相談時間：約32分)

1	治療でハーセプチンだけ、っていうのはあるんですか。
2	(近くの先生に代わったところ)ハーセプチンを3週に1回と言われて紹介されて行ったが、そういうのはないと言われた。
3	がんの大きさによって治療法が違うようだが、(先生によって言うことが違うので)誰を信用していいか分からない。
4	(広く、浅いがんと言われたが)がんの大きさをどう測るのでしょう?
5	ハーセプチンだけの治療はありますか。
6	抗がん剤は髪の毛抜けるでしょ?髪の毛が抜けない抗がん剤ってあるんですか。
7	ハーセプチンっていうのは抗がん剤ではないんですか。
8	(腫瘍の大きさが)5mm以下なら、再発はしないんですか。
9	安心のためにハーセプチンをやった方がいいと思って。
10	一部浸潤したってことは転移しているかもしれないんですよね。
11	PETは、一度がんにかかった人は保険が効きますか。
12	(生理食塩水の)バッグをいれるのは保険が効かないんですか。いくらぐらいかかるんですか。
13	ハーセプチンって高いですよね。保険効くんですか。
14	ドクターは病院が違えば考え方も違うんですか。
15	放射線やったりなども大きさによるんですよね。

注)括弧内は、分析者により文脈にしたがって意味を補足した内容を示している。

う？」といった質問は、医師にその場で確認すれば疑問が解決すると考えられる内容であり、またあくまでも相談者の解釈をさらに推察する域を出ないが、このような疑問があげられた背景を考えると、医師ががんの進行度合いを示す病期（ステージ）やリンパ節転移の有無といった説明ではなく、「広く、浅いがん」と、医師がわかりやすく説明しようとしたことで、逆に、患者にとっては自分で自分の状態を調べられない状況や混乱を招く原因になっていることも示唆された。また 2、3、14 の Lay Topics で示されているように、病院を変えたところ医師によって言うことが違ったことで明らかに混乱を示していると考えられ、医療者間での治療や説明のコンセンサスがとれていないことで患者が混乱を来たしていることも示唆された。

　これらの結果から、抽出された Lay Topics については、その多くが診療ガイドラインでカバーされている事例がある一方で対応不能な事例もあることから、こうした相談者から直接あげられた Lay Topics をもとに、ガイドラインを含む、提供していく情報の拡充や改善を図ることで当事者に即した情報づくりに繋げられると考えられた。また相談事例毎には、ひとりの相談者から寄せられる質問／疑問は多岐にわたること、現在医療現場で起きている課題や問題が含まれることからこうした内容を整理していくことで、今後の問題解決の足がかりにも繋げていく可能性があると考えられた。

3. コミュニケーション研究者に求めること

　はじめにでも示したように、医療現場の中では、どう生きるかといったその人の意思決定に関わる個人内のコミュニケーション、患者と医師間や患者と家族間といった個人間のコミュニケーション、チーム医療の場で求められるような小グループのコミュニケーション、診療ガイドライン作りの場などで繰り広げられる多層レベルのコミュニケーション、またがんの情報を広く知ってもらい活用してもらうためなどに用いられるパブリックヘルスに関わるコミュニケーションなど、さまざまなレベルのコミュニケーションが重要であり、また研究も求められている (Kreps 1992, National Cancer Institute

2001)。そしてそれぞれのレベルのコミュニケーション研究には、基礎的なことを解明する段階から、応用し普及する段階といったさまざまな段階がある。当たり前に存在しているからこそ気づかない側面を多く含む複雑なコミュニケーションを理解するには、まさに多様なバックグラウンドの研究者によりさまざまな角度から研究することが求められているといえる。

　加えて医療の中で求められているコミュニケーション研究の多くは、医療をより良くしようという方向性をもったものであるということである。つまり、コミュニケーションが目的変数ではなく、コミュニケーションを媒体変数として、現場の問題解決をするための役割を果たす、そのための研究が求められている。そして、そのためには、コミュニケーションが問題になる場合にも、その問題となっている背景、たとえば、医療制度上の問題や多忙な医療現場の現状などの背景も共有し、現場の人といっしょに考察して、解決策を見いだすことを一緒に行っていける生きた実践に応用できる研究、こうした目的を共有できる研究者が求められていると言えるだろう。

注
（1）系統的に収集して整理した診療に関する情報や検討結果を、参照しやすい形にまとめたもの。ある状態の一般的な患者さんを想定して、適切に診療上の意思決定を行えるように支援することを目的としている。

参考文献

Takayama T, Yamazaki Y, Katsumata N. (2001) Relationship between Outpatients' Perceptions of Physicians' Communication Styles and Patients' Anxiety Levels in a Japanese Oncology Setting. *Social Science and Medicine.* 53(10): pp. 1335–1350.

Takayama T, Yamazaki Y. (2004) How breast cancer outpatients perceive mutual participation in patient-physician interactions. *Patient Education & Counseling.* 52: pp. 279–289.

高山智子・八巻知香子・関由起子・瀬戸山陽子・八重ゆかり（2009）「相談者からの質問・疑問（Lay Topics）の抽出方法と Lay Topics 活用の可能性の検討」平成21年

度厚生労働科学研究費補助金(第 3 次対がん総合戦略研究事業)「患者・家族・国民の視点に立った適切ながん情報提供サービスのあり方に関する研究」(研究代表者:高山智子)分担研究報告書 pp. 70-80.

Kreps GL and Thornton BC. (1992) *Health Communication Theory & Practice* 2nd edition, Waveland Press, Inc.

U.S. Department of Health & Human Services, Public Health Service, National Institute of Health, National Cancer Institute. (2001) *Making Health Communication Programs Work.*(米国立がん研究所編集,中山健夫監修,髙橋吾郎・杉森裕樹・別府文隆監訳(2008)『ヘルスコミュニケーション実践ガイド』日本評論社.)

ソーシャルワークにおける
コミュニケーションの課題
共感を中心に

山田容

要約
　本章では、ソーシャルワークにおける重要原理としてあげられながらも文脈に応じて多様に用いられる共感を中心に、コミュニケーションの課題を検討している。まず、ソーシャルワーク援助関係の非対称性、さらには今日、強まりつつある消費的関係の中で、共感が支援をめぐる葛藤の緩衝策となっていくことへの懸念を示した。その上で、支援者からサービス利用者に一方向的に向けられる「わかる」こととしての共感から、支援者の「わからなさ」を起点に、双方向的に展開される動的な相互変容コミュニケーションの段階的過程として共感を位置づける意義を述べている。

1. ソーシャルワークとコミュニケーション

　社会福祉実践であるソーシャルワーク（以下、ケアなども含め幅広い福祉実践を包括して表現するために文脈に応じて"支援"も用いる）は、要支援者、または福祉サービス利用者（"クライエント"という呼称もあるが、本章では主体的側面を重視する観点から、"利用者"を選択する）の権利を護り、生活の安定をはかることを責務とする。これをソーシャルワークのミッションということにしよう。

　このミッションを果たすため、ソーシャルワークは、支援者—利用者、利用者—利用者、利用者—家族、利用者—地域社会、支援者—家族、支援者—支援者、支援者—地域社会など多くの関係を形成し、それらを調整し、媒介しつつ、福祉サービスの提供を含め総合的な支援を展開していく。したがってこれらの関係におけるコミュニケーションは支援の根幹であり、そのあり

方が支援の質を左右するといっても過言ではない。

　ただその実際は、会話のみならずケアも含め多様な形態を取り、さらに児童、高齢者、障害者、生活困窮者などの支援対象、問題ごとのちがいも加わるため、ソーシャルワークにおけるコミュニケーションを一概に語ることは難しい。そこで本研究では、ソーシャルワークの中核となる支援者と利用者のコミュニケーションを対象とし、そこで交わされる援助関係とコミュニケーションの課題について考察する。

　ソーシャルワークにおけるコミュニケーションの重要性は先に述べたとおりだが、少なくともソーシャルワーカー養成においては、コミュニケーションについての十分な検討がなされているとは言えない。国家資格である社会福祉士資格取得課程の厚労省設定シラバスでは、講義科目「相談援助の理論と方法」における「ねらい」のひとつ「援助関係の形成」の教育内容例として「コミュニケーション」が掲げられ、また実践力養成の科目である「相談援助演習」でも「基本的なコミュニケーション技術の習得」があげられているのみである。つまり、社会福祉士に必要なコミュニケーションとは、ソーシャルワーカー（以下、文脈に応じて"支援者"）が利用者と援助関係を形成するための基礎的な技術ということになるが、その内容について詳しい言及はない。その理由のひとつとして、すでにソーシャルワークにおいて形成されるべき援助関係やコミュニケーションのイメージが自明のものとして存在しているとも考えられる。コミュニケーションの目的が援助関係の形成であるのならば、まずはその関係そのものについての検討が必要となる。ソーシャルワークにおける援助関係ついて整理してみよう。

2. ソーシャルワークをめぐる関係

2.1 共感の重要性

　ソーシャルワークの援助関係については、「信頼関係（ラポール）」、「協働関係（パートナーシップ）」などの他、「被援助者が自分自身で自分を見つめ、自己変革していき、自らを助けるようになるために援助者は伴走者とな

る関係」(幡山 2011: 124)と述べる論者もいるなど、さまざまな支援観が反映された説明がなされている。

　これらの援助関係はそれぞれに異なる側面もあるが、共通しているのはその形成において共感の重要性を強調していることである。ソーシャルワークに限らず、支援活動一般において利用者に共感的であることの意義や効果は繰り返し指摘、実証されているが、共感的理解は「100 年間にわたって一度も疑われたことがなく、まさしく「ソーシャルワークの定説」」(杉野 2011: 31)といった見解もあるように、共感はソーシャルワークの最重要原理の 1 つにあげられる。

　また共感は、「相手の立場に立つ」、「利用者に寄りそう」など、教育や実践現場で強調される態度と重なるだけでなく、利用者との親和性に価値を見いだす多くのソーシャルワーカーの心性とも合致し、ソーシャルワーカーがとるべき基本的態度として認識されている。これらから、社会福祉士養成において想定している援助関係は、その形成を目指すコミュニケーションにおいても共感が重視されているといえよう。

　ここからは共感をソーシャルワークにおけるコミュニケーションの鍵概念としてとらえ、その課題と展開について検討を深めたいのだが、ソーシャルワーク実践を巡っては、ベクトルの異なるいくつかの関係があり、それが共感的なコミュニケーションにも影響を与えている。以下、どのような関係が存在するのかみてみよう。

2.2　非対称で介入する関係

　まず支援が展開される関係そのものの構造的性質について述べる。専門的な支援に対しては、しばしその父権主義的な性質が批判されており、その修正に向けて理論的研究、実践の検討が図られてきてはいるが、そもそもソーシャルワークをめぐる援助関係は、構造的にサービスを提供する立場とそれを受けざるを得ない立場の差、もちうる情報の差など、ソーシャルワーカーと利用者の間にはさまざまな差異が存在している。多くの支援は、このような「逃げられる者」と「逃げられない者」(稲沢 2002: 191)からなる非対称な

関係において行われる。

　では、この関係において支援はどのように展開されるのか。ソンプソン（Thompson）によれば、ソーシャルワークには次のような固有性がある（Thompson 2000, 邦訳 2004: 11）。

- 法務義務の遂行という重要な役割をもっている。
- ケアとコントロールの間の緊張をマネージするという重要課題をもっている。
- 「間にはさまれる」というジレンマをもっている。
- 社会の「ダーティな」仕事をする必要性をもっている。
- 社会正義への関与を重視する。

　ソーシャルワークのミッションは社会正義を意識するが、制度下の支援の外形と内実を規定するのは理念よりも法であり、法務義務の遂行のため、ケアだけではなくコントロールが必要な場面も生じる。したがって、支援者は状況に応じて利用者に対する管理、制限などの介入を行うことがある。

　虐待事例における分離などの強権的な法的対応、重度の知的障害、認知症を抱える利用者への日常生活介助などの場面など、利用者の要求にのみ応えるだけではミッションを遂行できない現場、場面もあり、利用者の意向に反してでも、時に「ダーティ」とされるような関与をせざるを得ないのである。

　しかし、非対称な関係においては、支援者の介入に関する権限が拡大解釈されやすい。結果として、密室性の高い施設などでは支援者による虐待に発展することもまれではなく、明確な権利侵害とはいえないまでも、支配的、抑圧的な関与となりがちであり、中でも弱い立場の利用者への支援においては、支援者による「情報の操作、自分の価値観の押しつけ、誘導などがおこりやすい」（植戸 2011: 155）。

　多くのソーシャルワーカーは、利用者や家族の要求、制度的限界、法務義務などとの「間にはさまれ」、「緊張をマネージ」し、「「自由」への「干渉」

のぎりぎりのところ」(本多 2009: 158)にいるジレンマに苦しむのだが、いずれにせよ利用者の権利と生活を守るというミッションは、「介入する関係」を構成する。

2.3 消費的な関係

さらに制度的な現実が援助関係のあり方を変容させつつある。わが国の福祉制度は、2000 年の介護保険の導入に見られる新自由主義的再編により、行政責任による措置制度から利用者の自己決定による契約制度が導入され、準市場化されていった(全ての福祉領域に及んでいるわけではないが、高齢者領域はもとより、障害者領域、そして児童領域の一部に広がっている)。これにより援助関係は消費活動的色彩を帯びた「消費的関係」の一面をもつこととなり、福祉サービス提供においても一般の消費行動と同様のいわば顧客としての配慮、応答を求める利用者もうまれている。

このような傾向を背景としてか、平成 22 年度中に福祉サービス苦情受付機関である運営適正化委員会に寄せられた福祉サービスへの苦情の内容は、「サービスの質や量」(20.8％)、「説明・情報提供」(10.5％)「被害・損害」(7.4％)、「権利侵害」(6.6％)、「利用料」(5.1％)などよりも「職員の接遇」(35.2％)が最も多く、経年でも一貫して最上位に置かれている。ちなみにここでいう「接遇」とは (1) 関わり方・対応、(2) 言葉遣い、(3) 説明不十分、(4) その他である(全国社会福祉協議会「平成 23 年度　都道府県運営適正化委員会苦情受付・解決状況」)。

もちろん、利用者が消費者的意識のみからサービスに接遇的態度を求めているとはいえない。サービスを受けざるを得ない状況に置かれた利用者が、支援者に配慮あるていねいな応答を求めるのは自然な感情でもある。それに対し、厳しい労働環境にある福祉現場は量的、質的に十分な関わりをもつことができない状況にあり、さらには支援者の非対称で介入する関係による応対が、利用者にすれば「失礼な態度」と映っている例も多いと推測できる。

しかしどのような背景があるにせよ、苦情は事業者への大きな圧力となり、事業者は職員に利用者への儀礼的配慮を求めることとなる。近年、接遇

をテーマとした職員研修が多くみられるが、今後も福祉現場において接遇はより重視されていくだろう。

3. 接遇と共感

　非対称で介入する関係、もしくは消費的な関係。これら支援をめぐる所与の関係において、共感は、どのように意味付けられるのであろうか。
　非対称で介入する関係では、先に述べたように一方向的で抑圧的な支援がうまれやすく、その歯止めを掛ける何らかの作用が必要となる。共感はこの作用も果たしうるが、同時に、支配的、抑圧的な支援をカモフラージュするために用いられることもある。マーゴリン(Margolin)は、以下のようにソーシャルワークの二面性を厳しく批判した。

> ソーシャルワークは、権力を行使しているという事実を忘却することによって、その活動を続けていくことができる。忘却を維持する新しい方法を作り出すことは、ソーシャルワークの存在にとって重要な位置を占める。　　　　　　　　　　　　　　　　（Margolin 1997, 邦訳 2003: 28)

　共感的なコミュニケーションは、新しい方法ではないが、マーゴリンの指摘に沿った機能を果たしうるものでもある。
　さらに消費的な関係において重視される接遇と共感的なコミュニケーションは技法としての近似性があり、準市場化された福祉現場における共感は接遇の方法として集約されていく懸念がある(なお介護福祉士養成課程においては「コミュニケーション」が科目としておこされ、コミュニケーションの支援上の意義が社会福祉士養成課程よりもていねいに説かれているが、市場化された介護現場において理念や理論よりも現実がもたらす影響はより強いといえよう)。
　このように支援を巡る葛藤を回避する干渉策として用いられる際、共感は著しくその支援的意義を落としていくことになる。なにより皮相的なそれ

は、利用者に期待をもたせるだけに終わりかねず、信頼を損ねることにもつながりかねない。

　繰り返すが、共感には支援上、重要な意義がある。同時に、その正しさが自明視されているがゆえの混迷もあり、共感をよりていねいにとらえ直し、支援上の意味づけを検討する必要があるだろう。

4.　共感の再検討

　トロッター(Trotter)は、否定的な感情への過度の共感が、利用者の問題を強調、拡大していく懸念を指摘するが(Trotter 2007: 43)、あいまいな共感への認識は無定見な是認として混同されがちである。ではあらためて共感とはなにか。日本社会福祉士養成校協会によるソーシャルワーク用語の統一に関する研究では、以下のようになる。

>　相手の内面的立場に立って、相手が考え、思い、感じていることを、同じように感じとり理解し、それを相手に伝えること。伝える技法として感情の反射や、繰り返しなどが活用される[1]。

　これは、わが国の社会福祉界おいて一定の承認をえている定義といってよい。だが、「内面的立場に立って」あるいは「同じように感じる」とはどういうことだろう。まずこれらが可能なのかという命題も成り立つが、このような支援者の利用者との近接性、一体化を強調した共感の解釈には留意が必要である。ミラー(Miller)とロルニック(Rollnick)は、共感について「その人と自分を同一視することや、同じ経験を持つことと、混同しない」(Miller and Rollnick 2002, 邦訳 2007: 8)と警告を発しており、上野は、フェミニズムの観点から共感が求める利用者への没入の危険性を指摘している(上野 2011: 53)。

　これらの見解には、共感には、利用者との関係性を縮めていこうとする支援者の志向が反映されやすく、それが援助関係の混乱や安易な理解をもたら

すとの懸念があるといえよう。確かにこの点には留意が必要である。近接的関係の中での共感は、人間的・情緒的交流の作法としての色合いを濃くしていくだろう。援助関係が人間的であるのはのぞましくもみえるが、人間関係において理解し合えない状態は葛藤をもたらすため、同調反応が選択されやすい。この場合、無定見な承認へもつながりかねないし、ミッションが重視すべき違和や相違への対峙も回避されていくこととなる。

　本章では、共感を「個人の考えに対して、理解でき、考慮する価値があり、すくなくとも本人の立場からは妥当性がある、という観点からの応答」(Miller and Rollnick 2002, 邦訳 2007: 48、下線筆者)であるととらえたい。「相手の立場に立って」と、「すくなくとも本人の立場から」は、主体の立ち位置が異なる。後者は利用者との間に一定の距離を置いており、支援者と利用者の差異を崩さない。差異、相違＝「ちがい」は覆い隠されるものではない。立場の「ちがい」、異なる人としての「ちがい」を起点に、協議や調整を重ねて、合意形成を目指すのが利用者の主体性を重視する援助関係の本質であり、その過程に共感はおかれるべきだろう。

　また、そもそも他者が他者を理解することには限界があるのだが、支援者の認識において、支援者とは利用者を理解できうる存在であり、なおかつ実際に「同じように感じとり理解」しているととらえているのならば、その理解は断定的な確信へと転化していくだろう。その場合、利用者像は固定化され、静的に対象化されて、支援の方向性も一方向的に限定される。仮にある時点で何らかの理解が成立したとしても、おそらくそれは利用者を構成する全体の一部に過ぎない。さらに人や状況は常に変化していくため、共感は、むしろ支援者が自らの未知、無知＝「わからなさ」を意識しつつ繰り返されるべき応答であろう。

　「ちがい」と「わからなさ」は、共感が支援的意義を保持し続けるための源泉といえよう。以下、これらに着目した共感のあり方について、一方向的な介入にとどまらない、構築的に肯定的な変化を見いだしていく援助関係とコミュニケーションについて考える。

5. 「ちがい」と「わからなさ」を意識する関係

　尾崎は、支援者が利用者と向かい合う中で迷い、悩むことを「ゆらぎ」とし、その「ゆらぎ」に支援者自らがつきあうことの意義を説いている (尾崎 1999: 8)。さらに稲沢は、支援関係の非対称性への克服として「無力さを共有する関係」の意義を述べる (稲沢 2002: 192)。「ゆらぎ」、「無力さ」とは、支援の限界性を支援者が認め、同時に利用者との「ちがい」に誠実であることから生じる感覚、認識であり、「わからない」ことを支援の起点とする意識でもある。このような「ちがい」と「わからなさ」を意識する関係は、支援者の位置を相対化し、支援の異なる展望を予期させる。

　しかし、このような関係は「ただ無力さを共有するだけのことを「援助」と呼ぶことができるのか」(稲沢 2002: 192) という本質的問題も同時に提起することとなる。「無力」であり「ゆらぐ」ことを起点とするにしても、そこからどのような展開が可能なのであろうか。

　竹端は、「異なる人達が同じ何かを共有しているのは幻想」と指摘した上で、

> そこに集う人々が「相互に学習過程を作動させて」、相手の「投げかけるメッセージ」を「心から受け止めて自己を変革」しようとするならば、その「メッセージの交換」がその場に集った人々の中で相互作用化するならば、そこにはお互いの「相違を原動力として進む」「動的な調和」としての「和」が作動する。　　　　　（竹端 2012: 59）

と述べ、「学習」と「自己変革」を通じた相互作用的な関わりの可能性を示す。さらに綾屋と熊谷は、個人と個人が所属するコミュニティの関係について、「どちらかが他方を一方的に規定しているとみなすところに問題が生じる」と述べ、個人の日常実践とそれを象るコミュニティの信念や価値観（構成的体制）が、双方向的に循環しつつ更新され続けていくことの重要性と、そのための当事者研究の有効性を示唆する (綾屋・熊谷 2010: 109–110)。

当事者研究とは、北海道にある精神障害等を抱えた当事者の地域生活拠点である社会福祉法人「浦河べてるの家」で2001年より始められた、「①〈問題〉と人との、切り離し作業　②自己病名をつける　③苦労のパターン・プロセス・構造の解明　④自分の助け方や守り方の具体的な方法を考え、場面を作って練習する　⑤結果の検証」(向谷地 2005: 5) などの過程を通し、支援者側から定義された自己を利用者が再構築していく取り組みであるが、「当事者研究」をはじめた向谷地は、当事者研究について「一人の孤独な作業ではなく、「人とのつながりの回復」と表裏一体のプロセス」(向谷地 2005: 5) であるとし、「専門家が「無力さ」をわきまえ、当事者のよきパートナーとなること」の象徴的なプログラムであったと述懐している (向谷地 2008: 112-117)。

支援者が利用者のパートナーになること、すなわちパートナーシップ (協働関係) は、支援者と利用者それぞれが果たし得る役割分担によって成立する (山田 2006: 86-87)。利用者は支援者によって固定化された静的な対象としてではなく、研究主体としての役割を持って支援場面に登場し、支援者も利用者を理解、介入する主体から、当事者ともに現実を再生成する協働者として側面が浮上する。それでもやはり支援者にはミッションにおける自由と干渉のジレンマは存在するであろうが、関係はより双方向化され、ともに考えるという視点が強化されるだろう。当事者研究が示すのは、利用者が自らの日常実践をとらえ直す役割をとり、それを共有した支援者が利用者および取り巻く環境や状況への認識を更新すること、それにより利用者は支援者側に規定されない日常実践を表出、創出できる相互変容的コミュニケーションの意義なのではないだろうか。

6. 相互変容的コミュニケーションと共感

共感的な援助関係をつくるためのコミュニケーションという認識、承認されている共感の定義、あるいはそのため用いられる感情の反射や繰り返しなどの技法は、支援者―利用者の関係の一方向的側面に立脚しているように思

える。これに対し、綾屋と熊谷が、「変化しない、静的なカテゴリーを想定するのではなく、絶えず線が引き直されるダイナミックな差異化のプロセスとして、カテゴリーを常に暫定的にとらえるべき」(綾屋・熊谷 2010: 101)と上野千鶴子の研究成果を整理しつつ述べるように、相互変容的コミュニケーションでは、利用者の生活世界の再構築への歩みと、それを理解しようとし続ける支援者自身の認識や態度の変化、およびそれらが循環的にもたらす双方の変容が重視される。共感もまた、いまここでつくられつつある関係の中に位置するものとして、動的な文脈にのせて語られることになり、定式化されたコミュニケーション技法にとどまらない多様な表現が想定される。

たとえば民俗学者でもあり、現在は高齢者ケアの職にある六車は、利用者の語りに「驚き」をもつことの意義を説いている(六車 2012: 192-196)。ここでいう「驚き」とは、支援者の専門的観点からの評価とは異なる、肯定的な関心にもとづく未知なるものへの、あるいは予想外の発見への強い反応でもある。そして、それはテクニカルな応答にはない深い響きをもって利用者に届くだろう。そこに利用者は、支援者の中に自己がもたらした変化を感じとり、さらなる語りを促され、関係への主体的参加が生じるのである。ここには利用者からの共感が生じているともいえよう。

「ちがい」や「わからなさ」を前提としつつも、「わかり続けよう」とする双方向的な交流の接点における段階的な共有の表明であり、技法を超える支援者の変容の態度の現れととらえるとき、共感はより豊かな支援的コミュニケーションを築くものとなるだろう。

7. おわりに

当事者研究は一定の思考・分析能力や言語力を利用者に求めることとなり、全ての支援場面でそのまま用いられるとはいえない。しかし、「当事者研究」の視点、方法論は、まさに支援者側の変容によって、能力に課題がある利用者にとっても相互変容的コミュニケーションと動的な共感を作り出す有効性が期待できると考える。これを汎用化できるまでの整理が大きな研究

課題である。

　しかし、実践論の研究は現場の実態をふまえて展開されるべきである。現状の福祉現場は安定したコミュニケーションが行える労働環境であるとはいえず、この問題の大きな前提がここにあることも深く認識しておきたい。

注
（１）社団法人日本社会福祉士養成校協会（2005）「わが国の社会福祉教育、特にソーシャルワークにおける基本用語の統一・不況に関する研究」による。

参考文献
綾屋沙月・熊谷晋一郎（2010）『つながりの作法―同じでもなく違うでもなく』日本放送出版協会.
幡山久美子（2011）「第7章　援助関係」『社会福祉シリーズ　ソーシャルワーク7　相談援助の理論と方法Ⅰ』弘文堂.
本多勇（2009）「ソーシャルワーカーのジレンマ再考」本多勇・木下大生・後藤広史・國分正巳・野村聡・内田宏明『ソーシャルワーカーのジレンマ』筒井書房.
稲沢公一（2002）「援助者は「友人」たりうるのか」古川孝順・岩崎晋也・稲沢公一・児島亜紀子『援助するということ―社会福祉実践を支える価値規範を問う』有斐閣.
マーゴリン，レスリー　中河伸俊・上野加代子・足立佳美訳（2003）『ソーシャルワークの構築―優しさの名のもとに』明石書店．(Margolin, Leslie. (1997) *UNDER THE COVER OF SOCIAL WORK*. Virginia: University Press of Virginia.)
ミラー，R・ウィリアム、ロルニック・ステファン　松島義弘・後藤恵訳（2007）『動機づけ面接法基礎・実践編』星和書店．(William, R, Miller. and Rollnick, Stephen. (2002) *Motivetional Interviewing second edition Preparing People for Change*. New York: Guilford Publication.)
六車由実（2012）『驚きの介護民俗学』医学書院.
向谷地生良（2005）「序にかえて」浦川べてるの家『べてるの家の「当事者研究」』医学書院.
向谷地生良（2008）「逆転の発想―問題だらけからの出発」上野千鶴子・大熊由紀子・大沢真理・神野直彦・副田義也編『ケア　その思想と実践1　ケアという思想』

岩波書店.
尾崎新(1999)『「ゆらぐ」ことのできる力―ゆらぎと社会福祉実践』誠信書房.
杉野昭博(2011)「ソーシャルワークとは何か」平岡公一・杉野昭博・所道彦・鎮目真人『社会福祉学　Social Welfare Studies: Social Policy and Social Work』有斐閣.
竹端寛(2012)『枠組み外しの旅―「個性化」が変える福祉社会』青灯社.
ソンプソン，ニール　杉本敏夫訳(2004)『ソーシャルワークとは何か―基礎と展望』晃洋書房．(Thompson, Neil. (2000) *Understanding Social Work: Preparing for Practice*. New York: MACMILLAN PRESS.)
トロッター，クリス　清水隆則監訳(2007)『援助を求めないクライエントへの対応―虐待・DV・非行に走る人の心を開く』明石書店 (Trotter, Chris. (2006) *Working with Involuntary Client: A Guide to Practice, 2nd ed.* London: SAGE Publications.)
上野千鶴子(2011)『ケアの社会学―当事者主権の福祉社会へ』太田出版.
植戸貴子(2011)「知的障害者の「自己選択」をめぐるジレンマ―ワーカーのジレンマ経験から支援関係を見直す」松岡克尚・横須賀俊司編著『障害者ソーシャルワークへのアプローチ―その構築と実践におけるジレンマ』明石書房.
山田容(2006)「ソーシャルワークにおけるパートナーシップの意味と必要性」『滋賀文化短期大学研究紀要』15: pp. 85–93. 滋賀文化短期大学.

環境コミュニケーションの言語学的アプローチの可能性

川本充

要約

　本章では、地球環境政策における言語学的アプローチの可能性について考察している。特に、人々と環境を直接的につなぐ環境コミュニケーションの具体的媒体として、企業による「環境報告書」や「環境広告」が抱えているグリーンウォッシュの問題について取り上げている。人々は、日常的に多様な環境情報に曝されており、特に、企業が製造する製品の多くは、人々の健康や安心安全に直接的に影響している。言語的表現の有する、心理的効果や実態的な乖離等について、言語学的アプローチの研究手法による調査研究や、政策提案をすることよって、社会にとって有益であり、かつ、新たな価値ある政策的視座を提供できる可能性があるものと考えられる。

1. はじめに

　今日、我々の暮らしている日常生活において、言語コミュニケーションの占める位置は、実に根幹的である。我々は、主として、言葉を媒介として、情報を収集し、理解し、分析し、解釈し、判断し、評価し、そして、感動したり、憤慨したりし、それらが、自身の選好や理性に反映され、日常的な行動につながっている。そして、個々の日常的行動が、連続的かつ、相互に作用し、社会のダイナミズムを構成している。言語コミュニケーションは、まさに、社会生活の媒体として、中核的な地位を占めている。

　このような言語コミュニケーションは、書き記されたものとそうではないもの、例えば、映像や音楽、日常生活でのやりとり等、さまざまな形態で存在しており、医療、福祉、司法、教育、政治、経済、科学技術、情報等、多様な分野において、根本的要素である。言語学の一分野である社会言語学

は、言語を社会との関わりでとらえることを目指し、実際に行われている言語コミュニケーションを研究対象とする（真田 2006）。例えば、政策研究との関わりからは、その成果を具体的政策に役立てようとする試みや（土山・村田 2011）、アクションリサーチとその成果を生かした地域プログラム開発の試みもみられる（村田 2013）。

筆者の専門分野である地球環境（法）政策研究について鑑みた場合、地球環境研究が新領域であるという事情も反映してのことか、言語学的アプローチによる研究は、見受けられないように思われる。そこで、本章は、言語コミュニケーションに着目して、持続可能な社会の実現を念頭に、「政策と言語」の観点から、研究的課題を抽出しようと試みるものである。次節で地球環境政策領域と言語コミュニケーションとの関係を考察し、続く3節で環境コミュニケーションについて取り上げ、当該領域の言語学的アプローチの可能性について考察することを試みる。

2. 地球環境政策と言語

まず、地球環境政策分野において言語コミュニケーションが重大となる局面について考えてみたい。

国際的な取り組みにおいては、例えば、地球環境条約のある言語表現をどのように法的に解釈するべきかを考える際に、言語が重要となる。いわゆる法解釈の議論である。これは、国際条約に記載されている言語表現の理解に一定性をもたせる目的で議論されるものである。一般的に知名度のある地球環境条約の例としては、「世界の文化遺産及び自然遺産の保護に関する条約」、通称、「世界遺産条約」がある。日本では、よく知られている「世界遺産の保護に関する国際条約」である。「自然遺産」、「文化遺産」、「複合遺産」として条約の世界遺産リストに登録されると国際的な保護の対象となる。

世界遺産条約第五条には、世界遺産の「整備活用（Presentation）」という表現の規定があるが[1]、登録された世界遺産については、商業的な利用の意

味を含めて「活用すること」が義務づけられ、一般にそのように解釈され、実行されている。しかしながら、一部の国際ワークショップでは、そのような「活用の程度」について、いかに理解するべきか、問題視する声が聞かれた[2]。一部の世界文化遺産の活用について、特に商業的活用の度合いが疑問視され、この1つの文言の解釈を巡り、専門家の間で若干の議論となった経緯がある。この文言の解釈の仕方によっては、世界遺産の登録地が必要以上に商業化されてしまう事態となる。場合によっては、解釈や理解に、一定のガイドラインが求められる可能性も考えられうる。これは、ほんの一例にすぎないが、世界遺産条約に限らず、言語的表現の有する曖昧さが生じさせる法政策的な課題は少なからずみられ、その中には、条約交渉過程の政治的産物として、恣意的に具体化を回避し、曖昧な表現にされているものもみられる。このように、国際的な取り組みにおける言葉の問題はみられるが、現実の市民生活への直接的影響の観点からは、やや実感に乏しいようにも思えなくもない。

　地球環境(法)政策分野で、言語コミュニケーションに関して、我々の身近で起こり、実感を伴うのは、生命の安全や健康、そして、人権とのかかわりの中で、市民に直接的な影響のある場合であると言えるだろう。言語コミュニケーションを、ある種の「情報のやりとり」であると捉えた場合、「環境コミュニケーション」が、市民生活への直接的影響に焦点を当てるものとして注目に値する。なぜなら、市民生活において、人々は、直接的に環境情報に曝され、環境製品を消費しているからである。

　「環境コミュニケーション」は、政策の情報的手法(倉阪 2004: 214-224)[3]として位置づけられている。環境省は、2001年の環境白書で、「持続可能な社会の構築に向けて、個人、行政、企業、民間非営利団体といった各主体間のパートナーシップを確立するために、環境負荷や環境保全活動等に関する情報を一方的に提供するだけでなく、利害関係者の意見を聞き、討議することにより、互いの理解と納得を深めていくこと」と説明している。また、経済協力開発機構(OECD)は、「環境面からの持続可能性に向けた、政策立案や市民参加、事業実施を効果的に推進するために、計画的かつ戦略的に用い

られるコミュニケーションの手法あるいはメディアの活用」と説明している（環境省 2001: 80–81）。環境コミュニケーションは、一般に、「利害関係者による環境情報やメッセージの開示・提供・交換」という狭義的な意味から、より広義的に、「社会的プロセスとしての環境コミュニケーション」と捉えることができる（見目・在間 2006: 1–11）。このうち後者は、単なる情報の提供にとどまらず、そのコミュニケーションプロセス全体を通じて、得られた知識や情報によって生じる利害関係者の行動変化や、社会の環境配慮への促進、そして、問題の未然防止行動を意味している。具体的には、産官学民が主体となって行われるあらゆるコミュニケーションで、環境報告書とそれらに関わる活動や、環境広告、環境学習、社会貢献活動、環境経営、環境技術など全般的に幅広く関係してくる（見目・在間 2006: 1–11）。そして、このような環境コミュニケーションの核となるのが、書き言葉にせよ、話し言葉にせよ、言語によるコミュニケーションであることは言うまでもない。

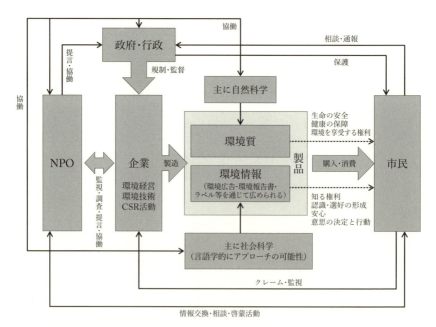

図1　市民と企業の製品を中心に捉えた際の環境コミュニケーションのイメージ

そこで、次節では、環境コミュニケーションに焦点をあてて議論することとする。

3. 環境コミュニケーション
―環境報告書と環境広告を中心に

言語学的アプローチとのかかわりから、環境コミュニケーションをめぐるさまざまな側面において、言語学的アプローチによる研究の可能性があるように思われる。本節では、環境コミュニケーションの中でもとりわけ言語学からの研究成果が期待されると考えられる、環境報告書、環境広告について着目する。

3.1 環境報告書

環境報告書とは、一般に、企業や各種団体が、自らの環境パフォーマンスについて、広く社会全体に公表する目的で発行される報告書のことである。類似するものとして、企業の社会的責任(Corporate Social Responsibility: CSR)活動に関する報告書(「CSR報告書」と一般に呼ばれるもの)やサスティナビリティ報告書が、企業や関係団体によって発行されている。日本においては、このような情報公開は、「環境情報の提供の促進等による特定事業者等の環境に配慮した事業活動の促進に関する法律(環境情報促進法)」(2004年)によって定められ、特定事業者は、自らの事業に関する事業報告書を、事業年度又は営業年度ごとに提供することが義務付けられている。そして、環境省が、報告書作成のためのガイドラインを作成している[4]。事業者・企業は、この報告書の作成と公表によって、社会の一員としての説明責任を果すことにもなる。また、企業の外部に対しては、情報の公開、会社組織のイメージ向上と競争力強化等を促進することにつながり、会社の内部に対しては、自らの組織、事業、サービスといったものの刷新、意識向上等に資することになる。さらに、会社の環境配慮活動の促進と、事前の情報提供によって、環境損害の未然防止を実現することにもつながる。このような取

り組みは、日本国内に留まるものではなく、欧米やアジア諸国でも積極的に行われている[5]。

　環境報告書が抱える問題点について、特に、市民と企業・各種団体をつなぐコミュニケーションの観点から考えると、第1に、市民による環境報告書へのアクセス（情報入手可能性）についてがあげられる（勝田 2004: 123–153）。市民が、環境報告書（環境情報）へアクセスし、関心のある情報を入手することができるか、というアクセシビリティの度合いが指摘されている。つまり、情報があっても、情報の存在、その入手先と入手方法について知らないという人々もいるということである。

　第2に、環境報告書で用いられている専門用語についてである。環境報告書の内容が、専門的知識を有する一部の市民にとっては理解可能であるとしても、より多くの一般市民にとって、その内容が理解し難いと指摘されている（見目・在間 2006: 57–85）。例えば、基本的用語である、「持続可能性」という言葉は、曖昧であり、かつ、その用語を理解するには、学術的にも幅広く議論されているため、一般的には正確な理解は容易ではない。また、技術的用語や化学的用語なども一般的には知られていないものも含まれる場合もある。

　そして、第3に、環境報告書の「比較可能性（Comparability）」についての問題がある（見目・在間 2006: 57–85）[6]。例えば、企業Aと企業Bの環境報告書を比較する場合を考えてみよう。統一的な比較軸やフォーマットが存在しないため、それぞれを比較し評価することが困難な場合が見受けられる。政府の提示するガイドラインが、環境指標、必要項目、注意点の提示等によって、一定の問題を解消していると思われるものの、例えば、言語的表現をめぐる比較可能性についてはどうであろうか。「環境にやさしい」という表現や、「地球にやさしい」といった表現の場合、同じ表現で異なる意味を有し、異なる実態を指し示すようなことがあれば、問題はより複雑である。例えば、「やさしさ」の基準は、報告者によって異なることも考えられる。

　これらに加えて、環境報告書が、単なる情報提供にとどまらない、それ以

上の機能を有すると認められる場合に、環境報告書に記載されている用語や表現によってもたらされる心理的効果等の内容については、実証的研究を通して明らかにされていない点も指摘されうる。

3.2 環境広告―グリーンウォッシュへの政策的対応

　本項では、「環境広告」を取り上げる。環境広告とは、企業や公共団体によって行われる宣伝で、特に、地球環境問題をテーマとして取り扱った広告を指している。環境広告に関する研究についても、海外では、既にある程度の蓄積が見られるものの、日本においては、1990年代に入ってからのものが主流で、比較的新しい研究領域を形成しつつある。環境広告についての研究は、環境コミュニケーションの一部を形成しつつ、同時に、単独で、広告研究の流れを汲んでいるものでもある。広告は、日常生活において、テレビ、新聞、ラジオ、そして、インターネット等のメディアを通じ、市民に多大な影響を及ぼしていることは明らかである。消費者は、今日、膨大で、多様で、複雑な、そして、時には、自身にとって難解な、環境情報に曝されている。環境広告は、一般市民の日常的かつ主要な情報源の1つであり、その意味で、環境広告についての研究分析は、消費者保護の意味を含めて、重要である。ここに、言語学的アプローチからの新たな視点が、政策研究的価値を有する可能性が多分にあるように思われる。

　環境広告については、欧米を中心に、「グリーンウォッシュ（Greenwash）」と呼ばれる問題が、市民団体や専門家などによって指摘されている。これは、一見、環境配慮型と主張された商品が、実際には主張された内容通りではない場合を指す。「不都合な真実を隠す」という意味で、「ホワイトウォッシュ（Whitewash）」という表現が用いられていたため、類似的な表現として「グリーンウォッシュ」と呼ばれるようになった[7]。

　米国、イギリス、オーストラリア、ドイツ、EU等の諸国では、グリーンウォッシュをなくすという観点から、消費者保護を実現するための制度が構築されている。その対象は、製品の表示についてのみではなく、広告にまで及ぶものである。

英国のフテラ(Futerra)という環境広告代理店が、自らの経験と調査分析により、2009年に、グリーンウォッシュの10の兆候を含む「グリーンウォッシュガイド(Greenwash Guide)」という報告書をまとめ、発表した(Futerra 2007)。この報告書の成果は、EU域内でも一定の評価を得て、幅広く共有されている。10の兆候としては、①曖昧な言葉や用語(Fluffy Language)、②環境汚染を行う会社が販売するグリーン商品、③暗示的な図(Suggestive Pictures)、④的外れな図(Irrelevant Claims)、⑤僅差で「一番」を謳う(Best in Class?)、⑥矛盾のある主張(Just Not Credible)、⑦一般に通じない誤解な表現(Gobbledygook)、⑧根拠のない第三者(Imaginary Friends)、⑨証拠がない(No Proof)、⑩偽造(Out-right Lying)が挙げられる(Futerra 2007)[8]。米国では、環境マーケティングのコンサルティング会社であるテラチョイス(TerraChoice)が、2007年に「グリーンウォッシュの6つの罪」(2009年に改訂版)と題した報告書を発表し(TerraChoice 2007)、類似の兆候について指摘している。グリーンウォッシュは、言葉やイメージなどを巧みに用い、消費者の心理にまで影響を与え、誤解や欺瞞を引き起こす。日常の環境広告の中には、企業や関係団体によって、「グリーン」を謳う、このようなグリーンウォッシュを含む広告が数多く見られるようになったため、消費者保護の観点から、各国でグリーンウォッシュをなくすための取り組みがみられるようになった。

　このような環境広告が抱える問題について、どのような取り組みがみられるのであろうか。先進的な取り組みのみられる米国、英国の事例について概観したい[9]。

　米国では、米国連邦取引委員会(The Federal Trade Commission/FTC)が、「自ら審査を行い、審判手続きを経て、又は相手方が同意するときは審判手続きを経ることなく審決により控除措置を命じることができる」と、グリーンウォッシュ問題について取り組むものとしている[10]。そして、FTCを意思決定手続上の上位の機関として位置付けつつも、補完性のある形で、全米広告審査委員会(The National Advertising Review Council/NARC)に対して、自主規制を行う主たる役割を与えており、NARCが、実質的な役割を

果たしている。特に、委員会を構成するベター・ビジネス・ビューローズ協議会（Council for Better Business Bureau/CBBB）の自主規制の調査部門である全米広告審査局（National Advertising Division/NAD）が、全国的な広告の主張が真実で、正確で誤解を招かないものとなるよう、「広告に掲載されている客観的な製品性能の主張が、適切で信頼できる証拠に裏付けられるよう」要求している。NPO 法人環境市民によれば、これまでに、5000 件以上の広告への申し立ての事例があるとのことである（NPO 法人環境市民 2012）。FTC は、1992 年に、法的拘束力のない「環境マーケティング主張に関するガイド（Environmental Marketing Guides）」を策定し、環境表示の際の注意点や事例をまとめている。これには、FTC 法第 5 節に基づく強制メカニズムについての説明も含まれている。また、FTC は、2009 年には、消費者を対象に、環境用語についての理解度の調査を行っており、環境用語（例えば、「環境にやさしい（Environmentally Friendly）」、「トレードオフ（Trade Off）」、「生分解性の（Biodegradable）」）について、消費者が招く誤解や欺瞞の可能性を明らかにしている。また「再生可能な素材で作られたもの（Made with renewable materials）」、「再生可能なエネルギーで作られたもの（Made with renewable energy）」、「カーボンオフセット（Carbon Offset）」といった用語や、「持続可能な（Sustainable）」、「有機の（Organic）」、「天然の（Natural）」といった用語についても、類似の問題性があると述べている[11]。また、NAD による自主規制は、上手く機能しており（順守されており）、大半の企業や団体は、NAD による勧告がなされた場合、非常によく従っているとのことである。（NPO 法人環境市民 2012）一方、順守しない会社や団体については、上位の機関である FTC によって対処されるよう制度設計されているが、事例としてはほとんど見られないとのことである。

　上記のような政府による取り組みに加えて、世界最大規模の消費者団体であるコンシューマーレポーツ（Consumer Reports）や、NGO のグリーンピース、そして、アンダーライダーズ・ラボラトリーズ社（Underwriters Laboratories Inc./UL）等もグリーンウォッシュに取り組んでいる。例えば、エコラベリング等のグリーン表示、そして、環境広告等について取り組んでいる。

これらは、いずれも、政府でもなく、消費者でもない、第三者的な立場に基づくものであり、消費者保護にとって意味のある監視メカニズムを構築しているものと考えられる。

　英国では、グリーンウォッシュに対処するために、環境・食糧・農村地域省（DFRA）が、1999年に「グリーン・クレーム・コード（Green Claims Code）」を、2003年には、「グリーン・クレーム・プラクティカル・ガイダンス（Green Claims Practical Guidance）」を、そして、2011年には、「グリーン・クレーム・ガイダンス（Green Claims Guidance）」を策定し、環境広告について一定の指針を与えている。また、広告基準機構（Advertising Standards Authority/ASA）が、独立した規制組織として、消費者保護と公正な競争のための自主規制を行っている。ASAは、広告業界から独立した組織として運営されており、印刷媒体、放送分野について、年間約25000件の苦情を取り扱っているとのことである。（NPO法人環境市民 2012）さらに、このASA自体の監視役として、広告慣行委員会が存在している。好ましくないと判断された広告については、取り下げるように働きかけているが、放送広告以外の広告媒体についての決定は、法的拘束力を有しているわけではない。

　DFRA以外にも、先述のFuterraによる取り組みや、独立性を認められている政府系のコンシューマーフォーカス（Consumer Focus）と称する団体（2013年以降は、政府のCitizens Advice Bureauに一部機構を移行させ、廃止）も挙げられる。コンシューマーフォーカスは、「消費者意識予想（Green Expectations）」の調査を行い（Lucy 2009）、環境広告用語についての消費者による理解を調査し、その報告書において、多くの消費者が環境広告用語について正確に理解していない実態を明らかにしたうえで、このことは消費者の誤解等に繋がる懸念があることを指摘した。さらに、以上のような取り組みにより、業界全体の言語表現についてのグリーンウォッシュは減少傾向にあるが、今後は、デザイン・色などのビジュアル的な要素にも注目していく必要があると指摘している（Lucy 2009）。

4. 言語学的アプローチの可能性

　本章では、環境コミュニケーションから、特に、環境報告書や環境広告についての政策的な取り組みや課題について概観した。本章で紹介した課題の中には、言語と関係するものが見られた。そこで、言語的アプローチによる研究の可能性について考察したい。

　環境報告書についての課題は、先述の通り、市民によるアクセシビリティの確保、環境専門用語への市民による理解、データや表現の比較可能性といった点がみられた。また、これに加えて、筆者は、環境報告書に用いられている用語や表現によってもたらされる心理的効果についても指摘した。環境報告書の内容に用いられている言語表現を、言語学的アプローチで分析し、成果を政策研究に反映させることは、既存の研究成果にあらたな視座を提供するものとして、価値があるように思われる。さらに、環境専門用語などの理解可能性については、分かりやすさを追求するような、市民を意識した言語学的なアプローチによる研究の可能性が期待できるものである。

　環境広告については、消費者保護の観点からも、言語コミュニケーションの果たす役割が大きい。環境専門用語についての消費者の理解度や、環境広告における表現は、言語表現、ビジュアル表現とともに、消費者に対して、一定程度のメディアリテラシーを求めるものである。そして、規制的手法（強制による手法）に依存するのではなく、広告主による自主的な取り組みも求められている。グリーンウォッシュの問題の基本構造は、特に、実際の「環境質[12]の確保」の是非とその「科学的裏付け」と、それらに関する「情報の公開」によるものと考えられ、この「環境質の確保」と「科学的裏付け」については、言語学的アプローチの対象とする範囲ではない。しかし、「情報の公開」の部分で、グリーンウォッシュを含む広告がもたらす、受け手側への環境情報の心理的効果についての分析は、言語学的アプローチの射程に入るのではないだろうか。また、環境広告に用いられる環境専門用語が、一般市民にとって難解である場合にも、これまでの言語学的アプローチの研究成果が生かせてくると考えられる。日本のグリーンウォッシュ問題に

ついての取り組みは、未だ浅く、今後、政策的取り組みが求められるものと考えられる。

5. むすびにかえて

　地球環境政策領域における言語学的アプローチは、特に、環境コミュニケーションにおいて、新たな視座を提供するものと考えられる。しかし、問題の複雑性から、言語学領域のみでの取り組みではなく、学際的なアプローチが求められるであろう。本章では、環境報告書並びに環境広告を取り上げたが、これに加えて、環境学習プロセスにおけるコミュニケーションのあり方といった課題も、取り上げられるべきである。環境報告書や環境広告のグリーンウォッシュのような問題の場合、大局的には、市民の知る権利や、環境を享受する権利などとも関わってくる問題でもある。と同時に、持続可能な消費を実現し、地球環境保全への取り組みに積極的姿勢をアピールしようとする企業や関連団体の表現の自由とも関わる問題でもある。したがって、それらの有する豊かな創造力や積極姿勢を損なわない形で、非対立的で、問題を生じさせない促進的な形での研究姿勢が求められる。その上で、地球環境政策研究における、言語学的アプローチがもたらす独自性のある研究成果の可能性というものが期待されるように思われる。

謝辞
　本章の執筆に当たり、NPO法人環境市民の杦本育生氏、下村委津子氏、有川真理子氏から、有意義な情報提供を頂いた。NPO法人環境市民は、本テーマについて、アメリカ、イギリス、オーストラリア、カナダ、フランス、スウェーデンにて先進事例研究のための海外訪問調査を行ってきた。この場を借りて、心よりお礼申し上げる。

注
（1）世界遺産条約第 5 条
（2）これは、筆者が実際に参加した、国連訓練調査研究所（UNITAR）広島事務所での、世界遺産に関するワークショップ（2004 年 3 月開催）の際の、議論の内容である。UNITAR では、国連教育科学機関（UNESCO）関係者や専門家、開発途上国の政策担当者を招聘し、国内の候補地を、世界遺産条約上の正式な候補地として成功裏に登録するための能力構築を行っている。
（3）「情報的手法」については、倉坂秀史（2004: 214–224）を参照。企業は、情報公開、透明化を行うことによって、対外的には、説明責任を果たすことにもつながり、延いては、市民や行政の監視が可能となることによって、企業自身の、より良い社会的存在となろうと努める姿勢や行動にも繋がる。
（4）経済産業省によるホームページ「環境報告書プラザ」では、多数の企業による環境報告書を閲覧できる。環境報告書プラザ〈http://www.ecosearch.jp/ja/〉2013. 11.
（5）ちなみに、このような報告書のグローバルな取り組みとして、Global Reporting Initiative（GRI）がある。GRI は、1997 年にアメリカ・ボストンで設立された国際 NPO であり、本部は、現在オランダにある。企業の環境報告書を含む「持続可能性報告書」の国際ガイドラインを作成し、環境・人権・ジェンダーなどについても取り扱っている。企業活動の透明性と報告について、産官学民のグローバルなコミュニティを形成している。
（6）ここでいう「比較可能性」とは、各環境報告書を比較できるか否か、についての可能性を意味するものである。環境報告書を比べる際に、統一的な比較軸やフォーマットが存在しないため、それぞれを比較し、評価することが困難である場合が多々ある。この点において、「比較可能性」は、重要なキーワードとなっている。
（7）他にも、一般に、人道支援に関連した「ブルーウォッシュ（Bluewash）」、癌治療に関連した「ピンクウォッシュ（Pinkwash）」もある。「グリーンウォッシュ（Greenwash）」は、1980 年代に欧米の環境活動家を中心に使われるようになったと言われている。ちなみに、Oxford Advanced Learner's Dictionary は、「グリーンウォッシュ（Greenwash）」について、「Activities by a company or an organization that are intended to make people think that it is concerned about the environment, even if its real business actually harms the environment」と説明している。
（8）また、NPO 法人環境市民（2012）によると、この報告書は、Futerra のホームページより、一年間で約 15 万回ダウンロードされたとのことである。
（9）EU やオーストラリアなどでもそのような取り組みがみられるし、研究・調査の

成果もみられる。例えば、向田直範(1992)や、岡谷直明(1999)、岸井大太郎(1992a, b)が海外の法規制の事例を取り上げている。オーストラリアについては、NPO法人環境市民(2012)を参照されたい。法規制と市民的監視によりグリーンウォッシュがなくなった成功的事例のように思われる。
(10) FTCの取り組みについては、波光巖(1999)を参照。また、最近の調査報告として、NPO法人環境市民(2012)を参照。
(11) 商品のラベリングに関する環境用語問題の類似の取り組みとして、Food Standards Agency(2008)を参照。
Food Standard Agency 〈http://www.food.gov.uk/〉 2013.11.
(12) ここでいう「環境質(Environmental Quality)」とは、製品の質に関するものである。製品は、その原料、設計、製造、輸送、販売、消費、再利用、処分までの全てのプロセスを、その質として反映させたものといえる。一般的な「環境質」の説明としては、「The relative capacity of an environment to satisfy the needs and wants of the individual or society 'surrounded' by that environment. (OAS, 1987)」とされている。Richard E. Saunier and Richard A. Meganck (2007), p.123.

参考文献

Futerra. (2007) *Greenwash Guide*. Futerra.
Food Standards Agency. (2008) *Criteria for the Use of the Terms Fresh, Pure, Natural etc. in Food Labeling*. Food Standards Agency.
波光巖(1999)「欺瞞的広告に対する連邦取引委員会の規制」『公正取引』587: pp. 23–30. 公正取引協会.
磯崎博司(2000)『国際環境法―持続可能な地球社会の国際法』信山社.
環境省(2001)「第3章 環境コミュニケーションで創造する持続可能な社会」『環境白書 平成13年度版』pp.80–81. ぎょうせい.
勝田悟(2004)『環境情報の公開と評価―環境コミュニケーションとCSR』中央経済社.
見目洋子・在間敬子(2006)『環境コミュニケーションのダイナミズム―市場インセンティブと市民社会への浸透』白桃書房.
岸井大太郎(1992a)「地球環境広告と表示規制(上)―ドイツ不正競争防止法の最近の判例を中心に」『公正取引』502: pp. 28–33. 公正取引協会.
岸井大太郎(1992b)「地球環境広告と表示規制(下)―ドイツ不正競争防止法の最近の判例を中心に」『公正取引』503: pp. 39–27. 公正取引協会.
倉坂秀史(2004)『環境政策論』信山社.
Lucy Yates. (2009) *Green Expectations: Consumers' Understanding of Green Claims in Advertising*. London: Consumer Focus.

向田直範(1992)「ECにおける最近の広告規制問題」『公正取引』502: pp. 34–39．公正取引協会．

村田和代(2013)「ウェルフェア・リングイスティクスとしての言語研究の展望―持続可能な地域社会形成にむけて」『LORCジャーナル　地域協働』龍谷大学地域公共人材・政策開発リサーチセンター．

NPO法人環境市民(2012)『グリーン購入を進めるために適切な環境情報発信を促し、メディアリテラシーの向上を図る調査、研究および社会提案事業報告書』NPO法人環境市民．

OAS (1987) Minimum Conflict: Guidelines for Planning the Use of American Humid Tropic Environments, Washington DC, General Secretariat, Organization of American States.

岡谷直明(1999)「EUにおける広告自主規制」『公正取引』587: pp. 31–38．公正取引協会．

Richard E. Saunier and Richard A. Meganck. (2007) Dictionary and Introduction to Global Environmental Governance. London: Earthscan.

真田信治(2006)『社会言語学の展望』くろしお出版．

TerraChoice. (2007) *Six Signs of Greenwashing*. TerraChoice.

TerraChoice. (2009) *Seven Signs of Greenwashing*. TerraChoice.

土山希美枝・村田和代(2011)「第2章　地域公共人材の育成」白石克孝・新川達郎・斎藤文彦(共編著)『持続可能な地域実現と地域公共人材―日本における新しい地平』pp.14–49．日本評論社．

内田耕作(1982)『広告規制の研究』成文堂．

地域政策を形成する対話の
社会的コンテキスト
「関係」と「環境」に言葉が塞がれるとき

松浦さと子

要約

　本章では、さまざまな社会環境のなかで個人が発言を躊躇する状況を論じ、それを打破するコミュニティメディアの活用を提案する。そのために地域の意見の分断により滞った議論が蘇ったケースを振り返る。事例は、干潟の保全において渡り鳥か人間かという二項対立から脱した名古屋藤前干潟の ML 活用事例、会場開発問題で議論が別れた愛知万博のネット中継事例、ダム建設で地元が割れた川辺川ダム反対尺鮎トラスト運動事例、コミュニティ放送における原発やエネルギー問題の議論の事例の 4 つである。これらの事例からは、人々が地域政策のための発言を伸びやかに行う方法を探ることができる。対話を公開するメディアの役割について検討する。

1. はじめに

　9.11 以後に極めて顕著に立ち現れた民主主義国家における言論への弾圧は、見えない力で人々の自由な言葉を塞ぎ、思想信条を推し量られることに命がけの防衛を要することとなった。そのことをそれ以後のアメリカの言論人は、次のように強く語った。「言論の自由はほとんど絶え間なく脅威にさらされ続けている。独裁国家においてだけではなく、民主主義国家においても同様で、われわれはこの自由を守るために、あらゆるものを犠牲にする覚悟で努力しなければならない。」(Dworkin 2004) 報道人や教師の言動は見張られ、異なる立場の意見が交わされる機会がことごとく失われる状況は、しかしこのときに始まったことではない。一見平和に見える社会においても人々は自由にものが言えた試しがないとする研究は、社会心理学的な世論分

析手法によって発表されてきた。

　コミュニケーション研究では、ドイツのノエル・ノイマンの「沈黙の螺旋理論」が有名である。少数意見の持ち主は多数派のなかで孤立することをおそれ沈黙を選び、その状況からさらに少数意見の持ち主は孤立の脅威を感じるのだと。伊藤陽一はのちに、日本でいう「空気を読む」世論形成こそ、集団的な社会圧力・服従の要求からくる「意見風土」によるものであり、まさにノイマンの指摘が日本においてより当てはまると論じた。そしてその同調圧力の形成にはマスメディアが大きく作用しているとも指摘した。

　筆者は、この同調圧力によって固まった空気に穴を開け、塞がれた人々の口から言葉を引き出す装置としてコミュニティメディアに注目をしている。

　この章では、コミュニティメディアについて論じる。日本におけるこの種のメディアは、望ましいことにあまりに多様に活発に展開され、現在「市民メディア」、「オルタナティブメディア」、「民衆のメディア」など様々な呼称を伴い、定義が未確立な状態である。国際的には、ユネスコや世界コミュニティラジオ放送連盟（AMARC）によって、次のような定義が確立している。それによると、非商業的に営まれ、国家、政府から独立し、市民が主体的に参加する小さな表現媒体がコミュニティメディアである。EUは2008年にこうしたコミュニティメディアを重視するよう決議した。コミュニティの所有、自治、理念が明確で、社会的排除の削減、疲弊した地域の再生、地域のソーシャル・キャピタルの構築や、若者の雇用や教育機会を生み出すことを目的に、言論表現の自由な発露として認識されているのがここで目指されるコミュニティメディアである。ハーバーマスが指摘するように今日の進みすぎた「生活世界の植民地化」によって歪められた様々な状況を、このコミュニティメディアは共通の関心について構築しなおすべく「公共圏」として立ち上がる。そして社会運動をアソシエーションとして立ち上げる人々にとって大きな役割を果たすと期待されている。

　それらのメディアを介して、人々はどのような言葉を発してきたのだろうか。あるいは、発するに至っていないのだろうか。筆者が関わったいくつかの地域社会の公共事業に対してなされたコミュニケーションの有り様を報告

することで、冒頭に提起したように、一旦「沈黙を強いられた言葉」がどのように再び社会に産み落とされるのか、そして、そこにコミュニティメディアが如何に貢献できるのかについての議論を促したい。

2. 4つの対話事例から見る「関係」と「環境」

　沈黙が強いられる社会、場。これらが、筆者の研究フィールドである。本心、本音、真実の言葉は常に現れ難いものとして受け止めながら現場に入る。「どうぞ」とどんなに促されても、様々な背景から人々はそこで、心からの言葉を発することが難しいのだという前提で。

　これまで、紛争の渦中あるいはそれに至るコミュニケーションが、どのような環境や関係の中に置かれているのかを見つめてきた。そして新しい検討方法やそれらを取り巻く議論の場を構築するためのコミュニケーションのあり方や、紛争解決そのものの方法、効果的なメディアの用い方を探ろうとしてきた。具体的には、干潟埋め立ての賛否をめぐる名古屋市（藤前干潟）の公聴会事例、環境万博開催と会場選定をめぐる愛知県の住民会議の事例、ダム建設反対運動を支えた「川辺川を守りたい女性たちの会」のネットコミュニケーション、原発存否や再稼働問題をめぐるコミュニティ放送のコミュニケーションのあり方などである。

　そこで検討してきたのは、同調圧力が高まるなかにおいても、なぜ一部の人々は沈黙をせず発言をあきらめなかったのか、それらの人々の言葉は当初なぜ社会に届かなかったのか、しかしその後なぜそれらの言葉は同調圧力を跳ね返し世論を覆したのか、覆せなかったのか、ということである。空気を読むとされる日本のなかで沈黙が選ばれるはずの少数意見はどのような環境のもとで言挙げされたのだろうか。

　少数の人々が公共事業について、疑問を見出し、問題に気づき、観察を続け、検証をし、熟考を重ね、練りに練って紡ぎ出した言葉がある。意見としてまとめられ、言論として発表され、テレビ、ラジオ、新聞等のマスメディアに紹介されることもある。しかしそれらの多くは対応してくれるはずの行

政や政治家に向き合ってもらえず、空を切り、誰か他者に届く手応えもなく、注目もされず、まさに「孤立」する。そして忘れられてゆく。そのことに慣れさせられ、諦めてしまった人々が、次第に言葉を飲み込み、声を発することも億劫になってゆく。すなわち、同調圧力に屈せず、勇気を伴って発された言葉が「社会に可視化された対話」に至ることはとても困難だ。

声は、言葉になり、意見になり、言論となり、コミュニケーションとなるために発せられる。この章では、考察されるべき「言語」が語られる「関係」や「環境」に注目する。

問題の解決や第三の展開方向を見出した事例と、課題解決の手法を探る途上にある事例があるが、それぞれに当事者間の関係、当事者の対話（コミュニケーション）が置かれた環境に特徴的な側面がある。

政策形成をめぐるコミュニケーションにおける「関係」と「環境」。これらの観察から発見されたコミュニケーションの諸相について報告する。

3. 名古屋藤前干潟保全に用いられたインターネット 「藤前干潟を守る会」

ここで紹介するのは 1999 年に保全が決まった名古屋の藤前干潟の事例である。ごみ処分場として市議会でも埋め立てが決定し、圧倒的多数の人々が守ることを諦めかけた干潟だ。しかし、保全運動を続けた人々が、干潟や飛来する鳥類について豊かな「言葉」で表現したこと、それを報じることの少ないマスメディアを超えて、インターネットを駆使し国際的に訴え続けたこと、専門家のネットワークが保全の意味を説き、最終的にマスメディアと協働に持ち込めたことで逆転、保全につながった。

のちにラムサール条約締約湿地となる渡り鳥の楽園は、当初名前さえない干潟であった。「藤前干潟」と名付けられたことが、埋め立てを回避することができた最初の理由のひとつであろう。海区に番号が付されただけの干潟には、守られるだけの言葉の力はなかった。「名付け」はそこに人々が愛着を込め、人々の物語を創り、記憶形成を誘った。その「藤前干潟」保全が当

初少数意見であり一時孤立したのちも人々に語られ続けたのは、少数意見を孤立させない外部の専門家との関係が見えるネットワークと、メーリングリストにおける地位・性別・年齢を超えた豊かなコミュニケーションがあったからである。守る会の辻淳夫代表は、語り続けることで運動の成果を導いた。干潟を足場にした季節ごとの瑞々しい自然描写は、現在の Twitter、Facebook と同様に転送自由として発信され、しかもそれに付された代表の氏名はデマや剽窃を許さない、誰からもウラの取れる信憑性の高い情報であり、年齢や性別、社会的地位の有無にかかわらずなされた様々な人々との公開された対話は、次第に共感を増やした。当時としては画期的な独語・英語・日本語のウェブサイトを展開、海外からの批判の意見書が、埋め立て事業者である名古屋市に届くこととなった。

　保全派は、インターネットを介したコミュニケーションの力で保全を勝ち取ったが、この環境が整わなければ、市民の少数の声は沈黙の螺旋のなかでおそらく世論という味方を得ることはできなかった。

4. 愛知万博開催、会場選定をめぐる県民会議とインターネット放送

　2005 年の愛知万博は初の市民参加万博として NPO・NGO が多く参加した。その背景に大きく影響したのは、初のインターネット中継による計画段階の公開の議論である。しかも、当時(現在においても)常識的だった事務局の声がけによる議長選出を遮り、議長に立候補し選任された谷岡郁子は、議論を透明にすることに力を尽くし、これまでの審議会のあり方に一石を投じた。公開による議論は発言者の立場をフラットにし、事前の談合や根回しを排除することには役立った。傍聴の市民が別室に隔離されたことには不満が残ったが、少なくとも誰もが見ている議論の場で地位を誇示するような発言や感情的な言葉が発話されることは極めて少なかった。委員同士のメーリングリストが並行して運営されたことにより、一部の議論が傍聴者に見えにくくなったことはあったが、概ね公開のもとで議論されたといえよう。イン

ターネット中継はブロードバンドの充実していない当時のネット環境では、一定のアクセス数を超えると受け入れが制限され、すべてのアクセス要請に応えることができなかった。しかし途中からは地元ケーブルテレビ局による中継録画放送も並行され、地域の人々にとって身近な参加も可能となった。

　しかし一方で、少なくない課題も発見された。まず、長時間、長期間に渡る議論は、委員、傍聴者に大きな負担を要求することとなった。委員の数が多ければ多いほど多様な意見を議論に反映させられるが、24名という委員数は日程調整の困難が常に伴い、議論への参加は膨大なエネルギーを必要とした。こうした調整段階で、結局委員の軽重・優先順位が露わになる。万博開催自体に対しても意見の割れる地元環境NGOは、誰もが見ている開かれた場での議論が要請されたことで、仲間たちと議論が共有でき、孤立を恐れずに済むはずだった。しかし、発言の一言一句の共有は細かなニュアンスのズレも露わにし、信頼関係が損なわれかねない事態にも及んだ。そもそも団体を代表するはずだった委員が、独自の言説を展開することで団体から孤立することにもなりかねなかったのである。良きにつけ、悪しきにつけ、公開の議論は一言一句を可視化した。

　このときも多くの教訓を得た。「開かれた場」であったはずのインターネット中継会議は、議事録との齟齬がないかを明らかにし、一過性の公開ではなく事後にも確認できるシステムとなったために、議論している委員の「言葉」に対しては、圧力として働くはずであった。またある種それが期待されたのかもしれないが、むしろそれよりも、読者や傍聴者を意識しない権威的な発言や特定の委員に対する過ぎた批判は、書き起こされる段階で事務局によってモデレートな表現に置き換えられるようになり、事務局を、また委員、傍聴者を悩ませた。

　一方、傍聴者は別の部屋から傍聴することとなり、会議の熱気を共有できない苛立たしさをもつのみならず、さらに傍聴者はどんなことがあっても「そこ」には参加できないことにもどかしさを感じることとなった。「口」を塞がれたことに変わりない。ウェブサイトには、誰もが意見を送ることができたが、それらの多くは無視されるか、改変された。またその過程は、それ

までのあらゆるさまざまな閉じられた委員会の審議が、「ガス抜き」や「アリバイ」の疑いがかけられたが、記録が検証される過程で、実際に一部そのとおりに過ぎないことも明らかになってしまった。傍聴者は団体代表者の委員に発言を委任したのではなく、委員が審議の過程において、自身の判断で応答していることを受け容れるべきであろう。議長の選出は立候補と投票によったが、委員の選出には選挙を伴っていないため、その発言の正当性や公共性についても問い直す声も生まれた。しかし、多様な立場を代弁するとはいえ、代議制における委員ではないことを傍聴者は認識する必要があるのだ。

　公開の議論は、参加委員に委員会終了後も発言に責任をもつことの自覚を高めた。事後に検証されたこの愛知万博検討会議の試みは、議会や委員会、審議会の公開を検討するための社会実験ともいえた。

　公開された議論は、このように委員、傍聴者、委員それぞれの役割を問いなおさせるためにたいへん有効なものだったといえよう。議論の公開の必要性を確信させた。多額の予算を要し、過酷とも言える公開の条件だったが、その後、YouTube、Ustream 等のネット環境を用いることで、当時のような高額の費用も要さず、委員の自覚とささやかな機材、そしてボランティアの活動で委員会の公開は可能となった。しかし、そこで誰もが有効な発話がのびのびとできるようにするためには、委員間の、あるいは委員の選出母体との関係や、公開のシステムや環境が、参加者の発話に大きく関わってくることを確認し、傍聴者も含めたマナーの検討が必要であろう。ファシリテーター、整理役となる立場の人々が、現在も工夫を凝らしスキルを整え、取り組もうとしている。

　愛知万博の経験も経て、メディアでの公開のノウハウについて、より人々の発話を促す方法で用いられるよう、各地で実践と検討が進んでいると聞く。

5. 川辺川ダム建設反対漁師を支えた「川辺川を守りたい女性たちの会」の尺鮎トラスト運動

　治水・利水・発電を目的に 1966 年に始まった熊本県川辺川ダム建設計画は、清流にのみ生息する尺鮎の絶滅を予感させ、地元川漁師たちは一斉に反対の狼煙をあげるかと思われた。しかし、漁業協同組合は漁業権を政府に売ることを選び、計画に反対する少数の川漁師を沈黙させた。生活手段と引き換えに言葉を奪うかたちになる行為は、あらゆる労働運動にもかかわる言論弾圧でもあるといえよう。

　この兵糧攻めに遭遇した良心的ダム反対派漁師を支えた「尺鮎トラスト（鮎のネット販売活動）」は、川辺川から離れた熊本市内の原育美たち「川辺川を守りたい女性たちの会」が漁師たちの生計を取り戻すために「川を売らないで」と始めた活動である。少数の反対派漁師を沈黙から救った彼女たちの対話を促す活動は、川漁師たちが釣った、しかし販路を絶たれた本来高価な尺鮎を、女性たちがネット販売するという、たいへんユニークなものだった（松浦 2005）。

　ネットを通じて全国の支援者に呼びかけ、それに応えた尺鮎購入者とのメールコミュニケーションは、毎年の鮎漁解禁の時期に拡大し、全国版コミック誌の人気コミックスのテーマに取り上げられ、予想外の波及効果をあげ、（おいしい鮎を求めるだけの）「意図せざる支援者」の増加にも貢献した。

　熊本は南北に長く、熊本市内から川辺川までは 2 時間ほどかかるが、その熊本県南部の川と消費地の県北部・熊本市内を女性たちの会がマイカーでつないだ。東京や他の都市から訪れる記者やライター、研究者を案内し、漁師たちと引き合わせ、全国の話題になるよう働きかけた。

　彼女たちの活動は、反対派漁師たちの中央のマスメディアへの情報提供・代弁者の役割を担い、運動の広報担当を担ったと言える。言葉は、生活が支えられてこそ生み出される。川漁師たちが女性たちの会を力強く感じ、連携し、多くの人々が尺鮎を購入し川を買い支えた結果、政権交代に伴い、2009 年、川辺川ダム建設は断念された。

6. コミュニティ FM の市民参加の可能性―脱原発について

　東日本大震災の被災地には、地域ごとの情報を伝えるための臨時災害 FM 局を自治体が立ち上げ、既存コミュニティ FM 局が移行するなどした。一時期過去最大の 30 局（茨城県含む）設立されたが、2014 年 4 月時点では、依然、11 局が臨時災害 FM 局のままである。震災直後は、余震や津波情報、安否情報、避難情報、ライフラインや交通網の復旧等、緊急情報を流していたが、現在は復興に向けて、住民同士の交流やつながりを促し、人々の毎日の生活を励ますための情報提供やコミュニケーションを深めるために用いられている。人の声に、言葉に、人々を安心させ、励ます力が備わっていることが確かめられ、ラジオの力が確認されるのも災害後である。1992 年に制度化された日本のコミュニティ FM 局、そして阪神淡路大震災後開局されるようになった臨時災害放送局は、こうして大きな災害のたびに必要性が強く認識され、防災・減災を目的に各地で創設、2014 年秋、全国でコミュニティ FM 放送局は 284 局を超えている。

　筆者はそれらのコミュニティ FM 放送局の状況を訪問調査している。地域のエネルギー政策を地域で検討していくためには、これらの局の番組で原発の是非や再生エネルギーについて住民自身の議論が求められると考えたからである。しかし、筆者のヒアリングでは、コミュニティ FM 放送局で、原子力発電について活発な言及や議論が行われている局は少数で限られている。代表的なものは、震災直後から小出裕章氏のインタビューなどを放送していた京都コミュニティ放送、同様に脱原発報道を地域の政権批判も辞さない「たね蒔きジャーナル」を放送した民放キー局 MBS の後継番組「ラジオフォーラム」をネット放送しているコミュニティ FM などである。実際に被災地では、放射性物質の行方や線量等の「情報」は放送されているが、議論に至る「賛否」「是非」と意見の別れる観点を住民が語る番組は、コミュニティ FM では回避される傾向にある。未だ運営者への断片的なヒアリングの過程でしかないが、こうした問題について、地域住民のひとりひとりの考えについて、賛否に関わる発言をすることは地域の分断を避ける意味でも

難しいと、少なくないコミュニティFM局経営者から指摘を受けた。放送局がその影響力を鑑み中立の立場をとるために、立ち位置を明確にする話者の登場は望まれていない、とする考えだ。実際、そうした局には、それらの地域を代表する「さよなら原発」の会などからのパーソナリティやゲストは出演していない。マスコミュニケーションへの参加が困難であることももちろん問題視されるべきだが、コミュニティFMのような小さな局では身近さ故に感じられる閉塞状況はさらに深刻だ。「混乱」「分断」「批判」「孤立」「差別構造」を恐れ、人々の自由でのびのびした発話の機会は、地域社会からも奪われる。一部地域にはヘイトスピーチの温床になっている放送もあり、総務省も周辺局も手がつけられないでいる。表現の自由はコインの表裏であり、これこそ人々の口を噤ませるものだと考えさせられることがある。私たちのコミュニケーションの豊かさを損なう要因は、コミュニティ自身の「自由」のなかにあるのだ。

　「ここの住民で原発に反対する人はいない」と言い切る経営者もおり、地域社会での議論のきっかけはコミュニティFM局にすら産み出せない。そのようなところに、反論、熟議や政策形成のためのコミュニケーションが果たして巻き起こるのだろうか。

　まずは誰もがそこで語るために、発話の機会を作り出す役割・装置としてのコミュニティFMに今後も注目してゆきたい。

7. 口を噤ませるものは何か

　2013年ギャラクシー賞報道部門で大賞を受賞した映画『放射能を浴びたX年後』では、ビキニ水爆実験で第五福竜丸のみならず、当時その周辺で操業していた日本の多くの漁船のほとんどが放射性物質を浴び被曝したこと、そして日本にも死の灰が降ったことを、生き残った人々の証言や機密文書の公開から報告している。伊東英朗監督が、生き残った漁師たちを訪ね、証言を集めてゆくシーンは象徴的だ。いずれも補償をうけずに居ることを問題だとしながらも、直近の目先の取引や人間関係を優先させると、誰も声を上げ

られない。

　権力や財力、政治や経済はドラマのようなあからさまに威圧的な形では人々の前に現れない。人々を黙らせるもの、口を噤ませるもの、それらは目に見えるわかりやすい方法で人々を弾圧などしない。毎日私たちの目と耳を楽しいことに夢中にさせ、そこから排除されないよう口を噤ませるだけである。そうして声を発する衝動が、人々から奪われてゆく。

　メディアのクリティカルな読み取りだけではない、日本では、昨今ここに創造的にメディアと接し使いこなすメディア・リテラシーがまだ軽んじられている。この社会では、メディア・リテラシーを「メディアを読み解く」、いわゆる情報の受け取りに用いることを重視する。日本では、人々が声を取り戻すために、発信のためにこそメディアを用いるメディア・リテラシー教育に力を注ぐことが急務であろう。

　コミュニティメディアを立ち上げ、人々が語り始めるきっかけを取り戻そうとする動きが国際的にも盛んである。マスメディアに一旦委ねられてしまったために、人々が本来もっていた伝えたい意欲を励まし取り戻そうとする試みである。住民自ら表現の場や手段を確保し、生活に近い場所でカメラやマイクを用い、立場の弱い少数の隣人の抵抗を、語る力を失った人々に伝えようとしている。言論・表現の当事者として、また代弁活動として、各地に立ち上がる「市民メディア」の動きを、NHKカメラパーソンを長く務めてきた小山帥人は、市民が「メディアになって」いると、日本全国、韓国、フランス、アメリカ等で立ち上がってきた市民メディア活動を著書で紹介している（小山 2013）。これらの活動は近年、民衆のメディア連絡会（1996）、津田・平塚（1998）、松野（2005）、松本（2006）などでも紹介されてきた。マスメディアが排除してきた少数の主体への参加。パブリック・アクセスの主張には、言論の主流を一握りのジャーナリストが代表していることに異議を唱えてきたのだ。しかも、そうした「市民メディア」「コミュニティメディア」が、戦後拡大したマスメディアとは異なる条件・方法で営まれていると力説されている。

　松浦・小山（2008）はその「非営利性」に注目し、商業主義から離れ市場

とは一線を画していること、林香里（2011）はその担い手にそれまで発信者として主流ではなかった小さな声の持ち主である「オンナ」や「コドモ」がケアの観点から寄り添っていることに注目した。白石（2011）は主体的にメディアをつくることに人々を誘い、メディア制作の教育を実践し、子どもたちがビデオカメラを持ちマイクを持つことを勧めている。吉富（2008）、宗田（2008）、小川（2008）、松浦（2012）は、ニューカマー、難民、その子どもたち、ホームレス、移民女性たち、高齢者、青少年が、もののいいにくい社会に向けて発話を促す装置としての市民メディア、コミュニティメディアの活用に目を向けた。にもかかわらず、私たちの社会は、障害者、在住外国人、生活保護受給者にもスティグマを押し付け、彼らが自ら語る言葉を奪い続けている。

8. おわりに―言葉がひらかれるとき

前節で述べた語り手たちは、「言っても無駄だ」という思いにもかられることがある。社会から孤立させられ無視され忘れ去られる前に、そうなることを予測し、自ら口をつぐむ人々。伊東（2013）はマーシャルのビキニ群島周辺で被曝した漁船の乗組員やその家族がこれまでそうした思いで過ごしてきたが、言ったことが「無駄」になったと思わせないためにTVドキュメンタリーだけで終わらせず映画にした。彼らは生活のなかに言葉を「沈め」「押しとどめて」「仕舞いこんで」きた。カメラを回しながら伊東はその言葉を引き出すことに傾注した。

発育の遅れた子どもたちの教育にあたった竹内（1975）は、「たてまえと本音とに深く分裂させられ、陰口で慰めあうことのあまりに多いこの国で」は、「支配されるのに都合のいいことば能力しか育てられないのではなかろうか」と問いかけ、「事実をつかまえ、他者とのあいだで自己実現し、未来を手探りするためのことば」能力を獲得させようと奮闘する。「社会のなかでどこかしら歪ませられている。凍りついている」「その歪みから解き放たれていくために、こえを発する衝動が動くまで、話しかける対象がはっきり

見えるまで集中することを覚えさせたい」と言う。子どもたちの状況には、現代社会が「人間」に対してもつ意味がいやおうなしに現れていると。

　この章で報告した数々の社会問題に接し、受け止められない言葉をあきらめずに語り続けてきた人々と、彼らの声をどんなに小さくとも記録し伝えていくメディア活動は現代社会の子どもたちの状況を変えるだろう。言葉が、コミュニティメディアによって届くべきところに届き、少しずつ身の回りの社会を変えてゆくならば、きっと子どもたちは語ろうとするのではないか。社会関係と環境が押しつぶす言葉を、もう一度社会に生みだそうとするための装置として、コミュニティメディアをもっと社会に増やし育てる必要があるのではないだろうか。

参考文献

Dworkin, R (2004)「自由な表現、表現の自由の章」インデックス・オン・センサーシップ編　田島泰彦監修　滝川順子・増田恵里子・丸山敬子訳『表現の自由と検閲を知るための事典』明石書店.

林香里(2011)『〈オンナ・コドモ〉のジャーナリズム─ケアの倫理とともに』岩波書店.

ハーバーマス, ユルゲン著　細谷貞雄・山田正行訳(1994)『公共性の構造転換─市民社会の一カテゴリーについての探求　第2版』未來社.

伊東英朗(2013)「ビキニ水爆実験からフクシマへ─消された被曝から現在を射る」【特集、3.11後のジャーナリズム】『ジャーナリズム No.277』pp. 18–27. 朝日新聞社.

伊藤陽一(2010)「第4章　情報と政治行動　社会的圧力としての「空気」」小川(西秋)葉子・川崎賢一・佐野麻由子編著『〈グローバル化〉の社会学─循環するメディアと生命』pp. 101–124. 恒星社厚生閣.

小山帥人(2013)『市民がメディアになるとき』書肆クラルテ.

町村敬志・吉見俊哉編(2005)『市民参加型社会とは─愛知万博計画過程と公共圏の再創造』有斐閣.

松本恭幸(2006)『市民メディアへの挑戦』リベルタ出版.

松野良一編(2005)『市民メディア活動─現場からの報告』中央大学出版会.

松浦さと子(1999)『そして、干潟は残った』リベルタ出版.

松浦さと子(2005)「コミュニティビジネスにおける消費者教育機能─地域資源の価値

を発見する川辺川―尺鮎トラストの事例から」『消費者教育』25: pp. 71–80. 日本消費者教育学会.

松浦さと子(2012)『英国コミュニティメディアの現在―「複占」に抗う第三の声』書肆クラルテ.

松浦さと子・川島隆編(2010)『コミュニティメディアの未来―新しい声を伝える経路』晃洋書房.

松浦さと子・小山帥人編(2008)『非営利放送とは何か―市民が創るメディア』ミネルヴァ書房.

民衆のメディア連絡会編(1996)『市民メディア入門』創風社出版.

ノイマン, エリザベート・ノエル著　池田謙一訳(1988)『沈黙の螺旋理論―世論形成過程の社会心理学』ブレーン出版.

小川明子(2010)「ストーリーテリングと地域社会―虫の目からつくりかえる世界」松浦さと子・川島隆編『コミュニティメディアの未来―新しい声を伝える経路』pp. 211–226. 晃洋書房.

佐藤慶幸(2002)『NPOと市民社会―アソシエーション論の可能性』有斐閣.

白石草(2011)『メディアをつくる―小さな声を伝えるために』岩波ブックレット.

宗田勝也(2010)「難民ナウ！が人々をつなぐ―放送枠利用者の期待」松浦さと子・川島隆編『コミュニティメディアの未来―新しい声を伝える経路』pp. 242–243. 晃洋書房.

鈴木みどり編(1997)『メディア・リテラシーを学ぶ人のために』世界思想社.

竹内敏晴(1975)『ことばが劈かれるとき』ちくま文庫.

立岩真也(2012)「家族・性・市場(第82回)　制度と人間のこと(5)」『現代思想』40(11): pp. 40–52. 青土社.

津田正夫・平塚千尋編(1998)『パブリック・アクセス―市民が作るメディア』リベルタ出版.

津田正夫・平塚千尋編(2008)『新版　パブリック・アクセスを学ぶ人のために』世界思想社.

吉富志津代(2008)『多文化共生社会と外国人コミュニティの力―ゲットー化しない自助組織は存在するか？』現代人文社.

自治体政策過程への市民参加と議論
アリバイ参加をこえるために

土山希美枝

要約

　本章では、政策過程における話し合いとその設営、運営の重要性を論じる。公共政策は、利害や価値観の異なる多様な主体によって構成される社会で、所与の「正解」がなく構成員の意志の集約によって決まることを前提とする。したがって、その過程において「話し合い」は必須で、重要性の認知も進んできたが、政府政策の過程には十分に活かされてはいない。背景には、「絶対・無謬」という近代化以来の政府・行政のイメージや、話し合い手法の形骸化が指摘できる。これを打破するためには、話し合いが実効あるものとなる設営・運営とともに、政策主体を〈つなぎ・ひきだす〉話し合いの経験のさらなる蓄積と、これらをめぐる研究が求められることを論じる。

1. 公共政策と〈つなぎ・ひきだす〉話し合い

　公共政策をめぐる対話・議論すなわち「話し合い」の重要性の認知は熟議あるいは討議民主主義といった用語とともに近年ますます進んできた。だが、日本の近代化が残してきた影響を越えて、政策過程に「必要」な仕組みとして十分に実装され運営されるにはいたっていない。本章では、公共政策の過程に「話し合い」がなぜ必要なのかを、わたしたちの社会構造から確認し、政府、特に自治体の政策過程における市民参加の位置づけをふまえ、そこでの「話し合い」の現状と課題を、自治体政策過程のなかで最も一般的に市民が参加する話し合いの仕組みといえる審議会を例として論じたい。

1.1 政策過程の前提にあるもの

　政策過程になぜ話し合いが必要かは、社会構造からみれば、そして政策そ

のものの特性からみれば、本来、難しい問いではない。

　今日の都市型社会（松下1991）は個人を最小単位として構成され、市民は〈政策・制度のネットワーク〉つまり公共政策の集合体を基盤として生活を営んでいる。日常の生活様式から人生の岐路の選択まで、他者と共有する社会のシステムとしての政策・制度のありようによって左右されうる。そのありようが、みずからやみずからが共感する他者の営みに障害や困難をもたらすものであれば、その解決を目指すだろう。生きること、暮らすことをめぐって、公共課題を他者と共有する政策主体になることが、すべての市民にありえるのである。しかも、その市民は、それぞれ多様な理念、価値観、利害をもつ。誰かの課題解決は誰かの課題創出になりえ、課題解決のための公共資源配分をめぐって必ず対立がある。

　政策は、現在を起点として目標つまり目指す未来にたどりつくための手段である。だが、未来は常に不確実であり、したがってあらかじめ「正解」が与えられるものではない。政策課題は社会と複雑にからむ悪構造（足立2009）であり、政策の実施の結果がどのように作用しどのような未来にいたるか、確実には誰にもわからないのである。むしろ、不確実な未来に手探りで踏みだすといったほうがよいだろう。正解がないなかで見つけられるのは「めざす未来にたどりつけそうと自分たちが考える手段」であり、それは「自分たち」の対話と議論つまり話し合い[1]を通じて形成していくしかないのである。

　ことに政府政策をめぐっては、市民が多様であり、政策のための資源が共有物であるかぎり、どの公共課題が政府政策とされるべきか、また、それはどのような手段によってどのような解決を目指すべきなのか、対立や異論は必ずおこる。公共政策に規範はあっても（佐野2010）、ここでも正解はあらかじめ与えられていないのである。したがって、課題を共有し、政策を構想し、そのなかから決断し、実施し、評価する政策過程のそれぞれの局面で対話と議論は求められる（土山・村田・深尾2011）。市民参加や情報公開、議会の議決など政策過程におけるさまざまな制度は、本来、こうした問いに答えを出すための意見集約の手続きなのである。

1.2　公共政策の「必要」としての話し合い

前項でみたように、公共政策の前提を、

（1）　社会は利害や価値観の異なる多様な主体によって構成されること
（2）　政策には所与の「正解」がなく、構成員の意志による「答え」の形成が求められること

と整理すると、公共政策にとって「話し合い」が必要不可欠であることは明らかだ。だが、わたしたちの社会がその「必要」に応じた仕組みとして「話し合い」の機会を運用し政策過程に十分に活かしているとはいえない。とくに、政府政策過程における「話し合い」は、こうした「必要」としてよりも、倫理的に「善きこと」、つまり理念として尊重されるにとどまりがちである。背景には、(1)(2)という前提がなお十分に理解されていないことがあると考えられる。

日本は、近代化以前、地縁共同体とその身分制度のなかで、ひとびとが伝統・慣習を行動規範として生きていた農村型社会から、工業化・民主化による近代化をへて、都市型社会へ移行した（松下 1991）。その近代化の過程では、国への一元的な権力の集中がおこり、機関としての天皇制、実質的には行政機構つまり官僚支配である〈官治・集権〉体制がきわめて強固であった。そのなかで、絶対・無謬という「国家」、政策の「正解」をもつエリートとしての官僚という幻想が埋め込まれ、いわゆるオカミ意識につながったといえる。また、ひとびとの活動が産業においても生活においても伝統という規範が生きる共同体で完結し、同質性を前提にした農村型社会では、今日の都市型社会の前提である市民の価値観や利害の多様性も前提ではなかった。戦後も、国家主権を国民主権に置き換えて、国民からの「信託」により国政府が自治体を通じ国民を統治する戦前モデルが生き残っていたことは、法システム解釈からも読み取ることができる（松下 2012）。

政府が「正解」をもっている、もつべきという前提に立てば、「話し合い」は非効率であり、資源の浪費であり、不要である。高度成長期をへて社

会構造は都市型社会化し、政策は欧米モデルの移転ではなく、モデルのない課題解決のための手段として求められるようになっても、なお、今日多層化した政府である国や自治体が「間違いない答え」を用意できる、用意するべきであるという認識は、官僚にも市民にもなお内在しているのではないか。

　また、わたしたちの社会には、学校の試験や入試をはじめ「正解を要領よく見つける人」を「賢い人」とし、序列化する面がある。官僚もこうした試験を主にして選抜され、言い換えればこうした試験に長けているものが官僚となりやすい。「正解がないときにどのように自分たちなりの答えにたどりつくか」という能力と、その媒体としての「話し合い」の訓練は、教育課程にも十分に組みこまれていないことが理解されよう。

　「正しい解答がある」前提にたつかぎり、話し合いは民主政治として尊重すべき倫理にとどまり、「市民の声に耳を傾けるべき」というかけ声とはなっても時間や資源の制約を理由にたやすく放棄されえる。

　だが、日本の近代化の影響を残しながらも、公共政策とくに自治体の政府政策過程は、「話し合い」の実践を積み重ねてきた。

2.　政府政策への市民参加

2.1　公共政策のなかの政府政策

　公共政策は、〈政策・制度のネットワーク〉として、市民の日常の基盤となっている。異質で多様な市民がこれを共有するため、そのありかた、維持と改革は市民とその集合である社会の重要な課題である。市民は社会保障・社会資本・社会保健を必要とし、日常生まれ続ける課題に当事者として直面する。そのとき、市民はみずから政策主体としてその課題の解決に取り組むことができる。そうした公共政策のうち、その社会にとって必要不可欠であるものは、一定の手続きによって、その解決を政府に信託される。

　政府は今日、〈政策・制度のネットワーク〉のうち、市民に必要不可欠な公共政策を、市民の権限・資源の信託によって政府政策として実施する市民の代行機関としての政策主体である。政府政策は、公共政策のなかで議決に

代表されるような一定の手続きをへて、市民の信託によるものとして政府が責任主体となって展開する政策である（松下 1991）。このようにみたとき、自治体は、市民生活にもっとも近い政府として、重要な位置にたつ。地方分権が進められ、補完性の原理[(2)]が確認されるのは、このためである。

政府が間違いうる主体であり、所与の正解がないのであれば、政策課題の特定、課題にたいする政策の構想と決断、政策の実施、その効果の評価は、〈政策・制度のネットワーク〉における課題の当事者であり、政府にその課題解決のための政策を信託する主体である市民の参加を不可欠とし、その過程には「話し合い」が必要となるのである。

2.2　政府政策への市民参加

戦後も、政府とくに行政機構の絶対・無謬という幻想はなお残っていた[(3)]。しかし、高度成長期の社会変動は、「正解」がない政策課題に取り組む政策主体としての政府の姿を求めることとなった。本章では詳述する紙幅はないが、1960年代半ばから革新自治体を嚆矢として、市民への「統治」から市民による「自治」のための政府への転換が、ことに課題の現場である自治体で進んだ。それは国の下部機構から自治の政策主体となっていく「自治体の政府化」ともいえる変化だった（土山 2007）。

このことを反映して、1960年代後半から、自治体の政府政策（以降、自治体政策とする）過程には市民参加がおりこまれるようになってきた。当時は代表制民主政治に反するものとする議論があったが、今日「参加と情報公開」は当然のこととなり、近年多くの自治体で策定される自治体基本条例でもこれを掲げないものはないといえる。だが、「市民参加」はつねにその形骸化を危惧され、アリバイづくりやガス抜きのための形式的な市民参加におちいることを批判されている。無謬の政府という幻想を深層に、市民参加を「政府政策が「正解」であることを認める手続き」とすれば、政策選択のための「話し合い」を政府政策過程におりこむ必要性は実感されない。1.2で示した(1)(2)が前提となっていなければ、参加は形骸化する。

今日、公共政策の主体は、市民社会セクターに属する市民、市場セクター

に属する企業・団体、政府セクターに属する自治体や国などの主体をあげることができる。政党は、これらのセクターから政策を媒介として支持を獲得していく。市民は、また、社会のメンバーであり、政策・制度のユーザーであり、政府のオーナーである。社会のメンバーとして、その課題にみずから主体となって取り組み、他の主体がおこなう政策・制度に、ユーザーとしてかかわり、そして、政府のオーナーのひとりとして、政府政策の当事者となる（図1）。

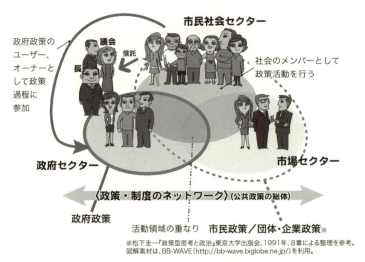

図1 〈政策・制度のネットワーク〉と政策主体としての市民

　政府政策過程への市民参加は、オーナーつまり主権者としての市民が、その信託が適切に実行されているかを確認し、必要あるいは求められるときにその意思を反映しうる、アクセス保障といえる。代表者を通じてだけではなく、より直接に政府政策の過程にたいする意見を伝える参加の機会が用意されている。特に、「決定」への参加は重要視される。決断する権限はひとりひとりの市民から積分されて長・議会へ信託されている。だが、多様な利害や価値観の対立があり正解がないなかでもつ「決定」の重さからいえば、特定の課題について市民の参加を得ることは、最終的には長や議会によって市

民の意思として代行される「決定」がよきものであるために不可欠である[4]。

市民は、主権者つまりオーナーのひとりとして、あるいは、政府政策により影響をうけるユーザーとして政府政策過程に参加する。また、社会のメンバーとしてみずから政策課題に取り組むなかで課題を共有する政策主体として政府とかかわることもあるだろう。個別の市民の声は総体としての市民の声ではない。だが、「市民の意思」とはどこかに明確にあるものではなく、多様なそれぞれの市民の意思を集約することによって特定される。その意思の集約は自然にできていくものではなく、話し合いを基礎に、一定の手続きをへて進められていくものであり、制度はそのプロセスのデザインであるはずである。

そしてそのデザインは、1.2でみた(1)多様で異質な主体による、話し合いを通じた(2)「答え」の形成という2点が活きる「しつらえ」を内包されることが期待される。

そうしたデザインと運営がどのように「話し合い」を制御するか、筆者の経験もふまえ、自治体の政策形成過程において、市民参加の機会となりえ、かつ時にその形骸化も指摘される審議会を素材として検討したい。

3. 審議するための審議会運営

3.1 なぜ審議会は形骸化するか

一般に、審議会は重要な政策を具体化する制度・事業について、決定の前段階に設置される。審議会を経て素案がつくられ、パブリックコメントを経て、議会にたいする説明や議会による審議が必要な場合は議会にかけられ、採決によって決定される。審議会には多くの場合、利害関係者や各種団体代表、いわゆる学識経験者のほかに、これらの属性によらない市民の参加が増えてきている。公募による募集も一般的で、審議会に公募市民委員を入れることを原則としている自治体も少なくない[5]。

このように整理すると、審議会は活発な議論が行われて当然のように思われる。だが、必ずしもそうはなっていない。

数回の審議会で、事務局の原案説明が開催時間の長くを占め、簡単な意見交換が事務局とのあいだでやりとりされ、ほぼ原案どおりで多少の修正が加えられるだけで終わることもある。原案はさらに内部調整と稟議をへて素案となり、ほとんど変更の余地のない状態となってパブリックコメントにかけられ、議会に上程される。審議会はこのとき上程のための単なる段階にすぎない。この段階をスムーズに通過しようとすれば、行政に理解を示してくれる委員で構成すればよい。このように、行政の原案を「正解」とし、それを承認する場として設計され、運営されれば、審議会は簡単に形骸化する。

ところで、行政にしても、審議会を形骸化させようと悪意をもってもくろんでいるわけではないことが多い。多くの場合、「スムーズ」に、「間違えず」、「目的」に達することを期待しているだけなのである。だが、そこには、1.2 の (1) (2) は前提されていない。また、いい審議会であってほしいと思っていても、それを可能にする設計と運営でなければ、形骸化した審議会を繰り返すことになる。

だが、逆に、1.2 (1) (2) を前提にした設計と運営により、審議するための審議会を実現することは十分可能である。以降、その工夫をみてみよう。

3.2 〈つなぎ・ひきだす〉ための審議会運営

審議する審議会のためには、(1) 多様な主体による、(2) 正解のない課題を検討し選択する場として、①十分な議論の時間が確保され、②行政の下準備が「正解」の押しつけとならず、③多様な構成員の自由活発な「話し合い」が担保される設計、運営が目指される。

①期間と回数の設定

審議会にも期間と予算の制約があるのは当然である。だが、そもそも審議会を設置するのだから、質疑と意見交換を通じて論点があらわれ、議論によって結論をだすだけの回数が用意される必要がある。

だが、事務局である行政からすれば、審議委員には給与や謝金が必要で、運営のコストもかかる。「市民の資源を無駄にしない」効率性を求められる

ことも確かである。この制約は強い。事務局では各回で何かが決まり、議事が消化され、順調にスケジュールをこなしていくことを設計することとなる。それをつきつめると、事務局の下案を質疑応答して「正解」を確認するための審議会ができあがる。

　課題、議題について、いかに多様な意見や視角をひきだしていくか。構成員が顔をあわせ自由に語る時間は重要であり、審議会が自律的に意思決定する力の源となる。予算と時間の制約のなかで議論を深め、審議会として合意を形成していくには、たとえば、勉強会など任意参加の集まる機会をおき、より自由な対話や議論の機会をおくことは有効である。また、審議会の少し前に集まってブレインストーミングを行うこともありえよう。

　十分な期間と回数を確保することは重要だが、長ければよいというわけではない。無制限で先の見えない期間の設定は、参加の意欲を減退させることになる。審議のプロセスやスケジューリングについても確認し、審議の進展に応じて審議会みずからで調整するとよいだろう。

②行政の無謬・100点主義と審議会

　善意にとれば、一般的に、自治体職員は、忙しいなか参集する委員のためにも、効率的効果的な審議会運営を行いたいと思っている。そのためにしっかり審議会の課題について研究し、ダメ出しされることの少ない、議会でもスムーズに受け入れられる「正解」を下案として用意しようとする。

　無謬の行政という幻想は、いまだに、自治体にも「行政は間違わない・間違ってはいけない」という、「100点主義」とでもいいうる拘束を残している。誤らないための努力をしなくてよいわけではないが、「「行政にお任せで大丈夫」であるべき」という感覚は行政にとっても市民にとっても乗りこえるべき過剰期待であり、幻想のために蕩尽できるヒト、モノ、カネ、時間など資源もない。

　成案を100％の出来とすれば、行政が下案をもつとしてもせいぜい60％程度、そこには間違いも変更すべき点もあるという前提でのぞみ、審議会やパブリックコメントをへて洗練させ、議会の審議で仕上げればよい。行政に

とっても、そのほうが負荷は少ない。審議会による審議を政策過程に活かすことは、行政改革でもある。そしてそのためには、次に述べるように、審議会の「審議」が豊かなものであることが必要である。

③自由な発話が促進される場と雰囲気をつくる

審議会で思うことを自由に発言することは、市民にとって簡単ではない。そのため京都市が作成した『審議会ガイドライン』(京都市市民参加推進フォーラム 2010)では、審議会での発話、とくに公募市民委員が発話しやすい運営の必要とその方策に紙幅を割いている。

もちろん、審議会や議論の経験が豊かで、どんな設計の場でも闊達に議論できる委員もいる。専門家で構成される審議会であれば、たとえ審議の場が自由な発話を制約する目的でしつらえられていても、それをこえる自由な発話がなされるべきである。ただ、セクターをこえた主体が、ひとつの審議会として構成員の意見の多様性を前提に合意を形成していくためには、自由な発話が促進される場とする工夫が期待される。

運営の工夫としては、たとえば、初期に丁寧な自己紹介を、とくに参加者の課題意識や動機、審議会の審議対象や審議会の目指すべきところなど互いに語る機会をおくと、チームとしての関係醸成や、主体性ある審議会参加につながりうる。ホワイトボードなどに発話の内容を記録し、可視化していくことは、参加者各自の意見から「審議会全体の方向性」を析出していくのに役立つ。合意された論点、異論や少数意見を整理し「審議会としての議論の進捗」を明示し重ねていくことができる。通常の運営ではなによりも自由な意見交換の時間をおき、各委員の発話を促進する。発話の積み重ねは審議会への主体性ある関与の深まりに直結する。

場の工夫としては、たとえば、できればマイクを使わないこと。マイクの数が少ないときは発話しづらいだけでなく、意識としても構えた演説調の「マイクしゃべり」になることがある。また、参加者の座席間の距離をあけすぎないこと。物理的な距離は参加者を孤立させ、話にくい心理を導きうる。したがって大きな「ロの字型」の机配置は、対話には向かない。

審議会の設計と運営に、審議会の長が果たす役割は大きい。たとえば、議長が発話を歓迎する姿勢を明示すること。議事の運営に質疑と自由な意見交換のための時間を確保すること。発話をふまえて必要があれば補足し議題と関連づけたりすることも発話にたいする安心感を増す。長や事務局にたいする質問と回答のかたちをこえて、議題をめぐり委員相互の意見交換が促進されるよう配慮すること[6]は、審議会自体を活性化させ、(1) 多様な主体が多様な意見を述べながら、(2) 審議会としての結論を委員がともに見いだしていく「話し合い」を可能にするのである。

　審議会はしばしば形骸化が指摘される。だがそれは形式の問題である以上に、「しつらえ」、設計と運営の問題なのである。(1)(2)が活きる「しつらえ」になっているかどうかが重要であり、そのことは他の話し合い手法にもあてはまる。

4. 政府政策の政策過程における〈つなぎ・ひきだす〉場と「話し合い」研究

　自治体政策形成過程において、市民参加の取り組みは多様に展開されている。1960年代の広報・広聴から、市民モニター制度、審議会公募市民委員、アンケート、市民集会や地区懇談会、ワークショップはめずらしいものではなくなった。課題の抽出、政策の検討（政策形成）、決定、実施、評価のそれぞれの段階で、これまでは審議会に代表される政策形成への一定の参加が中心であったが、劇場型演出ではあるが事業仕分けのように評価の段階にも、また模索の段階ではあるが課題の抽出にかかわる段階で、アンケートのような意向調査ではなく「話し合い」による市民参加のかたちが模索されはじめた。課題抽出だけに用いられるわけではないが、無作為抽出の市民による議論の場としてプラーヌンクス・ツェレなどもあげられる。自治体の組織内部でも、フューチャーセッションなど課題の掘り起こしを含めた対話重視の改革検討の模索があるといわれる。さらには、自治体議会への近年高まる批判をうけて、議会改革の一環として市民報告会など議会への市民参加の模索が

始まった段階である。

　こうしたさまざまな手法も、手法の導入だけでは形骸化する危険があることは変わらない。重要なことは、くりかえし確認してきたように、その「場」が、

（１）　利害や価値観の異なる多様な主体によって構成される
（２）　所与の「正解」がないなかで、構成員にとっての回答を形成する

「話し合い」の機会となるよう設計し運営することである。

　そしてこのような話し合いの場は、公共課題として社会に内在しているものを、「場」の課題や論点とすることで可視化し、「場」を構成する多様な主体を、課題を共有する主体として「つなぎ」、課題をめぐって共感や意見や発想などを「ひきだし」、課題の解決につながるなにかをうみだしうる場となる。これを〈つなぎ・ひきだす〉[7]場ということができる。1.1でみたように、生活の基盤に〈政策制度のネットワーク〉を共有する社会では、だれもが公共課題の当事者になりうる。課題をめぐり多様な政策主体との関係性を〈つなぎ・ひきだ〉せるかどうかが、その取り組みを大きく左右するのである。

　一方、やはり本章で指摘したように、わたしたちの社会は、

（A）多様な主体による自治よりも政府による統治に慣れていた
（B）絶対・無謬の国家幻想により、政府が「正解」をもつことを前提とした

ために、多様な主体の対話・議論を通じて政策を形成したり、政策過程を展開したりすることを社会として習熟してきたとはいえない。（A）（B）をのりこえて（1）（2）を政策過程の前提とすること、そしてそのための「話し合い」習熟の必要性は、ようやく本格的に認知されはじめた段階にある。だからこそ、政策をめぐる「話し合い」による〈つなぎ・ひきだす〉場を政府政策はじめ公共政策の過程にさまざまに実装していく戦略が求められるのである。

この意味で、「話し合い」手法とそれを活かす設計と運営の研究は、自治体の政策過程だけでなく、公共政策の過程全体のありかたを左右する可能性を内包している。〈政策・制度のネットワーク〉における公共課題の解決には、市民それぞれの異質性にもかかわらず共有する課題をめぐって政策主体を〈つなぎ・ひきだす〉容易ではない過程を必要とし、そしてそれは「話し合い」によってしかなしえないのである。

注
（１）本章が指す「話し合い」は、肉声によるものに限らない。
（２）政策課題に優先して取り組む主体は、まず市民みずからであり、それを補完する主体として、ついで自治体、さらに国が存在するとする自治の原理。
（３）たとえば行政運営の適正性と透明性を担保するための行政手続法は 1993 年、情報公開法は 1999 年という近年の成立であるが、この遅れ自体が行政機構の誤謬や錯誤に対する認識の低さを示しているといえる。
（４）いわゆる「協働」は、社会のメンバーとして政策主体となる市民の活動との連携・協力である。「協働」をめぐってしばしば、市民と自治体との関係を対等と表現されることがある。同じ〈政策・制度のネットワーク〉にあり、その上の公共課題にとりくむ主体どうしということであれば、規模や資源や目的や手法の違いはあるが、対等という表現は間違いではない。だが、政府政策をめぐっては、市民はオーナー、まさに主権者であり、対等ではない。
（５）京都市、大和市などの市民参加推進条例、東海市、岸和田市などの審議会等の委員の公募に関する条例などで規定されている。
（６）村田の指摘のように（土山・村田・深尾 2012: 94–95）議論の積み重ねやファシリテートが参加者間のラポールを構築し、クロストークを誘発しうる。
（７）公共政策の主体間関係について市民社会セクター、市場セクター、政府セクターの主体が、課題を共有し、理解や共感や発想を引きだしながら醸成していく関係性を〈つなぎ・ひきだす〉とした（土山・村田・深尾 2011）。

参考文献
足立幸男（2009）『公共政策学とは何か』ミネルヴァ書房.
京都市市民参加推進フォーラム・総合企画局市民協働政策推進室（2010）『市民参加を

進めるための審議会等運営ガイドブック』、http://www.city.kyoto.lg.jp/sogo/page/0000077351.html、2013年4月10日最終確認.
松下圭一(1991)『政策型思考と政治』東京大学出版会.
松下圭一(2012)『国会内閣制の基礎理論』岩波書店.
佐野亘(2010)『公共政策規範』ミネルヴァ書房.
土山希美枝(2007)『高度成長期「都市政策」の政治過程』日本評論社.
土山希美枝・村田和代・深尾昌峰(2011)『対話と議論で〈つなぎ・ひきだす〉──ファシリテート能力育成ハンドブック』公人の友社.

第3部

座談会

「共生の言語学」座談会

松本 今、言語学のあり方を模索しようという動きがあります。学問は学問で緻密にしていくことも大変重要なことだと思いますが、言語自体、社会の中で用いられているという要素がありますので、言語学の研究者が社会に対して貢献したいというか、言語学の研究成果を社会に返したいという気持ちがあると思います。

まず、それが実際にちゃんとできるかどうかということと、提供しようと思っているとして、それが役に立つのかということ。もちろん、「これがニーズです」という社会のニーズが、先に存在するわけではありませんが、今やろうと思っていることで本当にこたえられるか、もしかしたら、もっと違うことをやったほうが意味があるかもしれないということもあります。

社会の中でうまく伝わらないこととか、伝えたいのに伝わっていないこととか、社会の内部のコミュニケーションの問題もあります。個人の叫びがうまく伝わらない場合に、社会的なディス・コミュニケーションかもしれませんが、その人がうまくコミュニケーションできていないということでもあるかもしれません。解決策というのがあるのか、解決策を作るために言語学が貢献できるのか。

そういう中で、深尾昌峰さんは、社会変革にコミットしている、非常に深く関わっている実践家でいらっしゃいます。そういう方が、実際に行っていたり、関わっていたりする社会的な活動と言語学がうまくかみ合っていけるかどうかを話すことで、言語学が社会に貢献できる道をさぐりたいと思いまして、こういう座談会を企画しました。

深尾 なるほど。

松本 ここで議論しますものが、そもそも「言語学」という名前がいいのかどうかということもあります。ただ、「コミュニケーション学」と言うと少し広がり過ぎるので、私は、「言語学」と言ったほうがいいと思うのですが、それについてもいろいろな考え方があると思います。

深尾 言語学は、わかりやすく言うと何ですか。

村田 ことばの仕組みや多様性の研究。

森山 ことばの研究。

深尾 なるほど。ことばの研究。

森山 今回の議論で、世の中の役に立つことばの研究というものの方向性を探りたいと思っています。

深尾 世の中の役に立つということをめざすのですか？

村田 これまではそういう視点が。

森山 あまりなかったですよね。

村田　私自身ある時期までは、世の中の役に立つことよりも、この理論でどれだけことばをうまく説明できるかということを考えてきました。私は、もともとバブル期に大学生活を送った世代の人間だというバックグランドもあるかもしれませんが、2006 年に在外研究でニュージーランドに行くまでは、自分の研究をそういう視点で見たことがありませんでした。ことばというのは生き物なので、今の現象や、ある意味では歴史的な流れも含めて、それをどう合理的に説明するかというところがやはりずっと自分自身の関心の中心でした。

松本　元はそうですね。

村田　では、本書について話します。私が研究メンバーとして所属している龍谷大学地域公共人材・政策開発リサーチセンター(LORC)でラウンド・テーブルを開催しました。テーマは、「ウェルフェア・リングイスティクスを考える：持続可能な地域社会形成にむけて」です。

　ラウンド・テーブルでどのような報告があったかというと、医療コミュニケーションの話、介護施設における談話の話、手話の話、外国人にもわかりやすい「やさしい日本語」の話、裁判員と裁判官の評議の話し合いについてです。私は、龍谷大学政策学部・政策学研究科がめざす、地域を変えていけるような「地域公共人材」と言われる人材に求められる話し合い能力を育成するプログラムをいくつか開発・実施してきているので、これについて話をしました。

　私たちは、これらを本として出版するというそんな大きなことは考えていませんでしたが、ひつじ書房の松本さんから、「このラウンドテーブルで話したメンバーで本を出したら面白いんじゃないですか」と出版の申し出をいただいたときは本当に嬉しかったです。と同時に、他の学問領域の方々にもぜひ執筆していただきたいと思いました。

松本功

　ここで自己紹介も兼ねて自分自身のことを少しお話させていただきます。さきほどお話したように、在外研究でニュージーランドに行くまでは、自分の研究と社会との接点について深く考えてはいませんでした。たまたま在外研究先のビクトリア大学で、「職場の談話研究プロジェクト(Language in the workplace project)」という研究に関わりました。そこで、社会言語学でとても高名なジャネット・ホームズ先生のもとで研究することができました。在外研究が人生の転機となりました。私の研究は、主として談話分析で、話しているところを録画・録音させてもらって分析しますが、振り

返ると、在外研究でニュージーランドに行くまでは「被験者」と「データ」という捉え方をしていたように思います。でも、自分のこととして考えてみると、話していることを勝手に分析してあれこれ言われるのは気持ちのいいものではないし、話していることを収録されること自体も不快です。特に、職場談話というのは仕事中の談話を撮らせてもらいますから、やはり、研究者がやりたいことをやるというよりも、その職場なり、言語コミュニティが困っていることに役立てるような研究をするという態度が必要だということをジャネット・ホームズ先生や職場の談話研究プロジェクトのメンバー

森山卓郎

たちから学びました。そして、自分の研究も、社会に役立てられるかもしれないと思い始めたのです。「社会言語学やその学問領域だけで閉じるべきではないのでは」ということに気付いたのです。帰国して、たまたま同僚に在外研究で感じたことや自分自身の研究（職場の会議やうちあわせの研究）について話したところ、「まちづくりの話し合いがうまくいかないんだけど、一度見てくれる？」と言われたのが、まちづくりの話し合いに関わり始めたきっかけで、実践につながる言語研究を始めたきっかけでもあるのです。話し合いとか、対話とか、まちづくりの談話を研究していく中で、これは私の分野だけではできないと痛切に感じました。他研究領域と連携しなければならないという実感をもちました。さらに現場との連携や協力の必要性も痛感しました。

　話を元に戻しますが、幸い、ラウンド・テーブルに来てくださった方々の多くは言語学以外の人で、テーマやトピックに非常に興味をもってくださいました。本書の第1部は、ラウンド・テーブルで報告した言語研究者、第2部は、ラウンド・テーブルにいらしていただいた方々を中心に、ご自身の立場から、言語やコミュニケーションを研究している人間に対してこんなことをやってほしいということを書いていただくようお願いしました。

　この第3部は、本書の企画に興味をもっていただいたお二方と、本書の出版を支えていただいた松本さんと、私との座談会です。本日はおいでいただきありがとうございます。

　社会を変えるというテーマをめぐってのフロントランナーでいらっしゃる若手の深尾先生と、ベテランの言語学研究者として非常に有名な森山卓郎先生からお話を伺えればと思います。

森山　全然そんなことはありませんが。では、自己紹介的なことをさせて頂きま

す。
村田 お願いします。
森山 この春（2012年）に日本語学会で、「グローバル市民社会の日本語学」という題のシンポジウムがありました。私は、特に国語教育の学科にいたことがあるということもあり、少し話をしました。そのときに、松本さんから声をかけていただきました。ちょうど震災のこともありまして、日本語用論学会というのがありますが、そのときも、震災のことでシンポジウムをしました。ことばの研究が社会にどう役に立たなければいけないかを、自分自身の課題としてもずっともってきたところです。

私自身のことを少しだけ話すと、もともとは文法が専門ですが、文法を研究していく中で、実際のコミュニケーションのあり方といろいろな表現は結構結び付いていると思いました。例えば、「なるほど」ということばを言うかどうか、「じゃあ」ということばを言うかどうかみたいなところは、意外とコミュニケーションの具体的なあり方を決めるときに役に立ちます。

役に立つということを考えていくときに、まず、一番直接役に立つのは国語教育です。国語教育の中で、「言語活動の充実」というのを中教審が言っているのですが、国語教育で、すべての人たちが生涯役に立つコミュニケーション能力をしっかりもてるような教育をしていかなければいけません。それは、ことばという点からもっと具体的に考えられるのではないかということで、小学校と中学校の教科書の仕事をしたり、小学校へ行って勉強をしたりしています。

去年まで京都教育大学にいたのですが、4年間、附属幼稚園の園長もしていました。そういう中で、幼児の段階から、小学校、中学校、大学というように、その大きな流れ、そして、その次にある生涯教育で、本当にお互いに聞いてわかりあえるコミュニケーションの力をどうつけていったらいいかも自分のテーマです。

もう1つ、子育ての段階で保育園の保護者会をやっていて、ちょうど私が会長のときに公立園をやめて民間委託になり、建物も建て替えるということがありました。これは前の年に、私の妻が副会長をしていたことも関わっています。市役所の人たちといろいろ折衝したり、新しい設計図を保護者みんなで検討したりしました。まちづくりとかそんなにすごいことではなく、非常に小さなことですが、行政の皆さんと話し合ったり、保護者みんなで話し合ってきた中で、コミュニケーションのあり方がすごく大事だなと思いました。

特に、「ファシリテーション」ということが少し言い出された時代でしたが、そういうことに具体的なことばの研究が何かかみ合ってできないかという思いもすごくもっています。

村田 そうですね。
森山 もう1つ言うと、大学院生のときに夜間中学校で少し非常勤で教えていて、そこで実際に学んでいる勉強の機会がなかった皆さんから学んだこともあります。抽象的なことばの議論だけでなく、具体的に何かできることもあるはずだというこ

とです。
　それから、ほんの少し震災のボランティアに行ってきましたが、そういうところでも、全然違う人同士が集まって何かをするときに、やはりコミュニケーションの問題はすごく大きいと思いました。例えば、話し方の問題から話しかけ方の問題、話し合いだけではないいろいろな側面についてもいろいろ調べていかなければいけないと思っているところです。

村田　どうして森山先生と私は今まであまりお目にかかったことがなかったのだろうと。私も関西圏なので、関西の語用論系の先生は皆さんにお世話になっていますので、不思議ですね。

深尾　語用というのは、「語」を「用いる」と書きますか。

村田　そうです。

深尾　私たちの世界では、御用学者の「御用」。

村田　なるほど(笑)。
　言語学といっても、単語から文法の研究、「ディス(this)」と「イズ(is)」と「ア(a)」と「ペン(pen)」の順番がどうかという語順の研究というのもあるし、語用論というと実際に使われているところでことばがどういう働きをするのかの研究です。実際の会話では、わざわざ"This is a pen"なんて言いませんよね。実際のコミュニケーションの中でどういう意味をもつか、ということを中心に研究したりもします。

深尾　そういうことなんだ。

村田　もっと言えば、私の専門は社会言語学ですが、社会の中の実際のことばの使用の有様やそこにみられることばの問題というのを研究します。

森山　例えば、何かを言われたときに何と言って断るかとか。

深尾　大事ですね。

森山　そのときに一番多いのは、実はうそをつくことですが、それも親しさによって違います。本当に親しかったら、直接、「嫌だ」と言いますが、親しくない場合は結構うそをついて断っています。ただ、小学校の子どもは逆で、むしろ親しかったら、「ちょっと考えておくわ」とか、配慮のあることを言って、親しくない人には、「行かない」と言って断ります。

村田　どっちを使うのかということを考える。

深尾　両方使うとして、それは、例えば地域性みたいなものでも変わりますか。

森山　きちんと調べていないのでわかりませんが、主に関西とか高知でも少し見ましたが、それほど変わらないと思っています。

深尾　そうですか。

森山　でも、地域差はあるでしょうね。

村田　京都と大阪は違うかもしれませんね。

深尾　よく言うでしょう。

森山　京都はお茶漬けとか。

村田和代

深尾 それもそうだし、関西の人の「行けたら行くわ」は「行かない」ということですよね。そこで関東の人とけんかになります。「行けたら行くわ」というのは、無理ということ。関東の人が「行けたら行くわ」と言うと、行けたら本当に来ます。それで数に入っていなかったり、逆もしかりみたいな。そういう断り方は面白いですね。

村田 そう。私は、ずっとポライトネスを研究しています。情報を伝達する部分よりも、人と人とをつなげたり離したりという側面ですが、実は、これからの日本語教育とか国語教育にとても大事なことではないかと思います。それは、敬語のことだけではありません。もっと広い範囲で大事ではないかと思って。ポライトネスについて私自身の実践的研究から少しお話させてください。

例えば、私は、まちづくりの話し合いを見せてもらったり、ファシリテーションの研修をやったり、話し合いの参加者としての能力を身につけるような授業をしています。共通して、一番先に受講者や受講生が感じるのが、話し合いの場作りは大事だということです。

森山先生がおっしゃったように、例えば断り方もそうで、ただ単に合理的に情報を伝達すること以外の部分が実はすごく大事なんです。

特に、私は職場の談話を研究しているのですが、職場では、合理的に情報を伝達して仕事をできるだけ早く遂行するのがよしと考えられています。でも、実際の職場はそうではなく、いろいろな局面でユーモアが言われていたり、雑談していたり。面白いのは、上司が部下に対して注意したあとで、例えば帰り際にフォローするような声掛けをしていたり、そういうのが実はすごく大事ではないかと思います。

今までそういうのはあまり演繹的には教えられてきませんでした。演繹的に教えることが正しいかどうかは別にして、そういうヒント、あるいはそういう側面があるということを教えていく必要があると思っています。

実践的研究からみえてきたことをもう少しお話させてくださいね。話し合いについてです。欧米的な勝ち負けを争うディベートは非常に大事ですが、最近、平田オリザさんがよくおっしゃってる「これからの日本社会というのは、討論とか議論ではなくて対話が大事なんだよ」ということばに共感を覚えています。日本は、今まで価値観の異なる人が集まって合意に到達するための話し合いをするという土壌がなかったのかもしれません。これからの社会に求められるのは、「A」が勝つか

「B」が勝つかというのではなく「A」とか「B」とか「C」という違いを理解しながらお互いが納得できる到達点を見出す。例えば、その到達点が「C'」であっても、それは決して「C」が勝ったのではなく、「A」と「B」と「C」がネゴシエーションした結果そこに到達したのです。議論と対話の両方のエッセンスをもった新しいタイプの話し合いが、これからの参加型社会にとって大事だと思います。

　話し合いは誰でもできると考えるのが一般的だろうし、たいていの人は小・中・高でグループワークとかグループディスカッションをしていると思います。私は、もともと異文化コミュニケーションをやっていたのですが、まちづくりの話し合いを見せてもらっていると、実は国とか言語というマクロのコミュニティーだけでなく、もっとミクロのレベルでも異文化コミュニケーションがおこっているんだなと感じます。

　例えば、「行政の人のことばは理解できない」というコメントを聞きます。あるいは話し合いの場で○○団体の長の方が１人で話し続けたという光景もよく見かけます。話し合いの参加者それぞれの言語的振る舞いはその人が所属するコミュニティーの中で培ったもので、話し合いに関する暗黙のルールをみんながもっています。異なる暗黙のルールをもった人が同じ場でプレイすると、つまり話し合いの場に参加すると、交通整理が必要な状況になるわけです。

　これに関して興味深いのは、まちづくりの話し合いをするときに、最初に３つくらいのグランドルールが提示されます。ルールと言っても難しいものではなく例えば、「人の話を否定から入らない」、「最後まで話を聞く」、「主体的に参加する」「話し合いを楽しむ」といった基本的なものです。このような簡単なルールを提示するだけで話し合いが変わる場合があります。一例としてある自治体で市民参加の懇談会での経験をお話しします。継続的に見せてもらっているのですが、今言ったようなルールを毎回必ずしつこいくらい「必ずこれを守ってください」と言っていると、３回目のことでした。たまたま、その回の懇談会で、話し続ける方が３名同じグループになりました。

深尾　すごいことになった。

村田　そう。またそこで、話し合いが始まる前に、「皆さん、何回もくどいようですけれども、これだけは守ってください」とグランドルールを提示されたんですね。そうすると、その方たちが、他のメンバーの話を相づちを打って聞き始めたという場面を見たときに、メタ的な情報を演繹的に提示するのは効果があるということを実感しました。

森山　そのときに、例えば小学校だったら、付箋に自分の意見を書いて貼ったり大きな紙に書きこんでいったりしますが、そういうのはまちづくりでやりませんか。

村田　します。KJ法はよくします。

森山　そういうのでも一方的に話す人があるわけですね。

村田　はい。ありますね。

森山　１つの時間軸で発言している人は１人ですから、話すとどうしても時間のコ

ストがかかるので、たしかに、一方的に話す人があれば困りますよね。読むのはそういう制約を受けません。

村田 先生が言われたように、各自がアイディアを付箋に書いて、それを貼っていくというのも、私はとても有効だと思います。日常会話で、「どうしてこの結論になったんだろう」とか、「私の意見はどこに行ったんだろう」ということはよくあるので、話し合いを行う際にプロセスを共有することは非常に大事かなと思っています。

森山 そうですね。

松本 今のようなことに効果があるということは、コミュニケーションの仕組みとして何か意味があるのですか。何かを理解していくとか、何かを教育していくとか。

村田 多分、メタ的知識の提示です。例えば、言語を学ぶときでも文法をやるし、パラグラフリーディングをやるときにもパラグラフの展開の仕方やトピックセンテンスがあるという情報は提示しますよね。

松本 はい。

村田 なので、話し合いの能力育成という観点からは、いわゆる話し合いという談話におけるフレームワークとか、プロセスというメタ的な知識を与えることは非常に有効だと思います。

松本 メタ的な枠組みがあるので、実際にする会話を自分でも少し距離を置いてみたりということですよね。

村田 だと思います。「人の振り見てわが振り直せ」と言いますが、深尾先生や土山希美枝先生（本書第2部執筆者）と一緒に開発したファシリテーターのプログラムでも、龍谷大学政策学部の学部生用に開発した話し合いのプログラムでも、話し合いをしているところを観察してもらいます。観察するときには、話し合いの中身よりも振る舞いを見てもらいます。振る舞いだけではなく、ここでこういうことを言ったら流れが変わったということも見ますが、そういうメタ的なものの見方で話し合いを客観的に見ることができます。

深尾 何で観察するというのをやろうと思ったかというと、私は学生の頃に、小学校、中学校、高校の授業観察研究をやっていました。そうすると、当然、子どもたちが違うから、教師の発問に対してどういう反応を示してくるかは違うわけです。それをつぶさに書いていき、そういう中で時系列に並べていくと、実は再現可能にもなるし、今、そういうところで捉え直していくということは、再現できるということが1つ検証できますよね。

村田 大学院の授業では、観察してもらったものを付箋に書いて、時間軸に並べていきます。それで、観察した人とやっていた人とまとめて、それを振り返るような話し合いをします。

　深尾先生はもともとのご専門の教育学の観点からそれを提案されたと思いますが、私は談話分析の観点から、「話していた人の意図はどうだったか」、「じゃあ、

これを聞いた人、受け手はどのように感じたか」といったフォローアップインタビューを取り入れる提案をしました。教育プログラムを共同で開発する過程で、いろんな化学反応が起こりました。これも他分野の人と研究することのダイナミズムかなと思います。「私たちの分野では、こういうふうに言っているんですよ」ということが、違う分野ではこのように言って、こういう検証の仕方があるというのは、非常に面白い発見でした。

松本 談話分析というか、会話分析というか、それが言語研究の中でも重要なジャンルになってきていると思います。言語学のルールを見つけていくということからすると、談話分析をやっている人も、観察をして記述的に述べるということは今までの学問の流れでやっています。応用談話分析というか、応用会話分析というか、そういうことは可能ですか。

村田 例えば医療の分野ではよく使われています。コンセンサスの取り方とか、ナースステーションのコミュニケーションの分析が行われていますね。

松本 その結果に対して、実際に助言するとか、そういったこともありますよね。

村田 そうですね。日本はまだ社会言語学の人間が医学部に入ることはありませんが、欧米では割と一般になってきて、医学部に言語系の先生がスタッフとして入ります。

　以前参加した国際語用論学会で、メディカルコミュニケーションのセッションを聞きに行きました。非常に印象的だったのは、「これまでの医療のコミュニケーションの研究は言語研究者が"アウトサイダー"として行うことが多かった。でも、アウトサイダーでやってきたときに助言できることと、医学部のメンバーとして医療スタッフとパートナーシップを築きながら、貢献できることは全く違う」と言われたことです。私は、それに共感しました。言語研究者が現場に近い分野で貢献できることは医療以外にもあるんじゃないか、応用談話分析はますます必要になってくるのではないかと思います。

松本 例えば、ミーティングがあまりうまくいっていないところがあったとして、改善するために踏み込むことは可能ですか。

村田 それには、多分、ビッグデータも必要になってくると思います。今は私のやれる範囲で見せてもらって、それを人材育成に役立ていますが、例えば、まちづくりの住民参加の話し合い、あるいはマルチセクターによる対話をある種の体系的なシステムとして提供するためには、それを立証するためのビッグデータも要るだろうと思います。

松本 ビッグデータというのは、データベースといいますか、会話のコーパスみたいなものですか。

村田 そうです。しかも、言語学の人間だけでは無理だと思います。私たちのフォーカスというのは、個人と個人のインタラクションです。例えば、社会学はオーガニゼーション（orgnization）同志のコミュニケーションも考察対象だし、もっと言うと、話し合いのシステムを提供しようと思ったら、その話し合いが埋め込ま

れるような社会システムとか社会構造が必要です。そうすると、マクロな視点も必須です。つまり、他研究領域との連携が重要になってくる。
松本 そうでないと、名人が来て、名人芸を披露する。
村田 そうそう。
松本 それも、大事ですが。
村田 ファシリテーターをずっとやっている人とか深尾先生みたいにずっと実践で頑張っている人は、実践知があります。

　深尾先生は、初めてお目にかかったときにはNPOの代表をされていました。当時、まちづくりの話し合いのファシリテーターもされていたのですが、私は、いつも後ろにくっついて、「どうして、さっき、○○という発言をされたんですか？」とか、「あのときは、どうしてあんな振る舞いをしたの？」と質問ばかり投げかけるので、「何だ、この人は」と思っていたらしく。
深尾 奇妙だった。
村田 現場を見せてもらってから1年くらいは「こういうことをやっています」ということで分析結果を出したときにも、現場にいる人は、「そんなのみんなわかっていることやん」ということもあったと思います。でも、だんだん「なるほど。自分たちのやっていることはそういう意味があったんですね。」と言われることが多くなった。多分、私たち言語研究者のできることは、皆さんのいくつもの点としての実践知を、線にしたり、体系化（可視化）することではないかと思います。
松本 それができたら非常に社会的存在意義があると思いますが、ビッグデータを作るとなると、大きなプロジェクトを立てなければいけません。
村田 そうですね。でも、そんなに大きなところでなければ、例えば、医療現場で助言をしたり、あるいは老人介護施設でも、本当の老人看護施設でどんなことばが使われているかは実際に見ないとわかりません。そういうのを言語の研究者が見て、そこでコミュニケーション上の問題点を指摘できるのではないかと思います。
松本 「ノウハウ」という言い方がいいかわかりませんが、「こういうときにはこういうことが起きるので、こういうほうがいい」とか、そういうことが言えますか。
村田 そういうことは言えると思います。
森山 ビッグデータみたいなもので大きくやっていくのも非常に大事でしょうね。でも、もう1つ、あくまでケーススタディーとして関わるというところもすごく大きいと思います。
村田 そうです。定性的に関わることも大事です。
森山 ええ。例えば、まちづくりの場合と介護施設の場合だったら随分アプローチも違うだろうし、老人介護施設だったらどのぐらいの速さで、音域をあまり高くすると聞こえにくいという音声学的なことも関わってくるだろうし、ポライトネスも関わってくるだろうし、関わり方が少しずつ変わってくると思います。

　大きくプロジェクトとして一般的なものを解明するのも非常に大事ですが、参加者は必ず違いますから、いろいろなコミュニケーションの場に応じて、その辺の

ケースをどのように考えていくか。エスノメソドロジーみたいなアプローチも1つの方法かもしれませんが、逆に一般化も欲しいですから、ケーススタディーと一般化みたいなところをいつも行き来するのが言語研究のあり方かなという気がします。

村田 そうですね。理想的は定性的・定量的共同研究のですね。でも、私もこの数年ずっとまちづくりの話し合いを見ていると、やはり特徴がわかってきます。「いわゆるまちづくりの市民参加の話し合いには、これとこれは絶対に必要じゃないか」というのは、コミュニケーションをずっと見ている者にとってはそれなりにみえてくるものがあるかなとは感じています。例えば、まちづくりとか、市民参加とか、マルチセクターの対話も、いわゆるワークショップタイプのものもあれば、円卓会議タイプのもあれば、ほかにもいろいろな形式がありますが、そこに共通するエッセンスも何かみえてくると思います。だから、先生がおっしゃるように、ビッグデータと並行して、私たちが汗をかいて、観察することでもみえてくることはあるし、そこに実際の談話の分析も加えれば、それは何らかのかたちで役に立てると思っています。

松本 将来的には、国語教育の言語活動に入っていくようなものが作れたらいいのかもしれません。

森山 そうですね。今の学校では、大きくなってから伝え合う力をしっかりつけるようにというので教育しています。小学校はだいぶ意識が変わってきて、授業のスタイルも変わってきたと思いますが、中学校や高校の国語の時間とか話し合いの時間というと、いまひとつ本当の話し合いになっていません。

村田 年齢的なものもあるのかな。

森山 文化の問題というか、それもあります。

松本 12、3歳になるとかえって話し合いがしにくくなってくるのでしょうか。

森山 それもあるかもしれません。でも、ちゃんとやっているところもたくさんあります。

発達の問題は発達の問題でありますし、書くこと、読むことも含めてだと思いますが、学校文化の中で本当の話し合いをみんなでしていくようなメンタリティー、あるいは能力、その辺の言語の習熟みたいなものはもっと大事な気がします。

村田 教室はクローズドですから、いろいろな人たちといっても、同じ年齢の子どもたちだけだとなかなか難しい部分があるのでしょうか。

森山 そうですね。でも、グループの中でそれぞれ違う意見の者が話し合うことはよくあるので、それは1つの大事なことかと思います。「話すこと、聞くこと」の学習として、ディベートとかセッションとかについても勉強するのですが、あくまで形成の問題ですよね。それだけではなく、ファシリテーションみたいなかたちのいろいろなやり方とか、村田先生がおっしゃったようなグランドルールを作るといったことはとても大切だと思います。

もう1つ、一方で大事なのは、話し方と同時に、思い付き方、考え方をしっか

りつけるということだと思います。

村田 それは思います。

森山 もちろん、話していく中で考えをまとめていくというのがあってもいいですが、そもそもの発想を考える力、批判的に考える力をどうつけていくかが大事ですよね。

村田 最近、私もそれは非常に感じています。私が教育を受けた頃は完全に成長型社会で、言われたことを覚えて、それをできるだけ早く処理する能力を身につけるというのが一番大事だったと思います。ところが、今の成熟型社会ということを考えたときに、今からいい世の中になるかどうかと言われると、資源も枯渇してきて高齢化も進む世の中で生きていくためには、やはり発想力とかそういう力は非常に重要で、どうやったらそれを身につけられるかを常々考えています。

今、龍谷大学政策学部で2年生の前期でやっている「コミュニケーション・ワークショップ演習」という話し合いの力をつける授業は、前半はいろいろなタイプの話し合いを経験してもらったり、観察と実施を振り返ることを通して、「話し合いというのはいろいろな種類があるんだ」とか、「グランドルールは大事だな」とか、「場作りは大事だな」ということを学んでもらいます。

後半はPBL（課題解決型学習：Project Based Learning）の手法を用いています。この授業はキャリア教育の基礎という位置付けもあります。どこの会社に行きたいとかどんな業種に行きたいということを学ぶだけでなく、もっと基本的に、「自分はどうして仕事をするんだろう」とか、「自分は、この社会の中でどんなふうに生きていくんだろう」という自分と社会のつながりを考えさせます。働くことをめぐる抽象的なテーマを与えて6人ぐらいのチームで2分間の音声とスライドショー作ってもらいました。これを思い付いたのは、この授業を一緒に開発していた先生が、ハーバードのビジネススクールの授業で実際に学生たちに与えられている「輪ゴムを渡して、これを売るコマーシャルを作る」という課題の話をしてくださって、これを取り入れようよということになったんです。

深尾昌峰

松本 面白い。

村田 そう。要は、抽象的なテーマを与えてそれを具象化させます。そのプロセスをチームで考えて、しかも、前半に話し合い能力の態度とかを身につけてもらったので、それを使ってやれと。

松本 なるほど。

村田 もう1つ、発表会のときに、その作品を見せるだけではなく、そこに至

るプロセスでどれだけ全員が関わったか、どれだけ前半の学びを生かしたかというレポートも発表してもらうという授業の作りにしました。発表会では、笑いあり、涙ありといったいろいろな作品があり、思い付きの力をつけるとか考え方をつけるというのはこういうことかなと。

深尾 少し話題は変わるかもしれませんが、実は聞きたいことがあって、メモをしてきました。共生の言語学ということでいくと、例えば、もう少し大きい話からいくと、さっき、「行政のことば」みたいなところがありましたが、私は役改連(役所ことばを改革する市民連)というのをやっていて、役所の難解なことばを改革する市民何とか連合みたいなあつまりをやっています。

村田 面白い。

深尾 これは何かというと、私がずっと一緒にこういう活動をやってきたおじいちゃんがいて、もうお亡くなりになったのですが、彼が最後に遺言的にやったのは、「請願」ということばをなくす請願書を出したことです。

松本 なるほど。

深尾 これは民主主義の問題だと思っていますが、民主主義とことばの問題は非常に大きいと思っています。今のまちづくりの話は、批判的に言えば、何で「請願」ということばを変えられないでいるのかと思うのです。例えば、民主主義との関係でいくと、願い、請わなければいけないという構造は、まさしく封建型の社会の構図のことばを日本語は引っ張ってしまっている。それ1つ変えられない私たちの社会があります。

　これは、実は民主主義の本質的な問題です。そういう「願い」、「請う」みたいなことばをどう置き換えるかということをやると、行政からほどこしを与えてもらうことを求めるという発想法に囚われているということがわかります。いわゆる統治のための言語というか、統治に使われる言語は、実は結構世相を表すというか、日本に入ってきた時期を表すということもあるし、日本になかった概念です。だから、明治期に政府がそれをどんな日本語に訳したかというところに発端がある。ある意味で、その辺りの私たちの社会の引き取り方みたいなものは、実はいろいろ考えなければいけません。

　また、もう少し仏教から来ているようなことばもあります。今の行政が使っている「知事」というのは、確かそうだったと思います。私たちの社会で、ある意味では普通に使っているけれども、市民が主体であるはずの民主主義といいながら、日本語の方は、封建時代の身分制のままみたいなところがあります。これだけ成熟してきてとか、ある意味、市民参加との関係の中で、なぜ、こういうことばが上書きされていかないのか。

　もっと言えば、例えば「アドボカシー」は、英語でしか言いづらいです。「アカウンタビリティー」も、何でみんなが英語を使わざるを得ないのか、なぜ日本語でないのか。そういうところは日本語として進化していくものか、それともずっとアカウンタビリティーはアカウンタビリティーなのか。

四文字熟語的に、訳語的に、あるものはあります。しかし、私たちがある意味での市民社会を創造していこうとするとき、市民社会という軸で考えていくときに、そういうところでの言語、日本語の地平みたいな話を聞きたいと思っていました。

森山 ちょうど春にシンポジウムをしたときに、国研(国立国語研究所)で「外来語の言い換え提案」をやっていました。

深尾 ありますよね。

森山 「アカウンタビリティー」、「アドボカシー」がどうなっているかは覚えていませんが、結構それは受け入れられているみたいな、ことばの研究の中での動きは一応あると言えます。

深尾 あるんですね。例えば、「ボランティア」とか。「ボランティア」は、日本語に直すと「奉仕者」とか、やはりちょっと違います。

森山 ええ。25％刻みだったと思いますが、理解度が75％以上だったらいいだろうとかそんなことで一応提案をしていて、外来語でも意味が2つある場合は、こっちの場合とこっちの場合みたいなものも含めてやっていました。そういうのは大事だと思います。

深尾 そうですね。「請願」は、どう考えたらいいですか。

森山 ちょうど、「障害」の「害」にどんな字を使うかという問題もありますね。

村田 私も今思いました。

森山 「請願」の問題に関して言うと、例えば、「申し込み」ということばも、よく考えてみたら「申す」です。でも、「申す」という意識はあまりなくなっていますよね。だったら、既にできたことばとして、もういいのではないかと。

深尾 なるほど。引き取ると。

森山 「請願」も、一応「請願」だけれども、「お上へ奉る」みたいな意味はあまり考えていないから、普通の公的な願いだというので、「お願い」と一緒だと言ってもいいかなと。「願う」も、中世で言ったら神様、仏様に対して願うというのがもともとの意味ですから、結構敬意が高い表現でしたが、今はそんな意識はあまりないように思います。

そういうことを考えると、ことばとしていったんできあがっていて、語源意識みたいなもので引っ掛かる人がいないのであれば、それはそれでいいのではないかと思うときがあります。もちろん程度問題で、いわゆるポリティカルコレクトネス(PC)の議論など違うかもしれませんが。

深尾 だけど、そういうことを疑うところから発露されていく市民性というか、私は、そういう政策とか、統治の仕組みとか、ガバナンスと言われるようなものを考えていくときに、ことばというのがそういうきっかけになる気がします。

森山 なるほど、おっしゃることはよくわかります。

村田 だから、政策学を学ぶ際に社会言語学の基礎知識も役に立つのではと思います。ことばの使用とかコミュニケーションという視点から社会問題をみるとか政策をみるというのは、いろいろな見方ができると思っています。森山先生は、「請

願」とか「申し出」は、元の意味ではないのでそれはそれでも構わないというお考えでしたが、社会言語学の立場から言うと、別の新しい表現に代わる可能性は大きいと思っています。ことばは、「よい・悪い」は別にして、変わっていきます。例えば「障害者」も、「害」は今、平仮名になっているし、ジェンダーの話で言うと、私たちのときは「父兄参観」と言っていましたが、今は「保護者」になっています。もっとびっくりしたのは、以前、「保母さん」と言っていたのが今は「保育士」になってきたし、「看護婦」は「看護師」になってきました。もう少したったら、「主婦」の「婦」は「婦」でなくなるかもしれません。やはり、社会の変化がもっとダイナミックに変われば、そういうことばも変わっていくのかなと。

深尾 変わっていくとすると、例えば、話し合いの作法みたいな話も、まちづくりの現場でいくと、少し引いてみると、もしかしたら変わる可能性があります。それが今の時点からみてポジティブに変わる場合とネガティブに変わる場合があると思います。小さい町だったら、首長が代わると大きく方向が変わり、「市民参加なんか要らない」となると、話し合いは不要になっていきます。

そうすると、合意形成のあり方が大きく変わっていって、「みんなで参加して決めましょう」みたいなものから、話し合わずにトップが決めてくれればいいという考えもありえる。私たちの立場からすると逆行だけど、ある意味で、それをよしとする人からすれば正常に戻っていくわけです。特に今、地方分権みたいな大きな流れの中で今みたいなまちづくりが起こってきたのですが、そういう時代的な区切りの中で話し合いをどう考えたらいいか。

例えば、上意下達型の価値が支配していた時代の話し合いのあり方と、今の話し合いのあり方と、将来のあり方は、当然違います。それはどう考えたらいいのでしょうか。

村田 今、やっと対話型の話し合いが生まれてきました。それまでは「話し」「合い」ではなかったでしょう。私は田舎の出身なので、隣組で何かを決めるときには、その村の盟主というか、権力のある人が大体決めて、それに従うとかいう風習があったのを覚えています。また、私はずっと茶道をやっていたのですが、お茶の教室の世界は、下の者は何も言わないのが礼儀だったし、対等な立場で話し合うことはありませんでした。

社会が変わって、今、新しい話し合いが求められていると思うのですが、今のものを守るとか変えるためには、それは、もしかして、言語の研究者ではなく、政治とか法律というレベルで社会のシステムとして早く埋め込んでもらえたらいいのかなと。

深尾 逆に、そこを言語学がリードできる可能性はありませんか。共生の言語学として、そういうものをリードしていく言語学のあり方とか。言語学は、そのように作用していかないものですか。それは、政治の側を変えていくような。

村田 今の話だけではなくて、多分、森山先生のほうがいろいろなことに詳しいと思いますが、確かに、言語学が社会を変えていくことはありますよね。

森山　あります。

村田　国語の話とか。

森山　さっき言われた「障害」を使わないといったことなどは、認識を改めていく側面がありますよね。あるいは「男女平等」の意識も高まっていて、もう今では「チェアマン」と言いませんよね。

村田　「チェアパーソン」と言います。

森山　*Man Made Language*（デール・スペンダー著）という本がありましたが、そういうところから１つ１つのイデオロギーみたいなものをもう１回見直すことになっていく、そういうきっかけとして言語の研究があるかなと思います。

　それと同時に、それはものすごくたくさんいろいろなところにあって、研究されているような、話し方のグランドルールで何が大事かとか、文化人類学的なことも含めた話し方の分析などもおもしろいと思います。ことばと権力の関係の分析などもありますし、話題になっているような PC の問題もあります。そういったことばと社会の関わりについての研究が世の中を変えるということの１つの導火線みたいなことにはなることはできるかもしないですね。

村田　なりますよね。例えば、教育とか言語政策とか、多分、もっとインダイレクトな部分でも何かメッセージ性は出せる。

深尾　そう。「社会に貢献する」とか、「接点」とか、「社会の中で生きていることばを研究する」ということの意味合いが少し伝わっていくと、ある意味で、共生の言語学が非常にびしびしと来るような気がしています。

村田　いわゆる弱い立場、情報弱者へ言語学の知見が応用されているのは１つの実例ですね。日本に住む外国人が困っているから、特に震災のとき、命に関わるような事態でいろいろな言語に翻訳していたら、時間がかかって命が助からないことがあるから、発想を転換してここはみんながわかる平易な日本語にしようというのは、言語学の立場からのインパクトとなったと思います。

深尾　確かにそうですね。ことばが人を救う可能性は多分にありますよね。

村田　大きくあると思います。

深尾　今の生きづらさみたいなものを考えたときに、例えば今、私は、本当に生きづらい社会だと思います。現在はモデルがない社会です。バブルの頃はモデルがあって、ある意味、楽観的な社会の中で生きてこられました。しかし、1990 年代以降、バブルから冷戦構造がなくなり、かつ、好景気がなくなって、そういう閉塞感の中で来た中で、ある意味、正しい価値とか生きる意味がなくなってきています。今までの意味が意味をもたなくなってきている中で、ことばの力に注目したい。

　例えば、「ひきこもり」はネガティブです。だけど、私がイタリアに行ったときに哲学者と対話をしたら、「今、人類の希望は、日本の「ひきこもり」だ」と言われたのです。私は、それを聞いたときに、なるほどと思いました。これはどういうことかというと、「あなたの国は３万人以上の人が自殺する国でしょう。それに抵

抗している、レジスタンスとしての「ひきこもり」というふうに社会的に捉えると、それは希望じゃないの？　要は、閉じこもって、ある意味で今の生きづらい社会に抵抗しているんだ」と。

「ひきこもり」の人たちにそういうことばの当て方をすると、実は見え方、捉え方が大きく変わってきます。それは哲学との対話の話かもしれませんが、ことばはそういう力があるのではないか。

村田　ことばの力は大きいと思います。

深尾　位置付けるという部分でいくと、そのときには私も非常にはっとさせられましたし、1995年の震災以降の話、特にオウム（真理教）はそうだったと思いますが、ある意味での生きる意味を模索していくところとことばの関係とか、社会とことばの関係は、非常に密接だと思います。

村田　ことばは社会的な相互活動だと思ったのは、さきほど言及した「コミュニケーション・ワークショップ演習」の授業でのことでした。「コミュニケーション能力って何？」と授業の最初に学生に聞いたら、「うまく伝える力」とか、「相手を説得させる力」という答えばかりでした。それは、「コミュニケーション」と言ったときに、「発言者」という視点しかありませんでした。1回目の話し合いが、「人の話を聞くうえで大事なことは何か、3つ挙げてごらん」と言って、次に、「人に伝えるうえで大切なことを挙げてごらん」というテーマにでした。そこで、「みんなは、コミュニケーションというと話すことだと思っているけど、よく考えてごらん。コミュニケーションはことばのキャッチボールで、相互活動だよね。そうすると、話すことも大事かもしれないけど、聞くことってもっと大事じゃないかな」といった話をしました。15回の授業が終わって、もう1度みんなに感想を聞いたときにうれしかったのは、多くの学生が、「コミュニケーション能力で大事なことは、実は聞くことだということがよくわかった」と言ったことです。

もう1つ、思いがけないことばを聞きました。「この授業を受けて、人に対する気遣いとか配慮を学びました」と。「例えば、話し合いで全然話せない子がいたときに、「何々くんはどう思う？」と聞いたり、でも、そう言うとその子にプレッシャーをかけると思って目配せをするという振る舞いが今まで自分たちにはなかったけど、みんなでやっていくときには、それぞれのメンバーのことを気遣って、みんなに声をかけてやっていくことが大事なのかなと気づきました」と言われ、ことばを使って人は社会活動を行っているということを考えると、コミュニケーション能力を身につけるとかことばを教えるということは、その背後にある価値観も教えることになっているのではないかという点を痛感しました。

あと、私は英語を教えていますが、特に、英語でポライトネスの観点から会話を教えているときに、例えば英語の場合は、「何々さん、今日のTシャツはかわいいね」とか、「その発言、すごいよかったよ」とか、割とポジティブなコメントをします。そうすると、日本の学生たちは、それを「気持ち悪い」と言います。「おべっか」とか「へつらい」みたいだと。そのときに、ことばは、ことばだけじゃな

くてその背後にある価値観とか対人関係の考え方がベースにあるんだなと思いました。あと、日本人の子がよく陥るのは、英語ではあまり相づちができないので、「英語でも、"I see"とか"That's good"と言うのよ」と言ったら、今度はそればかりを入れます。それは、多分、日本語の癖だと思います。私は、いつも自分の指導教官のジャネット・ホームズ先生にも指摘されていたのですが、英語で話すときの相づちが多い。指導教官とのミーティングを録音してあとから聞いているのですが、私の相づちがあまりにもうるさすぎて全然聞こえないということがあって、ことばというのは、表現だけで抽出できるものではないというのをすごく感じました。

森山 そういう聞き方に関してのメタな捉え方をしっかりもつということは、社会に出てからきっと役に立つでしょうね。

松本 さっきの深尾さんの話で言うと、リーダー観とも関係がありますね。

深尾 そうですね。

松本 つまり、全部を決めてくれる人が望ましいと思えば話し合いをしなくていいかもしれないし、ある程度考えたうえでというのは…。

深尾 そうそう。だから今、モデルがないということは、ある意味ではみんなが決断しなければいけない社会というか、状況です。例えば、どう生きていくかというときに、多様な考え方や価値観が台頭してきて、かつ、今まで経験したことのない社会に突入していくときに、「自分で決めろ」と突きつけられる社会だから、逆に、今からは、対話とか、いろいろなことを意思決定していくための技術であったり能力が非常に重要だと思います。

そういう観点で位置付けていくと、共生の言語学の意味は非常に大きいし、「高校を出て、就職をして、こうこうこうだ」と決まっているとか、社会も強いリーダーがいて、「こうだ」という、あまり考えなくていい時代だと、こういう議論はあまり盛り上がらないと思います。それぞれの状況が画一的でなくなってきたり、工夫しなければいけないとか、ある意味で危機の中に生きているという部分での対話は、今の時代の意味合いが非常に高いようには思います。

村田 確かに。

森山 それこそ、今のJALの稲盛(和夫)さんのアメーバ経営とか…。

深尾 そう。リコーとかね。

森山 ああいうのも全部コミュニケーションです。

ちょっと教えてほしいのですが、例えばコミュニケーションで、今の聞く力みたいなものを全くもっていない人が出てきたときにはどういう工夫をしていますか。

深尾 工夫。

森山 「この人、聞いてくれてないな」と。新しい情報に対して全然付いていってないとか、聞かないというのにもいろいろなパターンがあると思います。自分の考えを変えないという頑固な段階と、本当に聞いてわかっていない段階とか…。

松本 それは若い人ですか。それとも、年を取っている人ですか。

森山 それはいろいろあると思います。
深尾 １つは、背景です。例えば、私は公共施設の運営の責任者をやっていたことがあって、そうすると、いろいろな人が来ます。こうやって空調があって、今は自動で切れたり、ついたりします。要は、サーモスタットで、寒くなったらつきますよね。ついたら紙がひゅっと動くでしょう。あるおばさんは、それを示して、「誰かが私の作業を邪魔している。おまえら、私の作業を邪魔するために、つけたり消したりしているだろう」と言ったという話があります。

被害妄想です。それを一方的に大声で怒鳴られるわけです。そういう人たちがたくさんいます。最初は私もしんどかったですが、あるとき、何でその人はそういうことを言うのかというその人の背景を考えるようになると、非常に楽になりました。それで、話が聞けるようになったのです。

要は、「何でこの人はそういうふうに言うんだろう」というと、１つは、テクノロジーの話を知らないわけです。非常に原始的な、強くしたら強くなるという扇風機のイメージです。そういう問題もあるし、話をしていると、そこでわめかなければいけないその人の背景が見えてきます。背景を理解しようとすると、実はこっちの話し方が変わってきたり、素材の出し方が変わってきたり、同じことでも言い方が変わってくるというのは相当経験しました。

例えば、あと１つは、今では結構尊敬している人で、最初は本当に厄介な利用者だと思った人がいました。車椅子の人がいて、その人が車椅子で段差を越えられなくなっていたらどうしますか。
村田 何かを付けてあげたりする。
深尾 というか、その場で。
森山 押してあげる。
村田 押します。
深尾 すぐに手を出すでしょう。その人は、それを怒るのです。要は、その人のマイノリティーの視点からすると、「あんたたちは、歩いていて、ちょっと坂道のときに後ろからいきなり押されたらどう思う？」という視点で、「障害者を弱く見るな」という話です。それは、マイノリティーからの発信です。

逆に、「ここが越えられないことがおかしいのだから、これを変えろ」と。要は、「身体に触れるな」ということです。最初は私もそんな発想は理解できませんでしたが、だけど、「やっぱりそうだな」と思うわけです。私たちが理解できないところから始まるときは、その人たちの発信することばや、怒りや、あらがいみたいなものの背景を少し考え、そういう人たちと一緒にいろいろな対話をしたり。今でもそういうことは非常に多いです。
森山 なるほど。でも、本当にセルフィッシュな人もいるでしょう。
深尾 いますね。
森山 そういうときはどうしますか。いわゆる、学校では「モンスターペアレント」ということばがありますが。

深尾 それも、そうでした。実はこの前、今、小学校の教員をやっている友人と飲んでいて、「おまえら、モンスターペアレント、大変だろう」という話をしたときに、「実は、僕らも今、こういう問題があって」と、対話とか議論に関する僕らの研修プログラムを売り込もうと思いました。

その先生は組合をやっているので、「組合で俺らのプログラムをやらないか」と言うために呼び出して飲んでいたのですが、「本当はそういうプログラムが欲しい。だから、やりたい」と言ってくれたのと同時に、「モンスターペアレントがモンスターペアレントでなくなっていく過程は確実にあるんだ」と言います。それは、まさしくそういう対話だったし、背景を理解するということでした。

要は、なぜその人が学校に対してそんなことを言うのか。その彼が言ったのは、「そのお母さんの苦しみを、「そうだよね」というふうに理解してあげた瞬間に、許容してあげた瞬間に、そのお母さんが抱えているものを一緒に聞いて、一緒に考える姿勢をもてる、その向き合い方をした瞬間に、実は、今では学年で一番学校に協力的なお母さんになっている」と。

だから、その構造みたいなものも、実はこういう話し合いとか、今ここで議論している言語学みたいなものは、モンスターペアレントがモンスターペアレントでなくなっていくというか、その人たちの行動様式を変えていく、ある意味でのきっかけとか可能性があるような気がします。

村田 確かにね。

森山 そうですね。知り合いの校長先生も、よくそういう話をしていました。学校への苦情の電話で、何かいろいろ言っているけれども、実は、言っているのは横で聞いている別の家族に言いたいのであって、虚勢を張って言っているんだ、と。

深尾 間接話。

森山 演じているというか。まあ、いろんなタイプの人がいますね。理不尽にくってかかられた経験は私にもあります。ただ、いずれにせよ、本当に対話は大事です。

ただ、対話をしていく段階で、時間のコストがかかるということがあります。本当にわかりあえる場合はもちろんいいですが、現実問題として必ずしも理想どおりにいかない場合もたくさんあるのではないでしょうか。そういうときには、何か解決のしかたがあるのでしょうか。

深尾 私たちも、現実的には生活の中で対立したままというのはたくさんあります。まちづくりは本当にそうで、ふわっとしたことを決めるまちづくりの会議は全然問題なく進みますが、利害が対立するような問題のときは越えられません。そうそう簡単には越えられなくて、恐らく怒号が飛び交いながら、考え方が180度違ったりすると折り合いどころを見つけていくことが難しい議論というのは当然たくさんあって、ある意味での積み残しというか、そういうものは生まれてきます。

村田 トップダウンでやったほうがずっと早いということもあるわけで。

深尾 そうだし、それは、決断を誰かが責任もってしなければならないということ

もあるでしょう。ある意味で、それは政治的な決断かもしれないし、結果責任を誰かが負いながら引っ張っていかなければいけないのかもしれませんが、そういう問題は当然起こります。

村田 そうですね。話し合いは時間がかかるし、なかなか決められませんよね。だとしたら、話し合いをしないで誰かが決めたほうが早いかもしれないと、時々、私も話し合いに関わりながら思います。

松本 この間の選挙をみると、だらしない点が多かったと思いますが、どちらかというと話し合い志向だった民主党がこけて、中身はあるのかわかりませんが、話し合いよりも、決断力があるリーダーに任せようという志向の自民党が勝ちました。状況は振れているのではないでしょうか。

村田 そうですね。

松本 ただ、大げさな言い方をすれば、一応民主主義国家に住むことを選んだ以上は、ある程度の部分は話し合い的なものをベースにするしかありません。それこそ、学校教育とかさまざまな場所でそのやり方を教えたり、教わったりする仕組みが必要だとすると、例えば、教え方のカリキュラムでベーシックなものを作るとか、そういうのは言語研究が関わるべきではないかと思います。

村田 そうですね。

深尾 私は、今の体罰の問題をみていると、逆に信じられません。

村田 体罰ですか。

深尾 私も竹刀を持ってたたかれていたし、今思えばすごいなと思いますが、ちょっとムースを付けようものならクレンザーで頭を洗われていました。今から思うと、びんたとかげんこつはよくやっていたというか、普通でした。

村田 普通でしたね。

深尾 逆に言えば、スポーツの世界もそうだと思いますが、ある意味ではコーチングみたいなものも、体罰とか、力を行使しないと統治できなかった空間がそうでなくなってきているという現実として、今、子どもたちが育つ環境は相当違うリアリティーをもって生活しているかもしれないと思います。

　私たちからすると、「殴らないとわかんないじゃないか」というのがどこかにまだあります。だけど、そうでないことで大きくなってきている今の学生を見ると、実は、そういう場の収め方みたいな技術は彼らのほうが高いと思うときがあります。なよっとして見えるときもありますが、ある意味で、この30年ぐらいの間でも、私たちが生活している様式が…。今の体罰の問題でも考えさせられますね。

村田 パワーの差は、確かに小さくなってきているかもしれません。

森山 ただ、逆に、子どもたちの世界でのおかしなパワー関係みたいなのができているのは問題ですね。今のいじめの問題とか、ついこの前も、中学生の女の子が児童福祉法で逮捕され、友達を売春させたというのがありました。

深尾 そうですね。中学生が売春させていました。

森山 いじめの事件にしても、結構、「個」を大事にするような教育で、みんなが

本当に「個」を大事にされているはずなのに、体罰だって、昔と比べたらなくなっているわけですよね。なのに、自分たち同士の中で本当に相手の思いを想像するというのができなくなっているというのは、まだ何か改善点があると思います。

深尾 そうですね。ある意味で、今の学生たちは「リア充」ということばを多用します。「リア充」ということば自体も、リアルな世界とそうでない世界があるから彼らはそういうことばの中で生きていて、そういうのが見えなくなってきているのも事実です。

私たちでもそうですが、ゼミのいろいろな連絡でも、ライン（LINE）などでも、瞬時のそのコミュニティーでやると、入っていない人からすると何の情報も共有できないというような。やはり、個の問題と集団の問題の話は確かにありますよね。

村田 コミュニケーションのツールは大きく変わっています。それも影響としては大きいでしょうね。

森山 そうですね。

深尾 そうですよね。コミュニケーションのツール。だけど、私たちはもうそこから逃れられません。

森山 すでにあるものは。

深尾 そうですよね。

村田 確かに、社会言語学の1つの目標は、実際に行われているコミュニケーションの中から何らかの体系とかルールを見出すことでしょう。それだけではなく、実際に起こっているコミュニケーションで何が問題かをみることも大きな役割だと思います。

逆に、そういう意味では、深尾先生が言われたように、今は不確実な世の中だからこそ、弱い人たちが抱える問題もコミュニケーションの立場からみえるだろうし、あるいは森山先生が言われた「個」ということが重要視されたことでどんな問題が起こっているかとか、リアリティーでないコミュニケーションのツールの中でどういうことが展開しているかというのをまだまだ研究できるのは私たちかなと思います。

森山 言語の研究をすることによって、みんなを、ある意味でのコミュニケーション名人みたいな人にしていくみたいな発想も1つだし、言語政策とか、統治の話とか、その辺りの問題で、もっと制度的なものでコミュニケーションをどうしていくかということも大事です。一人一人のコミュニケーション能力を高めていく側面と、社会のコミュニケーション力をより充実したものにしていくという側面と。

深尾 まさしく、そうだと思います。

森山 その2つの方向がありそうですね。

深尾 私が本当に興味があるのは、社会のコミュニケーションのあり方です。高度経済成長期以降の分断したほうが効率的だと思われてきた私たちの社会の構造も、ある意味では、「もうそんなことを言っていられない。地域の中で総力戦だ」と。要は、高齢者を弱いものとして考えると、社会全体が成り立たないわけです。その

人たちの力を引き出していくことも含めて考えていかないといけない。
　そして、行政をたたいていても仕方ない時代が来ています。みんなはたたけば社会の問題が解決したように思っていますが、抜本的ではないと。
森山　わかります。
深尾　そういう地域の力、いろいろなセクターの力を引き出していくようなコミュニケーションみたいな話は、制度にも関わってくるし、統治の仕組みそのものかもしれません。そういうものを「コミュニケーション」ということばで整理したり、そういう目で見ると、いろいろな可能性が見えてくる気がします。
村田　「教育」と言うときにも、今はどうしても学校教育は小・中・高・大とありますが、もっと広い視野でみたときに、「生涯教育」ということを考えると、私はうまく定義付けできませんが、もしかしたら市民教育というか、個々の能力を何とかしてうまく引き出せるものができればいいと思う。
森山　そうですね。
深尾　私は、実は戦前の国定教科書の研究をやっていたことがあります。国語読本、国語教育の教材の研究をやっていました。戦前で結構面白いなと思うのは、国語教育の中で社会の仕組みを教えています。例えば、息の長かった教材で「郵便局」というのは、どの期の国定教科書にもありました。要は、近代の郵便という仕組みを国語という教科の中で読み物として教えるとか、養蚕とか、産業もそうです。
　逆に言えば、国語教育の中でのある意味での展開みたいな話と同時に、市民教育とシティズンシップエデュケーション領域の中での市民性の獲得みたいなところで、国語教育やコミュニケーションが果たす役割は相当大きいように思います。
森山　そうですね。OECDの学力観に「キー・コンピテンシー」というのがありますが、あの中で、お互いにヘテロジーニアスなグループの中で関わっていく力というのがあります。そういうのの基本にあるのはまさにことばの問題ですが、同時に、そのためのバックグラウンドの知識として社会のこともいろいろ知っていないといけないということもありますね。
　国語の学習なんかでのNIE（ニュースペーパー・イン・エデュケーション）で「新聞を読もう」といったことも関わるでしょうね。自分の頭で考えて、しっかりやりとりをしていくという点で…。
深尾　なるほど。
森山　そういうので「個」を作っていくのと、もっと制度的に垣根を取っていって、対立ではなく、一緒に情報を共有して歩んでいこうという中で、「こういうことを調べてほしい」、「研究すべきだ」みたいなことがあったらまた私たちに教えてください。
深尾　はい。だけど、あまりそんなに大層なことは考えていません。
村田　国語の教科書の中身も実はすごく大事でしょうね。内容を読むことで社会のことがわかったり、話し合いは大事なんだということがわかったり、そういう社会

の側面を入れるという、さっき言われた環境のことは非常に大事なことですよね。
松本 社会のコミュニケーション能力という話で言うと、言語学がどれだけ貢献することができるでしょうか。
村田 多分、人材育成という意味ではできるだろうし、私のやっているところで言うと、話し合いのエッセンスみたいなものは提供できると思います。野望で言えば、話し合いのエッセンスと原則みたいなものが体系化されてて、「こうやったらうまくできるよ」ということが出せればいいと思っています。
松本 森山先生は。
森山 幼稚園の園長をやっていたときのできごとですが、1人の子がブランコに乗っていて、もう1人の子が来て、「代わって」と言います。こっち側は、壊れたレコードみたいに、「代わって、代わって」と言う。でも、言われた子は全然知らん振りで乗っている…。

それはだめだろうと思ったのです。そのときに何が必要かと思ったら、「じゃあ」ということばではないかと思ったのです。そこから、園の研究をとして、「じゃあ」でも「そしたら」でも何でもいいですが、こっち側だったら、「何回乗ったら代わってくれる？」とか、「どうしたら代わってやる」とか、言えればだいぶ違うわけです。「じゃあ」みたいなことばを1つのきっかけとして、相手の主張を受け入れて自分の提案をするというのを幼児の段階からもっと見ていかなければいけないのではないかと。ことばという観点を切り口にすることによって、子ども同士のコミュニケーションの力をどう高めていくかを考えました。

例えば、幼稚園によっては、子どもけんかをしたときに必ず仲直りの儀式をさせるところがあります。どちらもが、「ごめんなさい」と言うように指導するところとか、あるいは先生が裁判官になるようなところもあります。しかし、それではコミュニケーションの力は育ちません。

場合にもよりますが、子ども同士が上手に自分たちで解決するような方向で、今日悔しい思いをしても次は自分がちゃんと言えるようにバックアップすることなどが重要です。個人の力をつけていくいろいろなやり方をベテランの先生はやります。幼児教育の段階から含めて、コミュニケーションの「したたかな」と言ったらことばが悪いかもしれませんが、そういう力を育てる必要性も感じます。

また、小学校では、論理的に話し合う力、話し合ったことをお互いにしっかり聞き合う力を高めていき、考える力とか批判的に考える力を育めるようにしていく。それが最後、大学になって、FDのことにつながってくると思いますが、今日話されたコミュニケーション活動の授業とかで社会との関わりを学んで、コミュニケーションに習熟する。そして、そういう皆さんが世の中に出ていったら社会は変わっていくかなという気がします。
村田 どうやったらいいかわかりませんが、若者に夢をもってほしいというか、元気になってほしいです。
森山 そのときのきっかけの具体的なものの1つになるのが、ことばの研究かな

と思います。相づちの方法とかノンバーバルなものも含めて、「例えば」ということばが言えるかどうかで話が具体的になるかどうかが違うとか。
深尾　そうですね。なるほど。
森山　その辺をやったらいいかもしれませんね。
深尾　コミュニケーションをデザインする力というか、さっきの幼稚園の先生もそうですが、ある意味できちっと関係性をデザインする力とか。
村田　もう1つは、方言教育もぜひやってほしいと思います。
森山　そうですね。
村田　「京ことばの会」という市民グループの方々とおつきあいがあるのですが、京ことばを話せるいわゆるネイティブスピーカーは80歳以上の人で、どんどん少なくなっているそうです。京ことばの会も60代以上の人ばかりなので、もうなくなってしまうかもしれないという危機感をもっています。その地域のことばを通して、文化とか、風土とか、ふるさとへの思いとか、地域アイデンティティーも育てられるのではないかと思います。
深尾　そういうのも、どれぐらいのスパンで考えたらいいでしょうね。例えば、今の京ことばのネイティブみたいな話と、平安の都の時間軸で考えたら、ことばは、ある意味で生まれて消えてみたいなところがありますよね。
　ただ、テレビとかラジオが入って以降みたいな話は、多分、環境が全然違うと思います。ある意味での変わっていくということと、昔からあるというところの両方が大事な気がします。
村田　難しいところではあります。
森山　まさにそうですね。私も、基本は絶対に方言を守らなければいけないと思いますが、実際に仕事をしている人が、これも稲盛さんの話だったかもしれませんが、自分が京セラのときに鹿児島弁で電話に出たら、「何だ、この会社は」みたいなかたちになってしまうから、電話はほかの人に出てもらっていたというのがありました。
　結局、放っておいても方言は消えていくから、そこは守らなければいけないというのはすごくありますが、同時に、「じゃあ、守って昔に戻るのがいいか」といったら、実際はできません。
村田　多分、バイリンガルになれれば一番いいなと。
森山　そうそう。ほんとに。
村田　あるいは、知識だけでももっていればいいなと。全くなくなってしまうのはどうかと思うので。
森山　そうですね。
村田　この前、東北に行ったときに東北弁が全然わかりませんでした。
深尾　私も九州ですが、言語として、九州でも世代が違えば、全然わかりません。ただ、おっしゃることは非常に大事で、コミュニケーションからしても、あと、どういう地域で生活しているかによっても全然違います。周辺部と中山間地域みたい

なところに行くと、方言の深さというか、通訳が必要になります。

村田 違いますね。

松本 おばあさんと孫は、おばあさんのことばを聞いたらわかるかもしれないけど話せないみたいな。

深尾 そうですね。生活をしていればそこは共有できますが、離れて生活しているとなかなか難しくなります。

　若い人たちに向けてのアプローチは、今からの教育は、コミュニケーションを重視しながらというのも実際にいろいろなかたちでやられています。「若い人たちは頼りない」とか「だめだ」と言うけど、若い人たちと話していると、「電車の中で携帯電話で大声でしゃべっているのはおっちゃんたちじゃないか」、「席に割り込んでくるのも列に割り込んでくるのも、おっちゃんとかおばちゃんじゃないか」と怒ります。

　かつ、みんなは今から長生きしていくわけです。そのパイが増えていくわけです。そういうところへ作用させていく。若い人たちだけのコミュニケーション能力が高まっていっても、今からの社会、圧倒的な年上の人々。そういうところへのアプローチの方法は、さっき言われた社会教育というところだけど、コミュニケーションと言わずにコミュニケーション能力が獲得できていくような作用が、コミュニティーの中では大事な気がします。

　別に道徳性みたいなところに引き付けたいわけではありませんが、何かそういうことが大事な気はしますね。

村田 何か仕掛けができればすごく面白いですよね。

深尾 そうだけど、デザインの中でも難しい。

村田 そうですね。大人の再教育というのはすごくおかしいかもしれませんが。

森山 いろいろやっている活動の中で、あるいはそういう話し合いの中で、それ自体が実践のトレーニングにもなっているようなところがあるでしょうね。

深尾 おっしゃるとおりです。

村田 今関わっているある自治体は、これから市民参加の懇談会が地域のシステムに取り込まれるのですが、例えば、そこで、「参加するためには、ちょっとこの研修を受けてください」というかたちで受けてもらったら、もしかしたら何か役に立つかもしれません。

深尾 そうですね。「聞く」という、ある意味での向き合い方も本当に大事だと思います。私も今、ある町で、それこそ保育所の民営化の議論をする委員会の委員長をしていますが、やはり、相当価値観が拮抗します。保育園の先生も相当不安です。

　私も委員長の責任があるので、委員会の委員の皆さんで保育園に行きました。「先生たちと対話をしよう」、「徹底的にやろう」と言ったら、それで安心します。話をしていくと、方向性がみえてきます。当然、民営化を許そうとは思っていませんが、こういう場があることで自分たちも対話ができるという、それもデザインの

非常に大事な側面だと思います。
　コミュニケーションは難しいというのは、実はそういう成功体験があまりにも少ないからなのかもしれません。
森山　うちの子の保育園のときには、どちらかというと、最初は対立路線でした。行政は、予算の問題もあるので当然民営化です。こちら側は、民営化ということは今までの公立のいろいろなよい条件がなくなりますから、当然反対だと。市長選まで巻き込むことがあったのですが、ある段階で、「結局は対立で何も生まれない。時間切れになってだだだっとなってしまう。それだったら、最後に困るのは子どもだ」というので、民営化ではなくて対話路線にしました。
　それが本当によかったかどうかはわかりませんが、少なくとも、その前後に子どもたちの保育をするために先生たちが残ってくれるとか、新しく民営化するのに対してどこを選ぶかとか、どんな建物にするかとかいろいろな基準を作って、親も先生もみんなで考えました。いわば条件闘争化したわけです。対立から条件闘争になったこと自体は、どうしてもそれが既定の路線としていくのであれば、それはせめてもの対応としてよかったのかなという気はします。
　すごく印象に残っているのですが、私の妻の発案で、みんなが紙に1枚ずつ自己紹介を書いて、車座になって市役所の人たちと保護者と先生で話し合いをしました。そのときに、それぞれが自分と子どもとの関わりみたいなことを書いた中で、敵だと思っていた市役所の人が実は子どもを亡くされていたり、いろんな熱い思いをもっておられたり、…そういういろいろな話をきいて、お互いが生きている人間として話し合えるというのは本当に大事だと思いました。
深尾　まさしくそうだと思います。現場では、そういうことがダイナミックに起こっていきます。そういう経験値みたいなものが地域の中に積み重なっていくとね。
　私は、ある意味では、そういうものを統治とか政治が利用してきたと思います。対立させることで、敵を作ることで統治をしていくというスタイルが…。冷戦構造などはまさしくそうですし、私たちの社会でもそうだと思います。
森山　おっしゃるとおりですね。
深尾　保育所の民営化は本当に政治闘争化しますが、それをうまく利用して票にすることも当然あって、子どもたちのことは全然考えていません。私は、何でもそういう気がします。
　そこに住民が不在だったり、当事者がいないところでそういう議論が回っていく。ある意味、政治の統治の中とか政治の構想の中でそういうことが取り扱われてきて、そこには市民が不在だった。そういう意味では、自分たちの自治を取り戻していくところでの今みたいなコミュニケーションの話は非常に大事な営みだと思います。
森山　特に、そういうものを作っていらして、また、一緒にそれの議論を考えているわけですよね。そういう中で、私たちみたいに、何か降りかかってきたらしかた

なしに関わるわけですが、あえてボランティア的に本当に関わってやっていらっしゃるのはすごいと思います。
村田 私も本当に偉いと思います。
森山 作っていく方法、つまり、ゼロの人に対してアプローチしていく方法は、どういう方法でしょう。
深尾 そこは、大きな話でいくと共感だと思います。最終的には共感をどう持ち合えるか、信頼関係をどう持ち合えるかだと思いますが、最初は理解されません。わからないから、そこにどうイメージを付けていくとか、わかるようにしていくかみたいな話と、極論で言うと、やはり社会は引き取れませんよね。

私はよく、「今の「当り前」は誰かの「ほっとけない」から始まっている」と言うのですが、「請願というのをやめてくれ」という請願を出したおじいちゃんは、若い頃に訪問入浴車を走らせた人です。始めて訪問入浴車を走らせるときに、社会はどう引き取ったか。

社会には理解されないけど、その人がそこにどういう確信をもつか。それを、少しずつ社会全体がどうフォローしていくかみたいなところのプロセスは、戦いのような気がします。

社会を変えていくとか、社会をよりよくしていきたい人たちが最初に「これだ」と確信をもつのでしょうが、目立っている人だけでなく、地道にいろいろなことをやっている人たちも同じようなことで確信をもっていたりする。自分が「こうだ」と思う信念みたいなものが人にどう伝わっていくか、共感を呼び起こしていくかというときに、ことばの力は非常に大事だし、そこから社会を変えることができると思います。

ことばでなく行動で示せる場合もあると思います。毎日、「おはよう」と呼びかけていって、あるときから誰もがあいさつするようになるとか、毎日ごみを拾っていたら誰かが一緒にやっていくという、ある意味では美しい話ですが、私は、そういう成功体験をもっています。

そういう部分でいくと、「世の中、捨てたもんじゃない」というところがベースにあって、そういうことに潜在的に興味をもっている人たちはたくさんいます。私たちからすると、潜在的に共感してもらえる人たちにどう届けていくかが一番の課題です。それは、ことば的にもそうだし、情報的にもそうです。
森山 「誰かの「ほっとけない」が」というところからはじめられるということは、本当にすごいですね。実際に行動に移る力。これはもう、すごいと思います。

でも、普通の人間だったら、思い付くだけで、「できたらいいのにな」と言うだけかもしれません。そんなとき、みんなが一歩動かしていく力をもてたらすごいと思います。それも伝授していただきたいと思って。
深尾 もっているんじゃないですか。多分、その発露の局面みたいな話だと思います。私は、批判的にものを考えられるかとかアイデアみたいな話も非常に大事だと思っていますが、あらがうとか怒るという気持ちを諦めると起こりませんよね。

私は、本当に単純だと思います。何かにあらがったり、「これっておかしいんじゃない？」と思ったことに対してすぐにあきらめない。だけど、そのことに全部答えているわけではないと思います。スルーさせている問題も山のようにあって、そうしなければ生きていけません。だけど、何かそこでの可能性を信じたいというか、よくわかりませんけど…。

森山　パッションあるいは当事者性みたいなことですかね。

深尾　そういう意味では、今、何となくかたちにしていくことの方法論みたいなものを、ほかの人よりも先に気付いてしまったり。

　私たちにとって大きかったのは、やはり震災です。大学生のときに阪神・淡路大震災が神戸で起こって、私は京都にいてという中で、やれば響くとか、災害ユートピアみたいな話もありますし、今の東北でもそうですが、やらざるを得ない環境に置かれてしまうわけです。そういうところで、やったら喜ぶ人がいたり、いろいろな問題が解決したり、非常にダイナミックに変わっていく現場をショックと同時に体験したという原体験は大きいです。

森山　なるほど。

深尾　東北に行くと、今、東北の若い人たちは本当にそうなっています。ある意味で、そういう縮図として、いろいろな理不尽なことやどうしようもないことが目の前に現れる「災害」というフェーズのときに、そういうものは結構大きく動いていくかもしれませんね。

村田　社会を変えていけるような人は、深尾先生もそうですが、1人で動いていないと思います。いろいろな人が引かれていくのはなぜだろうというところに、個人的にすごく興味があって、社会を変えていく人を何人かフィールドワークして、コミュニケーションの観点から研究したいと。

深尾　面白いと思います。

村田　きっと、人を引き付ける魅力がすごくあると思います。

深尾　例えばコミュニケーションもそうだし、リーダーシップ論からしても多分違うと思います。

村田　そう。

深尾　昔からすると、多分、リーダーの有様が相当違っていると思います。

村田　違っていると思う。

深尾　やはり、強いリーダーははやりません。それは、コミュニケーションの問題と相当結び付いていると思います。

村田　コミュニケーションからみるリーダーシップについては、職場談話研究の分野でよく研究されています。私もやってみようかな。人間的にも本当に魅力的で、つい、まわりにいる人が、「私がやりましょうか」と主体的になってしまう。嫌がらずに、怒らずにです。人を引き付ける魅力、人に主体的にさせる魅力、社会を変えているようなリーダーというのは、多分、同じような共通の力をもっていると思います。

深尾 それは、リーダーシップ論みたいなところでもどんどんそういう…。何かそういうのはある気がしますね。

森山 「カリスマからファシリテーターへ」みたいな。

村田 そうそう。うまく言えませんが、人の心に火をつけるというか。

深尾 そうです。非営利組織論の経営の中で難しいのはそこです。とはいえ、カリスマ性みたいなところで、人の求心力みたいなもので、いろいろな人との共感とか支援を束ねて経営していくのですが、カリスマの退場というのがあって、そのあとにそういった運動や非営利組織が継続していくかというと、「あいつを応援していたんだ」みたいな話がそこら中にあります。実は、そういうことをどう越えていくかが非営利組織の経営の1つのテーマではあります。

松本 それがないと一代限りで終わっていくんですね。

村田 そうそう。

深尾 要は、「一代商店」と言われるのはそういうことです。私は、「それでいいんじゃないか」ということも言っていいと思います。継続しなければいけないとか未来永劫続かなければいけないというのも、幻想ではないかと思うところもあります。「とはいえ」、というところもあって。

松本 それも、個人商店ぐらいだったらいいですが、もし100人ぐらいいるようになってしまったら。

深尾 そうですね。だから、そういう社会的な責任みたいなものと。

森山 最初にプラットホームを作るところが、なかなか普通の人と違うところ。最初に走り出すところというか。

村田 若くして走り出しましたよ。

森山 私なんかは、じくじたるものがあります。

深尾 いやいや。

森山 せめて自分の研究している範囲で、そういう関わりで何かできることはないかというのは思います。

深尾 そういう意味で、さっき村田先生もおっしゃいましたが、私も最初は村田先生のやっている研究方法の意味が分かりませんでした。

村田 そうそう。

深尾 「まだ何秒」とか、「何でここで何秒黙っていたんですか」と言われても。

だけど、一緒にいろいろなことをやっていくにつれて、私たちが気付けたこととか、使わせてもらっていることとか、応用させてもらっていることがたくさん出てきます。そういう意味では、今まで結び付かなかったものが結び付いていろいろなものに気付けるとか、そういったことが力になってきているのは面白いです。

森山 面白いですね。

松本 そういうのは、具体的にどういうものがありますか。

深尾 私たちは、例えばまちづくりの場を作るのも、コミュニケーションということで意識していません。合意形成とか、「これを決めよう」というのではやるけ

ど、今みたいなコミュニケーションとして意識していくとみえてくることだってあるし、それをどうデザインするか。

　ファシリテーターという技術論で理解していたところはあるけれど、要は、コミュニケーションとしてデザインしていくというと、立ち位置としてはもう少し技術だけでないものに変わっていきますよね。

村田　同僚の富野(暉一郎)先生は元逗子市の市長で、まちづくりの話し合いの研究でもいろいろとお世話になっていますが、「まちづくりの話し合いの研究でこんなことがみえてきました。ファシリテーターは、実はミーティング・マネジャーという進行役よりもリレーション・マネジャーで、参加者間にラポールを構築する役割があるんですよ」と言ったら、富野先生が「おもしろいね」と。そこから、「みんなでラポーラーになろう」といろんなところでお話しいただいたことがありました。違う分野の方からおもしろいと言っていただけることは嬉しいし、もっとがんばろうというモチベーションややる気につながります。私はまちづくりの話し合いに関わるまでは、言語学の人としか仕事をしたことがありませんでした。いろんなご縁で、ファシリテーター育成のプログラムや、話し合い能力育成プログラムも異なる専門分野の方々と一緒に開発することができ、思いがけない化学反応をいっぱい経験することができました。

　開発したプログラムも、私ができるとしたら大学の授業だけですが、深尾先生やほかの同僚の先生たちのおかげで、地域でプログラムを実践したり、教員免許更新講習会で実施ときに、「本当によかったです」と言ってもらえるととてもうれしいです。

　先日、大学院の修士の発表会があり、OBの人たちがたくさん来られていました。社労士(社会保険労務士)の方が私のファシリテーションの授業を受講した後に、ファシリテーター役をする場面があったそうです。「習ったことを使ったらすごくうまくいって、僕は謝礼までいただいたんですよ(笑)。先生のおかげです」と言われ、嬉しいやら恥ずかしいやらで恐縮しました。自治体の職員の方向けにファシリテーションの研修をして、その職員さんたちが市民参加の懇談会でをファシリテーターをやって、「今日はうまくできなかったけど、〇〇というところは勉強になりました」とか、「今日は、前回より〇〇といったところが、うまくなりました」と声掛け頂くことがよくあります。学生だけではない、いわゆる地域の一般の人たちからも喜んでもらえるということは、言語学だけでは味わえませんでした。それは本当に感謝しています。

　これまでまちづくりの話し合いを収録させてもらってきたことも、言語学の人間だけだったら難しかったと思います。深尾先生もそうだし、ほかの先生も、「村田さんのやっていることは面白そうだから」とか、「村田さんがやっていることは、地域の役に立つと思うから」と言ってくださっていろいろなところに頼んでいただき、現場でもみなさん嫌がらずにご協力していただくと、何かお返ししたいという気持ちが本当に大きくなりました。

森山先生も今度、ぜひ何かご一緒にさせていただければと思います。

森山 すごく楽しみにしていたのですが、本当に勉強になりました。

村田 ありがとうございました。言語学がもっと社会との接点をもてたら、他研究領域とつながればと思います。一方、もちろんのことですが、基礎研究は非常に重要です。基礎研究や理論研究と応用的研究や実践的研究は車の両輪ではないかと考えています。私が一番気を引き締めているのは、私は、あくまでも実務家にはなれないと。あくまでも言語の、コミュニケーションの研究者だというところは、自分の身を1つ下げてというか、そこは関わり方として一歩控えめでいようというのは大事にしているつもりです。

深尾 それが確信になるような気がします。先ほどの、「何でそんなことができるんですか」という話と同時に、私が最初に出会った頃からすると、「何でそんなことやれるんですか。そんなにストイックに」という話と…。それは、多分、基礎研究とか、よって立つところに裏打ちされた自信みたいな話があって、そこで私たちが、「ビデオを撮ったって無駄じゃん」と言って、「そうですね」と言ってしまうと、多分そこで何も起こりません。しかし、そこの専門性とか、そこによって立つ確信みたいなものがあると…。

　最初で言うと、私は理解しない人ですよね。だけど、いろいろ積み上げていくと、「なるほど。それは面白いですね」という話になっていきます。ほかの先生から見たら私がそうだけど、私から先生たちを見るとそう見えるという、そういうものがつながっていくことの意味合いだと思います。

村田 やはり、それぞれの立ち位置があると思います。言語研究者としての社会への関わり方の立ち位置を、私はこれから自分で模索していきたいと思っています。

森山 そうですね。

松本 その件に関連して、言語学者のお二人にお聞きします。言語学の研究に関して言うと、規範主義と記述主義があって、基本的には、今、記述主義という考えに立ちますよね。

村田 はい。

松本 今、実際に話しているものを基にして、それで議論をすると。ただ、「こういう話し合いをしたほうがいいんじゃないか」みたいなものは、規範ではないかもしれませんが、モデルを作るという要素があります。それは記述主義を脱することなのか、記述主義の中でやるのかという辺りはどうですか。

村田 私は、定性的な研究と定量的な研究が一緒に動かなければだめだと思います。私たちのやっていることは、多分ケーススタディーの積み重ねなので、それを規則として出せるか、そこをちゃんと裏打ちできるかと言われると、そこはビッグデータである程度サポートしてもらわなければだめかなと思っています。

　でも、私は、記述主義の立場で見えてくることを提示することはできると思っています。

松本 森山先生の考えも聞かせてください。

森山　そのようにしっかりとしたデータを採られているところが非常に大事なことだと思います。私も、具体的なことばをどう使うのかということから何か1つの提案ができるといいなと思います。何かを明らかにすることで、それが社会に関わっていくということも目指したいですね。

村田　例えば、「30のケースから、こういう傾向はみえますよ」ということは言えると思います。

松本　記述という枠の中にあるけれども、ただ見て…。

村田　見て気付く。

松本　書いているだけでなく、規範ではないまでも、提案とかそういうことはするという感じですよね。

村田　するということです。規範の立場ではないけれども、記述を重ねたうえでこんなエッセンスや特徴がみえてきました、ということは言えると思っています。

森山　そうですね。一方で、「真理は何かみたいなものを追究するのが学問だ」というのは非常にストイックにありますが、それだけではなく、ある種プラグマティックな考え方になるかもしれませんが、「役に立たなかったらだめだろう」みたいな考え方も研究のアカウンタビリティという点で無視できないわけで、役に立つかどうかということは、しっかりと見直さなければいけないと思います。

　それで見つけた真理は、逆に、それをそのまま置いておくのではなく、今度は自分が懸け橋となって、いろいろなところで点と点をつなげていくときに役に立てたいですね。その中で、場があれば自分なりの提案もできていく気がします。小さくても。

村田　小さなことからこつこつと。

(了)

2013年3月10日
於・龍谷大学深草キャンパス

あとがき

　ラウンド・テーブルの全体ディスカッションでは、社会的実践につながる言語・コミュニケーション研究の課題について、参加者間で活発に意見交換が行われました。まずあげられたのが、他機関や現場の方々との連携です。とりわけ、今回のラウンド・テーブルでは談話や相互行為をミクロな視点で分析する研究が大半だったので、現場の談話を録画・録音させていただくためには、信頼関係が何よりも大切であるという点が共有されました。言語データ収集についてもさまざまな意見が出されました。理想的な研究方法を追及することにとらわれると、ビデオカメラは方向を変えて○台用意しないといけない、音声はクリアに録音しないといけないということになります。しかし、継続して観察することからも見えてくることはあるでしょう。まずは現場の状況を把握し、関係者とよく相談をして進めることが大切です。

　研究に協力していただく方々は、被験者でもデータ提供者でもなく協力者であり、われわれ研究者が研究成果を還元すべきであるという点についても共有しました。言語データを文字転記し、分析するには時間がかかります。一方、協力者の方々に対しては、分析結果はできるだけ迅速に報告する必要があるでしょう。このジレンマを克服するために、実例として、録画したビデオを一緒に見ながらフィードバックするという意見が出されました。私自身、職場談話（work place discourse）の研究を続けており、指導を受けた Janet Holmes 先生（Victoria University of Wellington, New Zealand）は、国際的にも有名な職場談話の研究プロジェクトである Language in the Workplace Project[1] を進めてこられました。先生から、研究協力者の方々は言語研究者ではないのだから、詳細なフィードバックは不要で、それよりも、簡潔でも協力者の方々に役立つようなフィードバック（レポート）をできるだけ早く送るようにと指導されました。さらに、研究に向かう姿勢も学びました。

"Our goal is ... to avoid researching *on*, and instead to research *with* our participants"（研究の目的は、談話参加者に関して調査・研究するのではなく、談話参加者と「ともに」研究することである。）

　　　　　　　　　　　　　　　　　　　　（Holmes et al. 2011: 32, 和訳筆者）

　実践的な研究を進めるためには、上記のような姿勢をもつことも大切でしょう。

　全体ディスカッションでもっとも時間をかけて議論が行われたのが、実践的研究を進めていくためには、あるいは、「共生の言語学」を体系的に進めていくためには、他の研究分野との連携が大切であるという点についてです。同じような目的の研究者が集まってディスカッションができる場所が是非欲しいという意見が多く出されました。言語・コミュニケーションの研究として閉じられるのではなく、それがシーズ（seeds）として開かれて、関連する現場や他研究領域のニーズ（needs）と出会えば、新たな展開も生まれることでしょう。まずは、他研究領域との出会いの場、対話の場が必要であることを痛感しました。また、研究のアウトプットについても、現場で起こっている相互活動や談話で何が起こっているのかについての記述にとどまらず、そこから課題をあぶりだすことが必要です。さらには、他研究領域との連携によって、持続可能な社会に向けた制度構築や政策策定に提案することも視野に入れるべきではないでしょうか。

　最後に、社会実践につながる言語研究者の立場についての私見を述べたいと思います。「言語研究者は言語研究に専念するべきではないか、実務家がやっていることにどのように関わるのか。実務家を目指そうとしているのか」と問われたことがあります。私自身の専門である社会言語学は、言語に関わる問題、言語をめぐる問題を解決するということも1つの目標であると考えます。だとしたら、言語やコミュニケーションという観点から社会問題を考え、持続可能な社会形成に役立てる方法を、言語研究者の立場で考えることも責務ではないでしょうか。たとえば、自分自身の研究を例にとると、ファシリテーターの育成プログラムは、すでに多様なものが普及してい

ます。しかし、多くは、聞き上手になりましょうとか、場作りは大切ですといった経験に基づいた様々な細かいポイントの列挙にとどまっています。それらを繋げる原理や原則を見出すのは、理論や方法論があってのことではないでしょうか。つまり、実証的な研究を通して、個別のことを点として並べるだけでなく、その背後にある線、循環性というものを提供できる仕事ができるのではないかと思っています。実際、現場で多くの実務家の方々と一緒に仕事をしていますが、そのご苦労は大変なものです。私自身が実務家になれるとは到底思っていません。長年の経験を通してつちかわれた技能や実践知を、研究者として可視化することで、多くの方々にわかりやすく伝えることができるのではないかと考えています。

　持続可能な社会の構築は、私たちに与えられた喫緊の課題だと思うのですが、「はじめに」でも書いたように、環境や経済といった分野が議論の対象でした。しかし、人間の社会活動の核の1つがコミュニケーションだと考え、言語・コミュニケーション研究者として何か貢献できないかというのが私の思いです。これからも実践的研究を地道に続けていきながら、理論研究にも還元するといった研究スタイルを目指していきたいです。学術的な基礎研究と、実践的な研究が車の両輪となって発展することが持続可能な社会の構築に寄与すると考えます。

　本書がきっかけとなって、共生の言語学につながる言語・コミュニケーション研究がより一層社会に開かれ、他研究領域とさらにつながる歩みとなれば幸甚です。

2015年2月　京都にて　　　　　　　　　　　　　　　　　　　村田和代

注
(1) ビクトリア大学（ニュージーランド）の Language in the Workplace Project は、1996年から継続して職場談話の研究を行っている。企業、工場、政府機関等30

種類の職場から、700名以上の協力を得て2000以上の談話を集め、学術研究成果のみならず、研究の社会貢献も積極的に行っている。http://www.victoria.ac.nz/lals/centres-and-institutes/language-in-the-workplace

参考文献

Holmes, Janet, Meredith Marra, and Bernadette Vine. (2011) *Leadership, Ethnicity, and Discourse.* Oxford: Oxford University Press.

索引

A–Z

Dworkin 161
Facebook 165
FPP 29
mutual participation 122
NEWS WEB EASY 55
NPO法人環境市民 153
OSCE（Objective Structured Clinical Examination） 7
Roter Interaction Analysis System（RIAS） 123
SCT 31
SPP 29
Twitter 165
Ustream 167

あ

アイスブレイク 104
愛知万博 165
愛知万博検討会議 167
アリバイ 167
アンダーライダーズ・ラボラトリーズ社 153
安否情報 169

い

意思決定 127
伊東英朗 170
伊藤陽一 162

医療現場 117
医療コミュニケーション 5
医療従事者 5
インターネット 164
インターネット中継 165

か

介護施設 25
外来診療 119
会話記述システム 27
学習ポートフォリオ 104
可視化 164
ガス抜き 167
川辺川ダム 168
川辺川を守りたい女性たちの会 163
環境広告 145
環境情報の提供の促進等による特定事業者等の環境に配慮した事業活動の促進に関する法律（環境情報促進法） 149
環境万博 163
環境報告書 145
環境マーケティング主張に関するガイド 153
環境を享受する権利 156
患者と医師の非対称性 5
患者特性 123
がん診療連携拠点病院 124
がん専門相談員 8
がん相談支援センター 124
がん対策基本法 124
簡約日本語 53

き

企業の社会的責任 149
起床介護 27

ギャラクシー賞　170
共感　133, 138
教室型コミュニケーション　72
協働的な態度　124
京都コミュニティ放送　169
漁業権　168
緊張緩和の笑い　107
均てん化　124

く
グリーンウォッシュ　145
グリーンウォッシュガイド　152
グリーンピース　153
繰り返し　27, 34

け
経済協力開発機構（OECD）　147
検査結果　121
原子力発電　169
原発　163
原発再稼働　163
言論の自由　161, 162

こ
小出裕章　169
合意形成　107
公共事業　162
公共性　167
広告基準機構　154
高齢化　25
高齢社会　25
コミックス　168
コミュニケーション　163
コミュニケーション・デザイン　73, 88
コミュニケーション行動　119
コミュニケーションスタイル　120
コミュニケーション能力　94
コミュニティメディア　162, 171
コンシューマーフォーカス　154
コンシューマーレポーツ　153

さ
再発　121
裁判員　67, 69
裁判員裁判　69
裁判員制度　67, 68, 88
裁判員と裁判官の協働　68, 72, 88
サスティナビリティ報告書　149
参加・協働型社会　94

し
持続可能な社会　93
視点取得　7
市民教育　111
市民参加　67, 179, 185
市民の知る権利　156
市民メディア　171
社会実験　167
社会的排除　162
尺鮎トラスト　168
熟議　170
手話言語　39
少数意見　162, 163
消費者意識予想　154
情報交換　122
情報の複雑さ　72
情報の複雑性　73
職場の談話研究プロジェクト　192
審議会　181
人口　25
診療時間　123

せ

成員異質性　72
政策・制度のネットワーク　176
政策形成　164, 170
精神的健康　120
正当性　167
制度的コンテクスト　5
政府政策　176, 178
世界コミュニティラジオ放送連盟（AMARC）　162
世界の文化遺産及び自然遺産の保護に関する条約（世界遺産条約）　146
接触場面　44
全米広告審査委員会　152
全米広告審査局　153

そ

相互行為の社会言語学（interactional sociolinguistics）　101
相互作用　122
相談内容　126
ソーシャルワーク　131

た

第一成分　29
代議制　167
対象指示語　28
第二成分　29
脱原発　169
たね蒔きジャーナル　169
談合　165

ち

地域公共人材　93, 192
地域公共政策士　102
チーム医療　127

中立　170
沈黙の螺旋理論　162

つ

つなぎ・ひきだす　93, 186

て

テラチョイス　152
テンポ　27, 32

と

当事者研究　139
同調圧力　162

に

日本版 STAI　120

ね

ネットワーク　165
根回し　165

の

ノイマン　162

は

パーティシパント・シップ（participant-ship）　102
パートナーシップ　140
ハーバーマス　162
発話　123
話し合い　93, 205
話し合い学　111
話し合い能力　192

ひ

ピア・レビュー　101

干潟　163
病期(ステージ)　127
評議コミュニケーション　71, 72, 73, 74

ふ

ファシリテーション　194
ファシリテーター　95
不安　120
フィッシュボール　101
藤前干潟　163, 164
フテラ　152
ブロードバンド　166

へ

米国連邦取引委員会　152
閉塞状況　170

ほ

傍聴　165
傍聴者　166, 167
ホワイトウォッシュ　151

ま

マスメディア　164
まちづくり　205
満足感　120

み

民主主義国家　161

め

メディア・リテラシー　171

も

模擬患者　8

や

やさしい日本語　53

ゆ

ユネスコ　162

ら

ライフライン　169
ラポール　97

り

臨時災害FM局　169
隣接ペア　29, 49
リンパ節転移　127

れ

連鎖閉鎖第3部分　31

ろ

労働運動　168

わ

ワークショップ　98

執筆者紹介(論文掲載順、* は編者)

渡辺義和(わたなべ　よしかず)

愛知県出身。2001 年アイオワ大学大学院 Ph.D.(言語聴覚科学)。元南山大学総合政策学部教授。

［主論文］「社会言語学から見た吃音」(『言語聴覚研究』2 (2)、日本言語聴覚士協会、2005 年)、「言語病理学における談話分析の応用と将来」(『講座社会言語科学第 5 巻　社会・行動システム』、ひつじ書房、2005 年)、「コミュニケーションにおける視点取得―医療コミュニケーションと言語障害学から学べること」(『コミュニケーション能力の諸相』、ひつじ書房、2013 年)、「語りにみる吃音アイデンティティー交渉」(『ナラティブ研究の最前線』、ひつじ書房、2013 年、共著)。

［専門領域］社会言語学・コミュニケーション障害学・談話分析

バックハウス・ペート (Peter Backhaus)

ドイツ出身。2002 年デュッセルドルフ大学修士課程修了。2005 年デュースブルク・エッセン大学博士号取得。ドイツ日本研究所専任研究員を経て、早稲田大学教育・総合科学学術院英語英文学科准教授。

［主著］*Linguistic Landscapes: A Comparative Study of Urban Multilingualism in Tokyo* (Multilingual Matters、2007 年)、*Communication in Elderly Care: Cross-cultural Perspectives* (Continuum、2011 年、編著)、『国際結婚家族のお受験体験記』(明石書店、2013 年)。

［専門領域］社会言語学・会話分析・文字と表記

菊地浩平 (きくち　こうへい)

福島県出身。2010 年千葉大学博士課程修了。博士 (学術)。国立情報学研究所特任研究員を経て、日本学術振興会特別研究員。

［主論文］「二者間の手話会話での順番交替における視線移動の分析」(『社会言語科学』14 (1)、2011 年)、「相互行為における手話発話を記述するためのアノテーション手法および文字化手法の提案」(『手話学研究』22(23)、2013 年、共著)。

［専門領域］インタラクション研究(会話分析・手話会話・手話通訳・接触場面)

岩田一成（いわた　かずなり）

滋賀県出身。2007年大阪大学大学院言語文化研究科博士後期課程修了（言語文化学）。国際交流基金日本語国際センター、広島市立大学を経て、聖心女子大学文学部准教授。
［主著・主論文］『日本語数量詞の諸相―数量詞は数を表すコトバか』（くろしお出版、2013年）、「公的文書をわかりやすくするために」（『日本語学』33(11)、2014年）、「看護師国家試験対策と「やさしい日本語」」（『日本語教育』158、2014年）。
［専門領域］日本語教育

森本郁代（もりもと　いくよ）

東京都出身。2002年大阪大学大学院言語文化研究科博士後期課程単位取得退学。2004年博士（言語文化学）。独立行政法人情報通信研究機構専攻研究員、関西学院大学法学部専任講師、准教授を経て、関西学院大学法学部教授。
［主著・主論文］How do ordinary Japanese reach consensus in group decision making?: Identifying and analyzing "Naïve Negotiation". (*Group Decision and Negotiation* 15 (2)、2006年、共著)、「コミュニケーションの観点から見た裁判員制度における評議―「市民と専門家との協働の場」としての評議を目指して」（『刑法雑誌』47 (1)、2007年）、『自律型対話プログラムの開発と実践』（ナカニシヤ出版、2012年、共編著）。
［専門領域］会話分析

村田和代（むらた　かずよ）*

奈良県出身。2001年奈良女子大学大学院人間文化研究科博士課程単位取得退学。2011年ニュージーランド国立ヴィクトリア大学大学院言語学科Ph.D.（言語学）。龍谷大学法学部講師、准教授を経て、同政策学部教授。
［主著・主論文］『ポライトネスと英語教育―言語使用における対人関係の機能』（ひつじ書房、2006年、共著）、『語用論』（朝倉書店、2012年）、『英語談話表現辞典』（三省堂、2009年、執筆者として参加）、An empirical cross-cultural study of humour in business meetings in New Zealand and Japan. (*Journal of Pragmatics* 60、2014年)、*Relational Practice in Meeting Discourse in New Zealand and Japan.*（ひつじ書房、2015年）。
［専門領域］社会言語学

高山智子(たかやま　ともこ)

千葉県出身。2002年東京大学大学院医学系研究科博士課程修了。博士(保健学)。独立行政法人国立がん研究センターがん対策情報センターがん情報提供研究部室長を経て、同部長。
[主著・主論文] Relationship between outpatients' perceptions of physicians' communication styles and patients' anxiety levels in a Japanese oncology setting. (*Social Science and Medicine* 53 (10)、2001年、共著)、「II　チーム医療における患者医療者関係」(『チーム医療論』、医歯薬出版株式会社、2002年)、How breast cancer outpatients perceive mutual participation in patient-physician interactions. (*Patient Education & Counseling* 52(3)、2004年)。
[専門領域] 健康社会学

山田容(やまだ　よう)

広島県出身。1988年同志社大学文学研究科社会福祉学専攻修士課程修了。滋賀文化短期大学助教授を経て、龍谷大学社会学部准教授。
[主著・主論文]『対人援助の基礎』(ワークブック社会福祉援助技術演習1、ミネルヴァ書房、2003年)、「ソーシャルワークにおけるパートナーシップの意味と必要性」(『滋賀文化短期大学研究紀要』15、2006年)。
[専門領域] 社会福祉学(ソーシャルワーク・子ども虐待対応)

川本充(かわもと　みつる)

岡山県出身。2002年オーストラリア・ニューサウスウェールズ大学大学院国際関係学修士号取得。2009年京都大学地球環境学大学院博士課程単位取得認定退学。龍谷大学地域公共人材・政策開発リサーチセンター(LORC)リサーチアシスタント。内閣府認定NPO法人環境市民会員。
[主論文]「京都府北部地域の人口動態と産業等の動向」(『地域開発』577、日本地域開発センター、2012年)、「地球環境条約レジームにおける報告制度の機能と役割に関する一考察」(『環境管理』50(12)、産業環境管理協会、2014年)。
[専門領域] 地球環境法政策論(国際法学・国際関係学・環境法政策学)

松浦さと子(まつうら　さとこ)

兵庫県出身。1999 年名古屋大学大学院人間情報学研究科博士課程修了。博士(学術)。摂南大学講師、助教授、龍谷大学助教授を経て、同政策学部教授。

[主著]『そして干潟は残った―インターネットと NPO』(リベルタ出版、1999 年、編)、『市民参加型社会とは―愛知万博計画過程と公共圏の再創造』(有斐閣、2005 年、執筆者として参加)、『非営利放送とは何か―市民が創るメディア』(ミネルヴァ書房、2008 年、共編著)、『社会学事典』(丸善、2010 年、執筆者として参加)、『コミュニティメディアの未来―新しい声を伝える経路』(晃洋書房、2010 年、共編著)、『英国コミュニティメディアの現在―「複占」に抗う第三の声』(書肆クラルテ、2012 年)。

[専門領域] メディア論・社会学

土山希美枝(つちやま　きみえ)

北海道出身。2000 年法政大学大学院社会科学研究科政治学専攻博士課程修了。博士(政治学)。龍谷大学法学部助教授を経て、同政策学部准教授。

[主著・主論文]『高度成長期「都市政策」の政治過程』(日本評論社、2007 年)、「他機関連携は可能か―政策主体と〈つなぎ・ひきだす〉関係の形成」(『龍谷大学矯正・保護研究センター研究年報』、2010 年)、『対話と議論で〈つなぎ・ひきだす〉ファシリテート能力育成ハンドブック』(公人の友社、2011 年、共著)、「政策課題を共有する「話し合い」の場の設計―「自治の話し合い」手法としての沖縄式(課題共有型)円卓会議の考察」(『龍谷大学政策学論集』4(1)、2014 年)。

[専門領域] 公共政策・地方自治・政治学

座談会参加者

深尾昌峰(ふかお　まさたか)

京都府出身。2003 年滋賀大学大学院修士課程修了。龍谷大学法学部准教授を経て、同政策学部准教授。大学院在籍時に特定非営利活動法人きょうと NPO センターを立ち上げる。公益財団法人京都地域創造基金理事長、株式会社 PLUS SOCIAL 代表取締役、きょうと NPO センター常務理事、京都コミュニティ放送副理事長、経済財政諮問会議専門委員・政策コメンテーター。
[主著]『地域公共政策をになう人材育成―その現状と模索』(日本評論社、2008 年、共著)『ソーシャル・イノベーションが拓く世界―身近な社会問題解決のためのトピックス 30』(法律文化社、2014 年、共著)。
[専門領域] 非営利組織論

松本功(まつもと　いさお)

東京都出身。株式会社ひつじ書房代表取締役社長・編集長。
[主著]『ルネッサンスパブリッシャー宣言』(ひつじ書房、1999 年)、『税金を使う図書館から税金を作る図書館へ』(ひつじ書房、2002 年)。
[専門領域] 学術書出版

森山卓郎(もりやま　たくろう)

京都府出身。1985 年大阪大学大学院博士課程修了。学術博士。大阪大学文学部助手、同講師、京都教育大学助教授、同教授を経て、早稲田大学文学学術院教授。
[主著]『日本語動詞述語文の研究』(明治書院、1988 年)、『ここからはじまる日本語文法』(ひつじ書房、2000 年)、『日本語の文法 3　モダリティ』(岩波書店、2000 年、共著)。
[専門領域] 日本語学

共生の言語学―持続可能な社会をめざして

Welfare-Linguistics: Toward a Sustainable Society

Edited by Kazuyo Murata

発行	2015年3月10日　初版1刷
定価	3400円+税
編者	© 村田和代
発行者	松本功
装丁者	渡部文
印刷・製本所	三美印刷式会社
発行所	株式会社 ひつじ書房
	〒112-0011 東京都文京区千石2-1-2 大和ビル2階
	Tel.03-5319-4916　Fax.03-5319-4917
	郵便振替 00120-8-142852
	toiawase@hituzi.co.jp　http://www.hituzi.co.jp/

ISBN978-4-89476-730-0

造本には充分注意しておりますが、落丁・乱丁などがございましたら、小社かお買上げ書店にておとりかえいたします。ご意見、ご感想など、小社までお寄せ下されば幸いです。

――――――――――【近刊書籍のご案内】――――――――――

☆ 2015 年 3 月下旬刊行予定

ブックレット
市民の日本語へ
―対話のためのコミュニケーションモデルを作る

村田和代・松本功・深尾昌峰・三上直之・重信幸彦著
ISBN 978-4-89476-753-9

3.11 原発事故後の公共メディアの言説を考える

名嶋義直・神田靖子編
ISBN 978-4-89476-752-2